W0227195

Sonja Gaze
Die barfüßige Tänzerin

Sonja Gaze

Die barfüßige Tänzerin

Unter Mitarbeit von
Jörg Plath

ULLSTEIN

BERLIN

Der Ullstein Berlin Verlag ist ein Unternehmen
der Econ Ullstein List Verlag GmbH & Co. KG

© 2000 by Econ Ullstein List Verlag GmbH & Co. KG, München

Alle Rechte vorbehalten
Printed in Germany 2000

Betreuung und Lektorat: Angela Hohmann, Berlin
Umschlaggestaltung: Büro Jorge Schmidt, München
Unter Verwendung eines Fotos von Sonja Gaze aus Spemanns Musikkalender
von 1931

Gesetzt aus der Janson
Satz und Litho: LVD GmbH, Berlin
Druck und Verarbeitung: GGP Media GmbH, Pößneck

ISBN 3-89834-014-7

Gedruckt auf alterungsbeständigem
Papier mit chlorfrei gebleichtem Zellstoff

Mein Dank gilt der Natur,
der Musik, dem Tanz,
der Malerei und der Literatur

Inhalt

I

Peskogen

Stolz blickte der Gutsherr auf die Trakehnerherde in der Koppel. Landarbeiter zogen vorbei und grüßten ihn ehrerbietig. Bis zum Horizont gehörten Tiere, Land und Leute ihm. Er war mein Großvater. Seine Frau hatte ihm eine Tochter geschenkt. Am Abend sollte ihre Geburt gefeiert werden. Als sich die Sonne über dem weiten Land neigte, ritt er den langen Weg zurück zum Gutshaus.

In der Halle standen die Schwiegereltern, vertieft in ein Gespräch mit dem Arzt. Sie hatten die Verbindung des preußischen Reserveoffiziers mit ihrer Tochter begrüßt. Nun mußten sie ihm die traurige Nachricht überbringen, daß seine Frau auf keinen Fall am Fest teilnehmen dürfe. Die schwere Geburt habe sie zu sehr geschwächt. Die Schwiegereltern wollten umgehend nach Memel zurückfahren, der Arzt würde am nächsten Tag wiederkommen.

Mein Großvater eilte die Treppe zum Zimmer seiner Frau hinauf. Weinend stand sie am Fenster. Sie hatte sich seit Monaten auf das Fest gefreut. Er nahm sie in die Arme, trug sie zum Bett und sprach ihr vergeblich Trost zu. Draußen rollten die Kutschen der Gäste auf die Einfahrt des Ritterguts. Er ging in sein Zimmer und zog den Frack mit der roten Weste und der breiten Seidenschärpe an.

Die Freunde und Nachbarn von den weit entfernten

Gütern beglückwünschten den Vater und bedauerten die Unpäßlichkeit der Mutter. Nach dem üppigen ostpreußischen Mahl mit reichlich Wein und Wodka spielte eine Zigeunerkapelle zum Tanz auf. Plötzlich stand meine Großmutter im Saal. Ihr dunkles Haar rahmte das bleiche Gesicht. Sie trug ihr prächtigstes Ballkleid aus weißem Satin. Die geschnürte Taille war fast noch schmaler als vor der Schwangerschaft. Die Musik erstarb, die Paare hörten auf zu tanzen. Meine Großmutter nickte den Gästen zu, ging zu meinem Großvater, legte die Arme auf seine Schultern und tat einen Walzerschritt. Die Musiker fielen mit leichter Verzögerung ein. Die Gäste bildeten einen Kreis um das schöne Paar. Es tanzte entrückt, nur für sich. Die Musikanten schenkten ihm Takt für Takt, die Zeit verging im Rhythmus ihrer Füße. Dann ging ein Raunen durch den Saal: Das schneeweiße Kleid meiner Großmutter färbte sich rot. Nichtsahnend drehte das Paar sich weiter, bis meine Großmutter aus den Armen ihres Mannes zu Boden glitt. Auf dem Parkett schimmerte eine dunkelrote Lache.

Meine Großmutter hatte das Bewußtsein verloren. Ihr Mann hielt seine Tränen nicht zurück. Die Wirtschafterin verabschiedete die Gäste. Als der Arzt nach einem scharfen und langen Ritt endlich erschöpft eintraf, konnte er nichts mehr für die Sterbende tun.

Mein Großvater küßte ihre blassen Lippen, ging in die Bibliothek und ergriff eine Pistole. Der Arzt rief ihm nach, an das Kind zu denken. Mein Großvater lief hinüber zu den Stallungen, zerrte den Schimmel, das Lieblingspferd seiner toten Frau, aus der Box und galoppierte zu dem kleinen, von Birken gesäumten Weiher. Die Nacht war sternenklar.

Sein Blick fiel auf die kleine Bank am Ufer. Dort hatte sie oft mit einem Buch in der Hand in Gesellschaft ihres Pferdes und Hundes gesessen. Er stieg ab, legte den Arm um den Hals des Schimmels, setzte die Pistole zwischen seine Augen und drückte ab. Lautlos brach der Trakehner in die Knie. Dann richtete er die Waffe auf die eigene Schläfe und schoß erneut.

Das Kind, das zurückblieb, war meine Mutter.

Sonntagskleid

Meine Mutter wuchs in Memel bei ihren Großeltern auf. Das Gut ihrer Eltern wurde verkauft, und ihre Großeltern nahmen sie zu sich. Die vermögenden Patrizier verwöhnten Elsa wie ihr eigenes Kind. Sie besuchte die angesehenste Mädchenschule der Stadt und erhielt Klavierunterricht. Als sie Gefallen am Zeichnen zeigte und ein befreundeter Pädagoge riet, ihr Talent zu fördern, besuchte sie einmal in der Woche das Atelier eines russischen Malers. Dort machte Elsa rasche Fortschritte, in der Kunst wie im Leben. Sie verliebte sich in ihren Lehrer, den um nur wenige Jahre älteren Künstler Iwan Kogan, und die beiden beschlossen zu heiraten.

Als Elsa die Großeltern davon unterrichtete, waren sie entsetzt über ihre Wahl. Sie hatten eine vielversprechende Partie für ihre Enkelin im Sinn gehabt, nicht etwa einen dahergelaufenen Maler. Iwan Kogan war nicht nur sehr jung, sondern auch ohne Vermögen, ein brotloser Künstler, ein Russe und – als ob das alles nicht schon vollauf genügen würde – obendrein Jude.

Doch Elsa liebte Iwan Kogan, und sie besaß neben einem eigenwilligen Kopf ein beträchtliches Erbe, über das sie schon bald würde verfügen können. Als die Großeltern sich nicht umstimmen ließen, kehrte sie ihnen, die ihr das Elternhaus ersetzt hatten, kurzerhand den Rükken und zog mit ihrem Liebhaber zusammen. Bald darauf wurde ich geboren, und wir siedelten in die Künstlerkolonie Dachau bei München über. Ein Bruder meines Vaters lebte dort, Moissi Kogan. Der bekannte Bildhauer gehörte der »Neuen Künstlervereinigung München« an, aus der dann der »Blaue Reiter« hervorging.

Von den ersten Jahren meines Lebens weiß ich nichts mehr. Meine Erinnerung setzt erst mit dreieinhalb Jahren ein. Damals verliebte sich Mutter in einen Chemiestudenten und verlangte in ihrer ungestümen Art von meinem Vater die Scheidung. Iwan war todunglücklich, gab meine Mutter aber schließlich frei.

Trotz ihrer hitzigen, leidenschaftlichen Debatten über die Zukunft müssen meine Eltern sich Gedanken gemacht haben, was nach der Scheidung mit mir geschehen sollte. Sie steckten mich in mein bestes Kleid, und wir fuhren nach München. Ich ahnte nicht, daß dieser Tag über mein weiteres Leben entscheiden sollte. Mich entzückte das Sonntagskleid und daß die Eltern einander wieder zugetan zu sein schienen.

Isadora Duncan hatte einige aufsehenerregende Vorstellungen in München gegeben und begrüßte uns in ihrem Hotelzimmer mit der liebenswürdigen Gelassenheit einer großen Künstlerin. Meine Mutter zog mich zu sich heran, zupfte an meinem Kleid, schubste mich dann ein wenig zu der fremden Frau hinüber und schlug ihr vor, mich in ihre Tanzschule aufzunehmen. Als ich hörte, daß ich tanzen lernen sollte, drehte ich mich strahlend zu meiner Mutter um. Sie sah aber nicht mich, sondern die Fremde an, die entsetzt auf mich herabblickte. Isadora winkte mich zu sich heran, strich mir über den Kopf und setzte mich auf ihre Knie. »Das Mädchen ist doch erst drei Jahre alt«, schüttelte sie den Kopf. »Dreieinhalb«, sagte meine Mutter schnell.

15

So ähnlich hat es sich wohl abgespielt. Tatsächlich war ich klein und zart und viel zu jung, um zu tanzen. Aber meine Eltern redeten ohne Unterlaß auf Isadora ein und konnten sie schließlich umstimmen. Ich hatte mit ihnen gebangt und hüpfte glücklich aus dem Hotelzimmer. Daß mein Schicksal damit besiegelt war und ich meine Eltern verlassen mußte, begriff ich erst einige Tage später.

Danach erinnere ich mich nur noch an ein Erlebnis auf dem Bahnhof: Ich stand in einem weißen Kleid und weißen Schuhen in der Tür eines Waggons und schaute zu meiner Mutter auf dem Perron herunter. Sie war wunderschön. Das Sonnenlicht hüllte sie ein, die blonden Haare leuchteten golden über ihrem langen, schwarzen Gewand. Sie schien in einem flirrenden Strahlenkranz über dem Fußboden zu schweben und sah sehr verloren aus. Ihre Schuhe konnte ich nicht sehen.

Ich streckte meine Arme nach ihr aus, aber meine Mutter rührte sich nicht, sie wirkte, als wäre sie in einem Glassturz gefangen. Ihre Augen blickten durch mich hindurch. Als sie endlich den Arm hob und mir über die Wange streichen wollte, hatte sich der Zug schon sachte in Bewegung gesetzt. Das Bild meiner Mutter verschwand, noch bevor mich jemand in den Waggon zog und die Tür zuwarf. Ich stand da und weinte.

Merkwürdigerweise hat Elsa bis zu ihrem Tode niemals ein Wort über die Gründe verloren, die sie bewogen haben, mich so früh in fremde Hände zu geben. Auch von meinem Vater hat sie mir später nur erzählt, daß er nach Rußland zurückging. An ihn habe ich keine Erinnerung, ich weiß nicht einmal, wie er aussah.

Eine Isadorable

Ich war die Jüngste und Kleinste. Alle anderen »Isadorables« überragten mich um mindestens einen Kopf. Harriett, Anna, Dora und Lieselotte standen in ihren langen
weißen Gewändern um mich herum, sahen auf mich
hinunter und kicherten, als Elizabeth, die Schwester von
Isadora Duncan, mich vorstellte und sagte: »Die kleine
Sonja wird von nun an zu uns gehören. Paßt ein wenig
auf sie auf. Sie darf noch nicht mit euch tanzen, aber sie
soll sich wohl fühlen.«

Isadora war immer auf die Unterstützung von Mäze-
nen und Gönnern angewiesen. Der Großherzog von
Hessen verfolgte ihre Arbeiten aufmerksam und hatte ihr
1911 von dem Architekten Rudolf Tillessen eine langgestreckte Jugendstilvilla auf der Darmstädter Marienhöhe
erbauen lassen.

Als Elizabeth mich dort an jenem ersten Tag bei der
Hand nahm und durch die Räume führte, mochte ich die
Villa sofort. Die Schlafräume lagen im ersten Stock. Elizabeth zeigte mir mein Zimmer, das ich allein bewohnen
würde, den Raum der Gouvernante, deren Namen ich
vergessen habe, und ihre Suite, die ich betreten durfte,
wann immer ich wollte.

Die Schwester von Isadora führte die Duncan-Tanzschule auf eine warme, unkompliziert amerikanische Art.
Sie war immer für uns da, von frühmorgens bis abends,
leitete den Tanzunterricht, bestellte den Pianisten, plau-

derte mit dem Küchenpersonal, dem Gärtner, den Lieferanten und den Handwerkern. Ihre Freundlichkeit schien keine Grenzen zu kennen.

Darin glich sie Isadora, die zwischen ihren Auftritten und Reisen zu Besuch kam. Wir umschwärmten sie, sobald sie da war. Isadora zog alle Blicke auf sich. Es ging ein Strahlen von ihr aus, das die hellen einfachen Kleider, die dem griechischen Chiton ähnelten, noch verstärken. An den schönen bloßen Füßen trug sie Sandalen. Sie hatte gern Menschen um sich. Kinder aber liebte sie abgöttisch. Sie scherzte mit uns, drückte eine nach der anderen an sich und tanzte übermütig durch den Raum. Ihre dunklen, großen Augen blickten voller Güte, das leuchtende Gesicht umrahmte dunkles Haar. Ihre ganze Erscheinung war weich und zart. Isadora mußte man lieben.

In ihrer und Elizabeths Nähe fühlte ich mich sehr wohl. Sie ersetzten mir die Eltern, die ich anfangs sehr vermißte. Wochenlang träumte ich von den letzten Minuten mit meiner Mutter auf dem Bahnsteig und wachte jedesmal schweißgebadet auf. In meinen Träumen bewegte sich Mutter nie, wenn ich ihr aus dem Waggon die Arme entgegenstreckte. Sie stand nur da und wirkte unendlich weit entfernt. Merkwürdigerweise rührte sich auch der Zug nicht. Die Zeit schien eingefroren.

Am Tag aber dachte ich bald nicht mehr an sie und fand es auch nicht erstaunlich, daß sie mir niemals schrieb oder wenigstens einen Gruß ausrichten ließ. Ich erwartete nicht, von ihr zu hören. Nach einigen Wochen schlief ich ruhiger und träumte nicht mehr. Das Bild meiner Mutter verblaßte.

Neue Eindrücke legten sich darüber. Zwar durfte ich zu meiner Trauer lange nicht mittanzen und mußte den anderen Mädchen bei den nachmittäglichen Übungen zur Klaviermusik zusehen. Aber auch das Zusehen und Zuhören war eine Freude. Die Mädchen wurden nicht angehalten, irgendwelche Posen einzustudieren oder Haltungen einzunehmen. Sie bewegten sich frei zu klassischer Musik, und wenn ich der Tänzerin – es tanzte immer nur ein Mädchen vor –, auf dem Boden hockend und die Katze kraulend, mit Augen und Ohren folgte, dann juckte es mir in den Füßen.

Später langweilte ich mich dann, stand an der Wand und schaute oft abwechselnd auf die Mädchen und aus dem Fenster in den Garten. Manchmal mußte mich Elizabeth zwei-, dreimal rufen, bevor ich antwortete. Die Tage vergingen wie im Traum.

Auf meinem Zimmer übte ich heimlich zu tanzen und summte dazu. An einem Nachmittag, als Elizabeth mit dem Pianisten aus dem Saal gegangen war, stellte ich mich in dessen Mitte, klatschte in die Hände, um die Aufmerksamkeit der anderen Mädchen zu wecken, die in einer Ecke beisammen standen, und begann zu tanzen. Sie blickten ungläubig und – fingen an zu kichern. Als Dora »Püppchen« rief, ließ ich die Arme sinken und ging traurig auf mein Zimmer.

Fünf- bis sechsjährige Kinder, so Isadora, seien noch nicht von der Zivilisation verdorben und fänden intuitiv zu ursprünglichen menschlichen Ausdrucksformen. Sie begriffen am leichtesten ihre Vision vom neuen, befreiten Menschen, mit der sie auf dem ganzen Kontinent Begeisterungsstürme entfachte.

Isadora stand damals auf der Schwelle zum Ruhm. In Paris und Berlin wurde sie gefeiert, Maurice Ravel, Auguste Rodin, die Duse, Cosima Wagner und viele andere bedeutende Künstler zählten zu ihren Freunden. Allerdings hatte sie die Heimat verlassen müssen, die Amerikaner standen ihrer Kunst reserviert gegenüber.

Denn Isadora war auf ihrem Gebiet eine Revolutionärin. Sie befreite den Tanz aus dem Korsett des Balletts, das die Tänzer zu Marionetten machte. Barfuß und leicht bekleidet tanzte sie zu klassischer Musik, die nicht für den Tanz geschrieben worden war: Beethovens Fünfter, Teilen von Wagners »Parsifal«, der Marseillaise, Werke von Schubert, Liszt, Gluck und Chopin. Die Regungen der Seele bewegten ihren Körper, der dem Inneren in völliger Freiheit einen würdigen Ausdruck verlieh.

Es war Isadoras Überzeugung, daß nur im freien Körper der freie Geist lebe. Beide verschmolzen in ihrem Tanz zu neuer Harmonie. Was in der modernen Zivilisation entzweigerissen worden war, sollte im Tanz wieder zueinander finden.

Die Vorbilder für ihren Tanz hatte Isadora auf antiken Amphoren erblickt, und mit dem ersten ersparten Geld waren sie und Elizabeth nach Athen gereist, entschlossen auf der Akropolis zu tanzen. Isadora scharte Jünglinge um sich und schmiedete Pläne, einen Tempel des Tanzes zu bauen, um die alte Kunst an ihrem angestammten Ort zu erneuern. Doch die Ersparnisse waren bald aufgebraucht, und so kehrte sie in die Säle Europas zurück.

Als ich fünf Jahre alt wurde, durfte ich endlich mittanzen. Der Pianist begann zu spielen, und Elizabeth und die anderen Isadorables blickten mich aufmerksam an. Voller Freude machte ich meine ersten Schritte. Elizabeth lobte mich, und von da an wollte ich gar nicht mehr aufhören. Ich brauchte keine Pausen, ich wollte tun, was ich zwei Jahre lang nicht hatte tun dürfen – ich wollte endlich tanzen.

In dem großen Tanzsaal fühlte ich mich schwerelos wie unter Wasser. Blaugrau war der Teppichboden, blaugrau waren die von der Decke auf den Boden herabfallenden Vorhänge, und das Licht fiel gedämpft von oben hinunter. Spiegel wie in Ballettübungssälen gab es nicht. Unser Blick war nach innen gewandt. Vor der Villa lag eine weite, sanft geschwungene Rasenfläche, und bei schönem Wetter übten wir in der freien Natur, umgeben von hohen Buchen und Vögeln.

Mehrere Male gaben wir für den Großherzog von Hessen und seine Begleitung eine kleine Vorstellung. Auch die Familie Merck, die ein Chemiewerk in Darmstadt besaß, besuchte uns auf der Marienhöhe. Mit ihrer Tochter spielte ich im Garten oft Ball.

Nach etwas mehr als einem Jahr verließen wir diesen friedvollen Ort, der mir unvergeßlich bleiben wird, reisten nach England, woran ich keine Erinnerung habe, und dann, als der Krieg ausbrach, in die USA.

Ellis Island

Die große, weißgestrichene Halle war überfüllt und laut. Zu Hunderten saßen die Menschen nach der flüchtigen Untersuchung durch Ärzte auf langen Holzbänken. Beamte liefen hin und her und brüllten unverständliche Befehle. Die schlechte Luft und das Stimmengewirr setzten uns allen zu. Wir waren müde. Seit der Überfahrt kratzte ich mich am ganzen Körper und litt unter Haarläusen. Unserer Gouvernante erging es nicht besser.

Als wir an den Schalter kamen, wies Elizabeth den Beamten darauf hin, daß sie Amerikanerin sei und wandte ihre ganze Beredsamkeit auf, damit die Mädchen der Tanzschule gleich zusammen weiterreisen konnten. Vergebens, wir mußten auf der Insel bleiben. Andere Einwanderer, die mit uns auf dem Schiff gewesen waren, durften dagegen schon wenige Stunden später die Fähre besteigen und nach New York übersetzen.

Der Saal, in den man uns wies, war voller Betten, Koffer, Truhen und fremder Menschen. Viele lagerten mit ihrer Habe auf dem schmutzigen Fußboden, weil kein Bett für sie frei war. Enge, Schmutz und die stickige Luft waren noch schlimmer als in der Ankunftshalle und raubten uns den Atem. Die Waschräume, Toiletten und Eßsäle waren ständig überfüllt. Die Tage zogen sich endlos dahin.

Manche nannten Ellis Island die Träneninsel, denn oft genug mußte man monatelang dort ausharren. Wie zum

Hohn lag die Freiheitsstatue schon hinter uns, aber Manhattan mit seinen strahlenden Lichtern noch immer vor uns, getrennt nur durch einen schmalen, unüberwindlich erscheinenden Wasserstreifen.

Schließlich durften wir umziehen, zwar nur auf der Insel, dennoch glich es einer Erlösung. Isadora hatte sich mit dem Kommandanten von Ellis Island in Verbindung gesetzt, der uns sein Apartment zur Verfügung stellte, bis alle Einwanderungsformalitäten erledigt waren. Die sauberen Zimmer, die wir ganz allein bewohnten, waren nach all dem Schmutz und der Enge ein Paradies. Ich wurde sofort in die Badewanne gesteckt und gründlich entlaust. Die Neue Welt war ein entscheidendes Stück näher gerückt.

Im fernen Tarrytown

Endlich durften wir an Bord der Fähre gehen und nach New York übersetzen. Dicht gedrängt standen wir im frischen Wind auf Deck und sahen der näherkommenden Stadt entgegen. Nach unserer Ankunft führte uns Elizabeth durch die Straßenschluchten und das hektische Menschengewimmel Manhattans zur Grand Central Station, wo wir einen Zug nach Tarrytown nahmen. Eine halbe Stunde dauerte die Fahrt den Hudson River entlang.

Das kleine Dorf Tarrytown schien von der Gegenwart weitgehend unberührt zu sein. Die Mainstreet, an der die bescheidenen Häuser sich wie an einer Perlenschnur aufreihten, trug kein Pflaster. Besonders gefiel mir der Drugstore. Er bot alles mögliche feil: Kleidung, Lebensmittel, Medikamente und nicht zuletzt köstliche Icecream, warme Pancakes, Apple Pies und Hot Fudge.

Tarrytown war umgeben von prunkvollen Villen inmitten englischer Parks. Unter den Rockefellers, Vanderbilts, Goulds und Guggenheims, die dort ihre Estates besaßen, befand sich ein Verehrer Isadoras. Er stellte der Tanzschule einen prächtigen, weitläufigen Landsitz zur Verfügung.

Der langgestreckte Backsteinbau aus der Kolonialzeit stand auf einer Anhöhe, deren kurzgeschorener Rasen sanft zum Hudson River abfiel. Der Park mit den uralten Bäumen, die Bungalows für das Personal und der große chinesische Pavillon am Wasser waren vollkommen verwahrlost. Offenbar war die Villa jahrelang unbewohnt gewesen.

Das Innere zeigte höchste Eleganz. Die Halle besaß eine einschüchternde Größe, die Wände glänzten dunkel von rotem Brokat und kostbaren Hölzern, und im Abzug des steinernen Kamins konnte ich aufrecht stehen. Besonders beeindruckte mich die breite, geschwungene Treppe der Halle. Vielleicht, weil ich nicht die Stufen benutzte, sondern immer auf dem Handlauf hinunterrutschte.

Alle Räume, selbst der so genannte kleine Salon, waren sehr groß und verschwenderisch mit hellblauem und grünem Brokat, Holz sowie Gold geschmückt. Über Möbeln im Stil Napoleons III. hingen ausladende venezianische Glaslüster von den hohen Decken herab. Jedes Schlafzimmer verfügte über ein Marmorbad und einen offenen Kamin, die Zentralheizung war nachträglich installiert worden.

Isadora und ihre Schwester Elizabeth bewohnten je einen Salon und ein Boudoir. Wir Mädchen hatten unsere eigenen riesigen Zimmer. Oft lag ich dort allein im Dunkeln. Besonders in den Wintermonaten, in denen viel Schnee fiel, litt ich unter fiebrigen Erkältungen.

In diesem luxuriösen Haus lebten wir recht spartanisch. Nur einmal in der Woche gab es Fleisch, und unsere Kleidung, schlichte Fähnchen aus weißem Stoff, mußten wir selbst nähen. Teure Kleider und Schmuck seien unnötig, mahnte Isadora, wahre Schönheit komme von innen. Die von ihr geschätzte Schlichtheit der Antike hatte puritanische Züge.

Jeden Morgen standen wir um sieben Uhr auf und trieben noch vor dem Frühstück eine Stunde Gymnastik. Dann kam ein alter Franzose in die Villa, ein ehemaliger

Lehrer, und erteilte einige Stunden Unterricht in allen Fächern. Ich schaute meist träumend aus dem Fenster in den grünen Park. Dennoch lernte ich recht schnell Lesen und Schreiben. Rechnen begriff ich allerdings überhaupt nicht und kann mir Zahlen, selbst Jahreszahlen, noch heute nicht merken. Auch die französische Sprache blieb mir gänzlich fremd. Nur wenn Geographie an der Reihe war, wurde ich hellwach: Die Welt lockte mich.

Auf das Mittagessen folgte eine Stunde Schlaf. Ausgeruht widmeten wir uns dann unter der Leitung von Elizabeth den ganzen Nachmittag dem Tanz. Anfangs saßen wir im Kreis auf der Erde und lauschten Auszügen aus den englischen und französischen Suiten von Bach, aus Stücken von Schumann und Haydn. Wenn unser Pianist die Passage wiederholte, stand eine von uns auf ein Zeichen von Elizabeth hin auf und versuchte, die Gefühle, die die Musik in ihr geweckt hatte, improvisierend zum Ausdruck bringen. Der Reihe nach tanzten wir alle solo, jeder auf seine Art, zu denselben Noten. In diesen Stunden, die zu den schönsten meiner Kindheit und Jugend zählen, entstand meine lebenslange Liebe zu Bach.

Abends versammelten wir uns um Elizabeth vor dem Kamin in der Halle, wo jedesmal ein anderes Mädchen mit dem Kienspan das aufgestapelte Holz entzünden durfte. Dann las Elizabeth Geschichten oder Märchen vor. Wir saßen auf dem Teppich, hörten zu und schauten gedankenverloren in die lodernden Flammen.

In meiner Kindheit und Jugend saß ich nie auf einem Stuhl. Stühle durften nur von den Erwachsenen benutzt werden, denn unsere Haltung sollte nicht leiden. Auch Sportarten wie Schlittschuhlaufen, Reiten und vor allem Tennis waren verboten, weil Arme und Beine dadurch

einseitig gekräftigt wurden. Das hätte dem Tanz gescha-
det.

Viel Personal gab es in Tarrytown nicht. Eine irische
Köchin, ein Hausmädchen und ein Gärtner sorgten für
uns. Die immer fröhliche Köchin winkte mich manchmal,
wenn sie mich im Park sah, zum Küchenfenster im Sou-
terrain und fragte lächelnd: »Hello Sonja, how is your
heart?« Mein Englisch reichte in den ersten Monaten
nicht aus, um die Frage zu beantworten. Also lachten wir
beide herzhaft und mochten darauf selbst dann nicht mehr
verzichten, als ich die Sprache schon gut beherrschte.

Die Köchin konnte auch wahrsagen. Isadora lief, wann
immer sie in Tarrytown war, mit ihrer leeren Tasse in die
Küche und ließ sie die Teeblätter lesen.

An das Hausmädchen erinnere ich mich nicht, dafür
aber an den Gärtner, einen älteren Schwarzen. Ihm sah
ich oft bei der Arbeit zu. Seine größte Sorge galt dem
Rasen, der stets sehr kurz sein mußte. Er freute sich immer, mich zu sehen, und erklärte mir unermüdlich jeden
seiner Handgriffe. Ich hatte keine Scheu vor ihm; Isadora
mußte mir nicht erst beibringen, daß alle Menschen gleich
waren. Nur wollte es mir nicht in den Kopf, daß dieser
freundliche Farbige den gleichen Namen wie Isadora
trug. Wie konnte auch er Duncan heißen?

Dann gab es noch eine Gouvernante, die ich verachtete,
denn Fröken roch immer durchdringend nach Schweiß.
Die dicke, häßliche Norwegerin war nicht streng, sondern durch und durch gleichgültig und dumm. Manchmal erinnerte sie sich meiner und setzte sich zu mir. Wenn
ich sie bat, mir ein Märchen zu erzählen, lag sie einem mit
irgendwelchen hochgewachsenen norwegischen Offizieren in den Ohren, denen sie beim Skifahren in die Arme

gefallen war. Schon beim ersten Mal konnte mich diese Geschichte nicht sonderlich fesseln.

Mit den anderen Mädchen verband mich wenig. Ich war, weil inzwischen einige Amerikanerinnen in unseren Kreis aufgenommen worden waren, nicht mehr die Jüngste. Doch wenn die anderen Isadorables im Park Baseball spielten, wollten sie mich immer noch nicht dabei haben.

Baseball gefiel mir ohnehin nicht. Ich ritt lieber auf den mächtigen Steinlöwen, die die hohe Eingangstür der Villa bewachten, oder trieb mich mit meinen Tieren, einem Hund und einer Katze, die immer am Fußende meines Bettes schlief, im Park herum. Mein Lieblingsplatz war ein Pavillon, der jenseits der am Ufer verlaufenden Bahnlinie auf Pfählen im Hudson River stand. Ein Steg führte dorthin. Auf den Planken liegend schaute ich in das Wasser. Eilig floß es dem nahen Atlantischen Ozean entgegen, manchmal bläulich schillernd, dann wieder grau in grau. Bei Ebbe konnte ich im Wasser stehen und lernte nebenbei schwimmen.

Sobald ich lesen konnte, nahm ich ein Buch unter den Arm und suchte mir einen ruhigen Platz im Haus oder im Park. Erst las ich Märchen, dann sämtliche Bände von Robert Louis Stevenson und Charles Dickens, derer ich habhaft werden konnte. Wurde ich hungrig, ging ich zu den vergessenen alten Pfirsichbäumen, die in einer entlegenen Ecke des Parkes eine prächtige Allee bildeten. Niemand kümmerte sich um die reifen Früchte. Sie wuchsen nur für mich, und ich konnte mir die schönsten aussuchen. In solchen Augenblicken hatte ich das Gefühl, der Park gehöre mir und ich sei allein auf der Welt.

Gern trieb ich mich auch bei den verfallenen Gewächshäusern herum, die von Mr. Duncan nicht beachtet wurden, weil er sich vor allem um den schnell wachsenden Rasen kümmerte. Auch dort kostete ich unbekannte und herrlich schmeckende Früchte, und die Luft war gesättigt mit Gerüchen, dem Summen der Bienen und dem Surren der Libellen. Keine menschlichen Geräusche drangen in diese verwunschene Ecke des Parks.

In den heißesten Wochen des Jahres flohen wir vor den Schwärmen großer Moskitos aus Tarrytown. Isadora hatte ein kleines Holzhaus in den Dünen bei Long Beach auf Long Island gekauft. Dort lag ich stundenlang glücklich mit einem Buch im warmen Sand und träumte in die gischtbedeckten Wellenberge hinein.

Ich war oft allein, und Traum und Wirklichkeit verschwammen miteinander. Die anderen Mädchen und Elizabeth lachten mich mehr als einmal aus, wenn ich in einer Tanzpause oder beim Essen etwas Aufregendes erzählte. Sie meinten, ich hätte alles nur geträumt oder irgendwo gelesen. Ich war jedoch fest davon überzeugt, es erlebt zu haben und litt darunter, daß mir niemand glaubte. Bald merkte ich, daß es besser war, den Mund zu halten und meiner Wege zu gehen.

Einmal ertrug ich das Ticken der Uhr in meinem großen Zimmer nicht mehr. Ich schrie so lange, bis Fröken kam und sie kopfschüttelnd aus dem Raum trug. Nachts hatte ich schreckliche Angstträume. In einem ständig wiederkehrenden Traum stand ich inmitten eines Sees auf der spiegelglatten Wasseroberfläche, und furchterregende Ungeheuer schnappten nach meinen Füßen. Ich versuchte davonzulaufen, aber wenn ich den einen Fuß hob, sank der andere beängstigend tief zu den Schlünden hinab. Ich vollführte einen seltsamen, schrecklichen Tanz .

Endlich erwachte ich schreiend und naß geschwitzt in meinem riesigen Bett. Nur die ersten Male eilte Fröken herbei, um mich zu trösten. Ihr Geruch vertrieb die Gespenster, und niemals habe ich mich so über ihre Gegenwart gefreut wie in jenen Augenblicken. Doch nach einigen Nächten hielt sie es nicht mehr für nötig, zu mir zu kommen. Ich lag allein in dem großen dunklen Zimmer und streichelte die bald wieder eingeschlafene Katze, bis unter den schweren Vorhängen ein Streifen Licht hervordrang.

Diese Träume verschwanden, als ich ungefähr zehn Jahre alt war. Damals stieß Isabelle zu uns und wurde meine erste Freundin. Leider blieb sie nur kurz. Isadora, deren Wäsche Isabelles Mutter wusch, hatte sie aufgenommen, um sie vor den Schlägen ihres betrunkenen Vaters zu bewahren. Sie war blond, etwas mollig, hatte schrägstehende Augen und hohe Backenknochen und besaß nicht das leiseste Interesse für Tanz und Musik. Isabelle explodierte fast vor Energie, und ich genoß es, wie sie bei nichtigen Anlässen in die Luft ging. Unsere entgegengesetzten Temperamente zogen einander an.

Elizabeth ertrug Isabelles ungebärdiges Verhalten nicht. Jeden Tag stritten sie sich, und Isabelle mußte sich anhören, daß ihre Unbeherrschtheit nichts in einer Tanzschule zu suchen habe. Sie lenke die anderen Mädchen von der Hingabe an die Musik und der Vervollkommnung ihrer Fähigkeiten ab. Isabelle antwortete meist, daß sie nicht darum gebeten habe, in eine »Verrücktentanzschule« aufgenommen zu werden und lief in den Park hinaus, wo wir uns am frühen Abend an geheimen Orten trafen. Ich bedauerte es jedesmal, wenn sie aus dem Tanzsaal ging. In ihrer Anwesenheit tanzte ich viel besser.

Nach kurzer Zeit verließ Isabelle Tarrytown jedoch wieder. Eine reiche Freundin Isadoras aus Boston, die sich um die Anliegen der Indianer kümmerte, nahm sie mit nach New Mexico in die Reservate. Als Elizabeth sah, wie traurig ich war, tröstete sie mich mit der Nachricht, auch Isabelle würde mich vermissen. Aber statt tanzen zu müssen, könne sie jetzt jeden Tag mit Indianern herumreiten, was ihr sicher viel besser gefalle.

Die Jahre vergingen. Hin und wieder tanzten wir in den Salons von New York und Umgebung. Isadoras Mäzene verlangten uns und unsere Fortschritte zu sehen. Es war jedesmal ein spannender Augenblick, wenn wir nicht in unserem vertrauten Tanzsaal, sondern in einem fremden Raum voller älterer Damen und Herren auftraten, die uns neugierig musterten. Aufgeregt war ich jedoch niemals. Wenn die Musik erklang, nahm ich nichts mehr um mich wahr und tanzte voller Hingabe. Kein einziges Mal haben wir unsere Zuschauer enttäuscht.

Besondere Höhepunkte waren die Reisen nach New York, wo wir den Soloabenden von Isadora in der Metropolitan Opera beiwohnten. Wenn wir in der Grand Central Station ankamen, ertönte jedesmal ein Satz, der allein unserer Tanzschule zu gelten schien: »Watch your steps.«

Endlich fand Isadora auch in ihrer Heimat Anerkennung. Alle Abende waren ausverkauft, die ganze Stadt sprach über die Choreographie und ihre hinreißende weibliche Gestalt. Nach der letzten Vorstellung trat sie vor den roten Samtvorhang und hielt eine Rede über die Freiheit der Frauen. Sie sollten sich, forderte sie kämpferisch, nicht mehr in der Ehe versklaven lassen und ihr Menschenrecht wahrnehmen. Isadora meinte und lebte, was sie sagte. Sie selbst hatte zwei Kinder von verschiedenen Männern und lehnte es strikt ab zu heiraten. Das Publikum stand während der Ansprache auf, drängte zur Bühne und unterbrach ihre Worte immer wieder durch frenetischen Applaus.

Aber Isadora wollte unbedingt nach Europa zurück, wo sie ihre größten Erfolge gefeiert hatte und viele Freunde auf sie warteten. Der Krieg war zu Ende, so daß wir reisen konnten. Ich fügte mich, ohne zu murren, und nahm Abschied von dem verwunschenen Park, von meinen Tieren und dem prächtigen Haus. Abschied von der Mainstreet und dem Drugstore, von dem alten Schwarzen Duncan und der fröhlichen Köchin, den riesigen Bäumen und dem breiten Strom.

Ohne es zu wissen, nahm ich auch Abschied von meiner Kindheit. In den USA war ich zu einem hochaufgeschossenen vierzehnjährigen Mädchen herangewachsen.

Der Park von Sanssouci

Vom Krieg, der endlich zu Ende sei und das Wiedersehen mit vielen Künstlerfreunden erlaube, hatte Elizabeth uns auf der Überfahrt erzählt. In Deutschland bekamen wir die Verheerungen zu sehen, die er angerichtet hatte: Invaliden ohne Beine oder Arme, die mit seltsamen Geräten durch die Straßen rollten oder humpelten, graue Gesichter, in denen der Hunger und die Sorge wüteten, schäbige Kleidung, die ihre soldatische Herkunft nicht verleugnen konnte. Nach dem heiteren Leben im fernen Tarrytown waren diese Bilder deprimierend.

Isadora hatte eine Tournee für uns organisiert, damit wir unsere Fähigkeiten zeigen konnten, Europa kennenlernten und womöglich auch Mäzene, die die Tanzschule unterstützten. Unsere erste Vorstellung gaben wir in der Züricher Tonhalle. Isadora hatte angeordnet, daß die Stühle kreisförmig um die Tanzfläche herum aufgestellt werden sollten. Keine Rampe trennte das Publikum von uns jungen Mädchen, die barfuß und gelöst zu klassischer Musik tanzten: Der Tanz sollte ein Teil des Lebens sein. Die Zuschauer feierten uns euphorisch.

So erging es uns Abend für Abend auch in anderen Städten der Schweiz, Österreichs und Deutschlands. Die Einnahmen waren jedoch offenbar nicht überwältigend. Auf der ganzen Tournee wurden wir in einfachen Herbergen untergebracht. Manches Mal wünschte ich mich in die heruntergekommene Pracht Tarrytowns zurück.

In Wien tanzten wir mehrere Abende im Musikvereinssaal. Einmal hatte ich mich verspätet und wartete allein auf dem Schwarzenbergplatz auf die nächste Straßenbahn. Die anderen Mädchen waren bereits zu der leerstehenden Kaserne vorausgefahren, in der wir Quartier bezogen hatten.

Unter den Wartenden befand sich ein Bettler. Körper und Gesicht waren aufgedunsen, die Haare filzig. Das Gesicht leuchtete bleich, fast grünlich in der Dunkelheit. Ich erschrak, als er auf mich zutrat. »Du bist doch eines der Duncan-Kinder«, sagte er und zeigte mit der schmutzstarrenden rechten Hand auf das Gebäude des Musikvereins. »Ich habe dich tanzen gesehen!«

Ich vermochte nur zu nicken, wich vorsichtig zurück und sah mich verstohlen nach Hilfe um. »Ich bin Nijinskij!« stieß er hervor, machte einen Ausfallschritt auf mich zu und blickte mich triumphierend an. In schnellem Russisch sprach er weiter, gestikulierte mal wild, mal elegant und geriet dabei immer mehr außer sich. Aus den Augenwinkeln suchte ich den Schwarzenbergplatz nach einer Polizeiuniform ab. Von den Umstehenden war keine Hilfe zu erwarten, sie hatten sich abgewandt. Endlich klingelte die Straßenbahn heran und erlöste mich.

Nijinskij war damals schon geisteskrank. Er war mit Isadora liiert gewesen, das Grübchen im Kinn und seine markante, für Willensstärke sprechende Nase hatten es ihr angetan. Sie hatte sich vergeblich ein Kind von ihm gewünscht. Damals mußte der »Gott des Tanzes«, der mit großer Kraft und Eleganz die Schwerkraft vergessen ließ, eine eindrucksvolle Erscheinung gewesen sein. Welch einen Schatten hatte ich gesehen!

Wien gefiel mir mit seinen hochherrschaftlichen Bauten und weiten Plätzen überaus gut. Hoch gestimmt lief ich durch die Straßen, als wären sie Kulissen, die nur auf den Auftritt unserer Tanzgruppe warteten. Elizabeth führte uns in die reichen Sammlungen der Museen. Einen stärkeren Eindruck jedoch als die antiken Statuen und Vasen, die sie uns zu Beginn zeigte, machten die Gemälde von Brueghel und Velázquez auf mich. Ich konnte mich an den Details und den Farben, dem Gewimmel der Figuren und den traurigen Kinderblicken nicht satt sehen, fand mich allein auf einer Bank sitzend und mußte oft genug durch mehrere große Säle laufen, um die anderen Mädchen wiederzufinden. Meine Liebe zur Kunst war erwacht.

Von den nächsten Stationen unserer Tournee ist das westfälische Hagen erwähnenswert. Karl Ernst Osthaus lud uns ein, einige Wochen in seiner von Henry van de Velde erbauten Villa Hohenhof zu verweilen. Osthaus war Industrieller, Kunstsammler und ein bedeutender Mäzen, der in der Künstlerkolonie Hohenhagen Künstler verschiedenster Arbeitsbereiche in der Absicht zusammenkommen ließ, Kunst und Leben miteinander zu verbinden. Seine Villa schmückten großformatige französische Impressionisten und deutsche Maler, darunter Gauguin, Cézanne, Manet, Renoir und Hodler, von deren Farben und Lichtspiel ich nicht genug bekommen konnte.

Elizabeth bemerkte meine Begeisterung, gab mir Bücher über Maler zu lesen und besuchte mit uns das Museum Folkwang in Hagen, das Osthaus erbaut und mit modernen Kunstwerken bestückt hatte. Zum ersten Mal bedauerte ich, daß mein Vater nicht da war und mit mir durch die wunderbaren Räume ging. Als Maler hätte er mir vieles von dem, was ich nun mit offenen Augen, aber mehr durch Zufall entdeckte, zeigen und erklären können.

Leider blieben wir nicht allzu lange in Hohenhof, sondern fuhren bald nach Berlin weiter, um in der Philharmonie aufzutreten. Nach der ersten, bejubelten Vorstellung teilte uns Elizabeth eine frohe Nachricht mit: Isadora hatte erreicht, daß das Land Preußen ihr eines der beiden Communs hinter dem Neuen Palais vermietete, die nach der Novemberrevolution 1918 und der Abdankung Wilhelms II. leer standen. Wir konnten also wieder für längere Zeit an einem Ort leben und arbeiten.

Als wir bei strahlendem Sonnenschein im Park von Sanssouci eintrafen, traute ich meinen Augen nicht. Tarrytown schien vor mir zu liegen! Das Commun besaß wie die Villa am Hudson River zwei geschwungene Treppen, und der Park erstreckte sich, so weit das Auge reichte. Mir war zumute, als kehre ich nach langer Reise nach Hause zurück.

Tatsächlich hatte ich wie in Tarrytown ein Zimmer für mich allein, während sich die anderen Mädchen eines zu zweit teilen mußten. Und wie im Estate sahen auch unsere Tage in Potsdam aus: Auf Schulstunden am Morgen folgte Tanz bis in den Abend.

Allerdings durfte ich nicht allein im Park umherstreifen. Mit unserer Gouvernante unternahmen wir Spaziergänge zum Ruinenberg oder zur Orangerie. Besonders mochte ich den von Schinkel erbauten Charlottenhof und den Weg dorthin, der sich kunstvoll am Waldrand entlang schlängelte. Die monumentale Kolonnade und das Neue Palais gegenüber vom Commun mit einer Reihe von Statuen auf dem Dach boten dagegen nur kalte, allzu regelmäßige Pracht.

———

Unsere erste Gouvernante war eine junge Adlige aus Rußland, an deren Namen ich mich nicht mehr erinnere; ihr Mann bediente die Kohleheizung und übernahm die handwerklichen Arbeiten im Commun. Beide waren vor der Russischen Revolution geflohen, die Isadora so sehr begeisterte, daß sie schon bald nach Rußland reiste. Die hübsche Frau brachte mir ein wenig Russisch bei, bevor sie durch eine Deutsche ersetzt wurde, mit deren Hilfe ich ein zweites Mal meine Muttersprache erlernte. Mit Elizabeth sprachen wir weiterhin englisch.

Ich muß eine wunderliche Mischung aus allen drei Sprachen gesprochen haben, als mich überraschend mein Onkel besuchen kam. Moissi Kogan konnte sich manchmal gar nicht beruhigen über meine Worte und lachte Tränen, während ich ratlos neben ihm stand, erstaunt darüber, was ich anzurichten vermochte.

Moissi war der erste Verwandte, der sich um mich kümmerte. Ich hatte keine Kindheitserinnerungen an ihn, während er sich wunderte, wie aus der Dreijährigen, die er zuletzt in Dachau gesehen hatte, ein so hochaufgeschossenes Mädchen hatte werden können.

Moissi lebte in Paris und besuchte in Berlin Freunde. Er war auf Verdacht nach Potsdam gefahren, nachdem er gehört hatte, daß die Duncan-Tanzschule dort ihr Quartier aufgeschlagen hatte. Auf einem langen Spaziergang durch den Park erzählte ich ihm von meinen Erlebnissen in den USA und Europa. Er hörte mir aufmerksam zu. Das ermutigte mich, ihm auch von den wunderbaren Bildern vorzuschwärmen, die ich in Wien und Hagen gesehen hatte. Zu meiner Verwunderung kannte Moissi Karl Ernst Osthaus und lobte ihn als Mäzen moderner Kunst. So erfuhr ich, daß mein Onkel ein bedeutender Bildhauer war.

Neugierig fragte ich ihn nach meinem Vater aus. Moissi wußte nur, daß er nach Rußland zurückgekehrt war und eine erfolgreiche Schule für Malerei leitete. »Dein Vater ist Jude«, sagte mein Onkel bedeutsam und blieb stehen. »Ja und, was heißt das schon«, entgegnete ich schnippisch. Isadora hatte uns kosmopolitisch erzogen, und ein Jude machte nicht den geringsten Eindruck auf mich. Schließlich war ich mit einem schwarzen Gärtner und einer irischen Köchin aufgewachsen.

Moissi wechselte das Thema, und als er gehen mußte, versprach er hoch und heilig, mich bei seinem nächsten Besuch mit nach Berlin in die moderne Sammlung im Kronprinzenpalais zu nehmen. Ich winkte ihm nach, bis er zwischen den Bäumen verschwunden war.

Kurz darauf lernte ich eine amerikanische Freundin von Isadora kennen, die einige Wochen bei uns wohnte. Sie sah uns zu, wenn bei gutem Wetter das Klavier in einen Hain nahe beim Neuen Palais geschafft wurde und wir dort tanzten. Mit ihr plauderte ich über alles mögliche, und bevor sie nach Amerika zurückkehrte, schenkte sie mir ihre luftigen, knöchellangen Kleider und bunten Schals. Da ich nur an die schlichten weißen Fähnchen gewöhnt war, die wir uns selbst nähen mußten, waren es fremdartige, geradezu extravagant erscheinende Kleidungsstücke für mich. Doch sie gefielen mir ausnehmend gut und saßen wie angegossen. Leider konnte ich sie in der Tanzschule nicht tragen.

An weitere Freundschaften oder Besuche von Moissi erinnere ich mich nicht. Jeden freien Augenblick verbrachte ich mit Lesen. Oft kletterte ich in meinem Zimmer auf das Fensterbrett, zog die Beine an und lehnte mich mit dem Rücken an die Wand. Blickte ich vom Buch auf, lagen das Neue Palais und ein Teil des Parkes in ganzer Pracht vor mir.

Manchmal stand unter meinem Fenster der Sohn des Architekten Hans Poelzig, dessen Schule im hinteren Teil unseres Communs untergebracht war. Seine nackten Knie lugten spitz unter den Shorts hervor, während er mich sehr diskret und ausdauernd anhimmelte. Ich tat stets, als ob ich meinen Romeo nicht bemerkte, obwohl mich seine Ausdauer insgeheim freute. Nie habe ich ein Wort mit ihm gewechselt oder auch nur das Fenster geöffnet. Ich war ungefähr vierzehn Jahre alt und scherte mich nicht um das andere Geschlecht. Ab und an tauchte vor meinem inneren Auge das Paar auf, das ich in Wien in einer abscheulichen Umarmung gesehen hatte. Mit der Liebe, die ich aus Büchern kannte, hatte das nichts zu tun.

Dann hinderte mich ein furchtbarer Husten am Tanzen. Der Arzt stellte eine Tuberkulose fest. Ich mußte das Bett in strenger Isolation hüten, um die anderen Mädchen nicht anzustecken. Das Alleinsein fiel mir nicht schwer. Ich las alle Bücher, die Elizabeth und die Gouvernante herbeitrugen, und träumte mich durch die Tage.

Nach einigen Wochen schickte mich der Arzt mit der Gouvernante zur Kur in das bayerische Mittenwald. Am späten Nachmittag bezogen wir ein Zimmer in einer Pension, erfrischten uns und gingen ausgehungert in eines der Gasthäuser.

Fast hätten wir auf der Stelle kehrtgemacht. In einem Brodem aus Schweiß, Rauch und vergossenem Bier, der einem den Atem verschlug, hockten feiste, ordinäre Gesichter an langen Tischen. Die Männer besaßen Stiernacken und hatten fleischige Hände vor sich auf die unbehauene Tischplatte gelegt. Hemdsärmel und Hosenträger trugen sie wie Auszeichnungen. Die wenigen Frauen saßen gleich fetten Hennen auf den roh behauenen Holzbänken, ließen ihre Zöpfe hängen und sahen wie monströse Gretchen aus. Wie Barbaren hingen sie mit dem Kopf über dampfenden Tellern voller Fleisch und Kartoffeln, gossen aus riesigen Krügen Ströme von Bier in sich hinein, und stießen lautstark kehlige Laute aus.

Die Gouvernante schob mich zu einem freien Ecktisch. Wir setzten uns und starrten beklommen auf die fleckige Tischplatte. Die versammelte Häßlichkeit drehte mir den Magen um. Bei Isadora und Elizabeth wurde sehr auf Tischsitten geachtet, lautes Reden war tabu. Irgendwann knallte man zwei dampfende, absurd überfüllte Teller vor uns hin. Fassungslos starrte ich sie an. Dann stand ich abrupt auf und ging hinaus. Die Gouvernante folgte mir.

Wir kauften einige Lebensmittel und verzehrten sie schweigend auf unserem Zimmer. So hielten wir es während des ganzen Kuraufenthalts, den wir wie in Feindesland verbrachten. Nicht einmal die Natur konnte mich erfreuen. Das enge Tal und die hohen Berge mit den dunklen Tannen erdrückten und ängstigten mich. Die Gouvernante zwang mich dennoch, jeden Tag einige Stunden spazierenzugehen, damit ich nicht nur lesend in meinem Zimmer saß.

Als wir nach zwei langen Monaten zum Bahnhof gingen, bemerkte ich, daß man mich unverhohlen anstarrte. Ein Mann drehte sich sogar auf offener Straße nach mir um. Auch nach unserer Ankunft in Potsdam wurde ich begafft, und die anderen Mädchen im Commun wirkten noch reservierter als sonst. Ich fühlte mich unwohl und wußte nicht, warum. Eine Freundin, die ich fragen konnte, besaß ich nicht, und was hätte ich in meiner Verfassung auch fragen sollen? Daß ich mich unwohl fühlte in meinem Körper?

Erst Tage später konnte ich mir einen Reim auf das Aufsehen machen, das ich erregte. Wir holten einen Pianisten vom Bahnhof Wildpark ab, und als er mich sah, blieb er wie gebannt stehen. Selbstvergessen blickte er mich an und ließ sich dann die Worte »Oh, what a Beauty« auf der Zunge zergehen.

Ich wußte nichts zu antworten, errötete nur tief und entfernte mich von der bald wieder plaudernden und lachenden Gruppe, um mir noch genauer als sonst Bäume, Sträucher und Vögel anzusehen, Blätter abzurupfen und Käfer mit dem Fuß anzustupsen. Erst Tage später begriff ich, was mit mir in den letzten Monaten und wohl auch schon davor vorgegangen sein mußte: Als häßliches, spindeldürres und krankes Entlein war ich fortgefahren und als schöner, sanft gerundeter und kerngesunder Schwan zurückgekehrt. Ich war – ohne es zu wissen und mir darauf etwas einzubilden – eine bildschöne junge Frau geworden.

Die Männer starrten nicht nur, sie drückten mir auch ihre Verehrung aus. Der erste war ausgerechnet Sergej Jessenin. Den knapp zwanzig Jahre jüngeren Dichter hatte Isadora, ihre Abneigung gegen die Ehe vergessend, im revolutionären Rußland geheiratet. Im Frühjahr 1922 machten beide auf einer Reise in die USA in Berlin Station, bezogen Zimmer im exklusiven Hotel Adlon am Pariser Platz und feierten rauschende Feste mit kommunistischen und russischen Freunden, darunter Maxim Gorki. Der Wodka floß in Strömen, und Isadora trank bis zur Bewußtlosigkeit, nicht ohne sich vorher heftig mit Jessenin gestritten und das eine oder andere Zimmer verwüstet zu haben.

Als Isadora mit Jessenin nach Potsdam kam, stellte sie ihn uns stolz als ihren Ehemann vor. Der blonde Dichter hatte es sich derweil im Sessel bequem gemacht und musterte uns Mädchen. Ich schien ihm besonders zu gefallen, und als wir in den Eßraum gingen, suchte er das Gespräch mit mir. Leider sprach Jessenin nur wenig Englisch, was die Unterhaltung stocken ließ. Außerdem war er einen Kopf kleiner, so daß ich dauernd daran dachte, wie komisch es aussehen mußte, wenn er mit mir sprach.

Bevor Jessenin und Isadora am Abend wieder abreisten, sagte er auf Russisch »Ich liebe dich« zu mir. Er war der erste Mann, der mir seine Liebe erklärte. Allerdings wußte ich noch nichts damit anzufangen.

Beim nächsten Besuch ließ Jessenin mich nicht mehr aus den Augen. Mir wurde diese Verehrung lästig, und ich versuchte, mich ihr zu entziehen. Als er mit Isadora endlich wieder abreiste, empfand ich jedoch nicht etwa Freude, sondern Trauer. Denn mit Jessenin reiste auch Isadora ab, die immer wie eine Mutter zu mir gewesen war. Nun hatte ich zum ersten Mal gehofft, daß sie das Commun verließ – wegen des anhänglichen Jessenin. Wenn in Tarrytown meine Kindheit zu Ende gegangen war, dann endete in Potsdam meine Jugend.

Unverhofftes Wiedersehen
in Konstanz

Isadora Duncans Stern sank. Die Skandale der Bolsche-
wistenfreundin und Ehefrau eines revolutionären Dich-
ters erregten mittlerweile nicht nur in den USA, sondern
auch in ihrer künstlerischen Heimat Europa mehr Aufsehen als die Vorführungen der gealterten Tanzrevolu-
tionärin. Unbarmherzig vertrieb man die Göttin des freien
Tanzes aus dem Olymp. Isadora fehlten die Mittel, um
die Tanzschule wie bisher fortführen zu können. Die älteren Mädchen, darunter auch ich, mußten gehen.

Elizabeth hatte meiner Mutter geschrieben und sie gebeten, mich aufzunehmen, bis ich eine Stellung als Tänzerin gefunden hätte. Davon erzählte sie mir erst, als diese
schon geantwortet hatte. Sie freue sich, schrieb meine
Mutter, mich wiederzusehen, wir hätten uns sicher viel
zu erzählen. »Ich habe«, hieß es in dem Brief, »Dein Leben aufmerksam und voller Interesse verfolgt. Komm bald
nach Konstanz. Meine Künstlerfreunde sind begierig,
eine schöne junge Duncan-Tänzerin kennenzulernen.«

Ich war, gelinde gesagt, etwas befremdet. Seit der Trennung in München vor mehr als zwölf Jahren hatte ich
nie wieder von meiner Mutter gehört. Schon lange vermißte ich sie nicht mehr. Den Trennungsschmerz hatte
ich dank Isadora, Elizabeth, den Tieren und der Natur
verwunden. Meine Mutter war für mich eine Fremde
geworden. Zu ihr sollte ich fahren? Ich schüttelte den
Kopf, als ich davon hörte.

Elizabeth redete mir gut zu, und bald gab ich klein bei. Schließlich hatte ich keine Wahl. Wer sonst sollte mich aufnehmen? Ich kannte niemanden außerhalb der Tanzschule, nur Moissi, aber ihn konnte ich nicht fragen. Was sollte er in Paris mit einem sechzehnjährigen Mädchen anfangen?

Der Abschied war traurig. Mit den anderen Mädchen verband mich nicht viel, aber wir hatten uns aneinander gewöhnt. Die Tanzschule war meine Familie gewesen, im Guten wie im Schlechten. Am schwersten fiel es mir, meine Tiere zurückzulassen. Von ihnen mochte ich mich erst trennen, als Elizabeth frühmorgens in der Tür stand, um mich zum Bahnhof zu bringen. Als der Zug einfuhr, umarmte sie mich noch einmal. Dann war ich zum ersten Mal allein unter Fremden.

Der Zug fuhr nach Lindau, wo ich bei Kaiserwetter an Bord eines Schiffes nach Konstanz ging. Ich stieg die Treppen zum Sonnendeck hinauf, und als ich auf der obersten Stufe stand, um nach einem freien Platz zu suchen, wandten sich mir alle Gesichter auf den vollbesetzten Sitzbänken zu. Ich erstarrte wie vor einer Kamera. Für ein junges Mädchen wie mich war es ein merkwürdiges Gefühl, die Aufmerksamkeit von so vielen Menschen zu erregen, eine Mischung aus Erschrecken und Freude. Ich gehörte nicht dazu, befand mich aber unter ihnen – ein Wesen von einem anderen Stern.

Heute weiß ich, daß meine Erscheinung jedermann damals in Erstaunen versetzen mußte. Mit dem hellen, knöchellangen Sommerkostüm, dem roten Schal und einem großen Florentinerhut, den Geschenken meiner amerikanischen Freundin, war ich überaus elegant gekleidet. Die Sonntagskleidung der Ausflügler dagegen sah abgetragen aus, und die Nachkriegsjahre, vor deren Elend wir dank Elizabeth bewahrt worden waren, hatten ihre Spuren auch in die verhärmten Gesichter gegraben. Wie behütet hatte ich doch in der Tanzschule gelebt!

Mein Stiefvater holte mich in Konstanz vom Kai ab. Dr. Günter Bugge war Chemiker bei der Holzverkohlungsindustrie GmbH, einem größeren Chemiebetrieb. Während wir im Bus durch die Stadt fuhren, beschrieb er mir die kleine Villa, die er mit Elsa, meiner Mutter, und ihren zwei Söhnen Detlef und Gerd auf der anderen Seite des Rheins bewohnte. Als er sein Arbeitszimmer erwähnte, fragte ich nach seinen Lieblingsbüchern, und von da an unterhielten wir uns angeregt über Thomas Mann, Joseph Conrad und Fjodor Dostojewski. Der Naturwissenschaftler las jeden Abend schöne Literatur, und so fühlte ich mich, bevor wir angekommen waren, schon fast zu Hause.

Meine Mutter öffnete die Tür und blieb im Halbdunkel des Flurs stehen, um mich anzusehen. Dann streckte sie mir ihre Hand entgegen und hieß mich mit warmen Worten willkommen. Sie war, wie ich sehen konnte, eine schöne Frau und wirkte deutlich jünger als Elizabeth. Mit dem Wesen aus meinen Träumen hatte sie freilich wenig Ähnlichkeit, und ich zögerte wochenlang, Mutter zu ihr zu sagen.

Elsa las ebenso wie Günter Bugge sehr viel. Sie interessierte sich besonders für den Buddhismus und die Ausgrabungen in Mesopotamien. Einmal in der Woche empfing sie in ihrem Salon Konstanzer Künstler. Gleich am übernächsten Tag wurde ich dem kleinen Kreis von Malern und Schriftstellern vorgestellt. Wilhelm von Scholz, Karl Einhart, Walter Waentig und die anderen fragten mich neugierig aus. Obwohl sie fern von Berlin lebten, wußten sie gut über Isadora Duncan, Sergej Jessenin und die Tanzschule Bescheid, und mir schien, daß sie manchmal mit meinen Antworten nicht ganz zufrieden waren.

Keiner von ihnen machte mir Hoffnungen, in naher Zukunft eine Anstellung als Tänzerin zu finden. Der eine oder andere Auftritt wäre sicher möglich, aber ein dauerhaftes Engagement sei in Deutschland, das unter den Folgen des Krieges litt, schwer zu finden. Dennoch versprachen die Künstler, sich umzuhören, und auch meine Mutter wollte sich bei Bekannten für mich verwenden.

Walter Waentig lud meine Mutter und mich nach Gaienhofen am Untersee ein. Er hatte Hermann Hesses Haus am Erlenloh erworben, eine außerhalb des Dorfes gelegene repräsentative Villa mit großem Garten und einer prächtigen Aussicht auf Reichenau, das Schweizer Ufer und die Alpen. Ich tanzte für den freundlichen Mann, der mich verehrte, und er griff jedesmal zu Stiften und Pinseln. Ein »Bildnis der Tänzerin Kogan« ist noch heute im Besitz der Städtischen Wessenberg-Galerie Konstanz.

Konstanz entführte mich wie manche Bilder, die ich in Wien gesehen hatte, in eine versunkene Zeit. Ich strich durch die gewundenen Gassen der mittelalterlichen Stadt, saß gedankenverloren im gotischen Münster zwischen den hohen Säulen aus graugelbem Sandstein oder besuchte meine Urgroßtante, die in der Altstadt unweit des Münsters wohnte. Elsa hatte sie nach dem Tod der Großeltern nach Konstanz geholt.

Meine Urgroßtante lebte in der Katzgasse in einem der ältesten Häuser aus der Zeit des Konstanzer Konzils, auf dem der Reformator Jan Hus zum Tod auf dem Scheiterhaufen verurteilt worden war. Von der Gasse aus sah das Haus unscheinbar aus, innen aber glich es einem verwunschenen Märchenschloß. Efeubewachsene Holzgalerien umgaben einen leicht verwilderten Innenhof voller blühender Rosen, auf den kleine Fenster blickten.

Jeder Besuch bei meiner Urgroßtante glich einer Zeremonie. Sie begrüßte mich formvollendet und bat mich in den stilvoll mit Biedermeiermöbeln eingerichteten Salon, wo Tee und Gebäck bereitstanden. Dort plauderten wir, und mehr als einmal hörte ich die Geschichte von der Liebe meiner Großeltern, die so groß gewesen war, daß sie sich auch vom Tod nicht trennen lassen wollten. Damals begriff ich, daß meine Mutter mindestens so einsam aufgewachsen war wie ich. Wir hatten beide früh die Eltern verloren. Nach einer Weile meinte meine Urgroßtante immer, es sei an der Zeit, einen Blick in den Innenhof zu werfen. Damit war die Audienz beendet. Die mühelose Noblesse, die meine Urgroßtante trotz ihres hohen Alters an den Tag legte, beeindruckte mich sehr.

Noch ein anderer Ort in Konstanz hatte es mir angetan: das trutzige Inselhotel, ein früheres Kloster. Die Inhaber, die Schweizer Familie Brunner, legten Wert darauf, neuzeitliche Eleganz mit mittelalterlicher Atmosphäre zu verbinden. Auf der Terrasse des Inselhotels am Seeufer trank ich gern einen Tee. Ich lebte schon knapp ein halbes Jahr in Konstanz, als mich die Familie Brunner bat, in der Kirche des früheren Klosters zu tanzen. Erfreut sagte ich zu und sprach ein kleines Programm mit ihnen ab.

Die Vorstellung war gut besucht. Elsa, Günter Bugge, Walter Waentig und andere Bekannte saßen mit Honoratioren der Stadt in der ersten Reihe. Nach der Vorstellung kam ein Mann auf mich zu, stellte sich als Intendant des Barmener Stadttheaters vor und lobte meine Tanzkunst. Er bot mir ein Engagement als Solotänzerin an, und erfreut schlug ich ein, ohne zu wissen, wo Barmen lag. Ich wollte wieder tanzen, das hatte ich an diesem Abend gespürt.

Erstes Engagement und erste Liebe

Barmen war nach dem mittelalterlich verträumten Konstanz ein Schock für mich. Der kleinen Stadt fehlten nur zwei Buchstaben zur Kenntlichkeit. Grau beherrschte die Fabriken und die Arbeitersiedlungen. Grau war die Luft, gräulich welkten in ihr die wenigen Bäume dahin, aschfahl und ärmlich sahen die Menschen aus. Es war zum Erbarmen in Barmen.

Ich mied die Stadt nach Kräften und kannte eigentlich nur die Straßen, die von der gutbürgerlichen Pension, in der ich auch meine Mahlzeiten einnahm, zum Stadttheater führten. Wenn ich nicht probte oder auftrat, las ich auf meinem Zimmer. Mein Gehalt war karg, es reichte gerade für Unterkunft, Essen und Straßenbahn.

Das Musikrepertoire war mir teilweise unbekannt. Ich mußte zu Wagners »Tannhäuser« tanzen, einer unerträglich geschwollenen Musik. Mozart gefiel mir natürlich sehr, und daß ich die Hauptrolle in Strawinskys »Petruschka« tanzen durfte, bereitete mir große Freude.

Hin und wieder tanzte ich auf Festen, zu denen die Honoratioren der Stadt einluden, darunter der Klavierbauer Ibach. Die gute Gesellschaft war innig miteinander und gegeneinander verschworen, und sie sahen in mir wohl kaum mehr als eine hübsche Dekoration. Fast niemand versuchte, mit mir ins Gespräch zu kommen. Allerdings habe ich selbst auch keinen Kontakt gesucht, vielleicht sogar abweisend gewirkt.

Vollends verlitten wurde mir die Stadt durch ein schreckliches Erlebnis. Todmüde stieg ich eines Nachts nach der Vorstellung aus der Straßenbahn und nahm, um schnell ins Bett zu kommen, die Abkürzung, die ich bisher immer gemieden hatte: den dunklen Hang am Friedhof hinauf. Ich stapfte in völliger Dunkelheit durch das feuchte Gras, als plötzlich jemand hinter mir war und mich zu Boden zu stoßen versuchte. Ich konnte mich schreiend losreißen und lief in panischer Angst den Hügel hinunter zum nächsten Haus. Es schien Stunden zu dauern, bis endlich die Tür geöffnet wurde. Ich stürzte in den dunklen Hausflur und sank weinend zu Boden.

Ich fand mich in einer Küche wieder, vor mir eine Tasse heißer Milch. Eine ältere Frau streichelte meinen Unterarm und redete beruhigend auf mich ein. Danach brachte mich ihr Mann zu meiner Pension. Die ganze Nacht lag ich angezogen auf dem Bett oder ging zum Waschbecken, um den schmerzenden Arm zu kühlen. In den nächsten Tagen sah ich überall dunkle Schatten. Männer mit großen Händen schauten mir gierigen Auges nach. Ich schauderte und wurde noch verschlossener. Zur Polizei mochte ich nicht gehen.

In dieser verzweifelten Isolation lernte ich Janek kennen. Er betrat an einem freundlichen Sommertag den kleinen Salon der Pension, als ich dort meinen Tee trank, nickte mir wie selbstverständlich zu und fragte, wo auch er eine solche Tasse Tee bekommen könne. Verwundert sah ich ihn an. Bisher hatte zwischen den Pensionsgästen Schweigen geherrscht. Man kannte sich und fragte nicht, was der andere trieb. Die unfreiwillige Nähe von fremden Menschen war zu groß, und die Pensionswirtin achtete auf Diskretion.

Doch der Mann hatte eine bezwingend direkte Art. Er war groß, kräftig, elegant gekleidet, sah sehr gut aus und besaß einen offenen Blick, der mir jede Angst nahm. Zum ersten Mal in Barmen sprach ich mit einem Wildfremden und bot ihm sogar eine Tasse von meinem Tee an. Janek setzte sich mir gegenüber, und noch in dieser Nacht hatte ich das erste erotische Erlebnis meines Lebens.

Janek war Pilot und nur für eine Woche in Barmen. Sie verging wie im Flug. Jede freie Minute, jede Nacht verbrachten wir miteinander. Es gab so unendlich viel zu erzählen, einander zu entdecken und plötzlich auch in Barmen zu erleben. Als Janek nach Berlin-Staaken abreisen mußte, wäre ich fast mit ihm gefahren. Nur mein Vertrag am Theater hielt mich zurück.

Fast jeden Tag fand ich einen Liebesbrief von ihm auf der Kommode im Flur, der meine Sehnsucht noch steigerte. Ich war nicht mehr allein auf der Welt. Die Liebe weckte neue, bisher ungekannte Energien in mir. Das Leben erschien mir farbiger und verheißungsvoller als je zuvor, und Barmen hatte all seinen Schrecken verloren. In jedem Brief bat Janek mich, zu ihm nach Staaken zu kommen. Ungeduldig wartete ich das Ende der Theatersaison ab und nahm den ersten Zug nach Berlin. Zurückkommen wollte ich nicht. Tanzen konnte ich überall, warum also nicht in der Reichshauptstadt. Janek lieben aber – das konnte ich nur in Berlin, nicht in Barmen.

Böses Erwachen

In der ersten Zeit war ich glücklich mit Janek, auch wenn unsere Lebensumstände nicht die besten waren. Ich konnte nicht übersehen, daß Janeks kleine Wohnung in einem der heruntergekommenen Häuser, die die Piloten und Angestellten des Flugplatzes Staaken bewohnten, muffig roch und so gut wie gar nicht eingerichtet war. Aber in Janeks Armen war ich selig.

Manchmal nahm er mich in seiner klapprigen Einpropellermaschine aus dem Ersten Weltkrieg mit nach Hamburg. Janek ließ sie mit Vorliebe aus der üblichen Flughöhe bis auf hundert Meter hinuntertrudeln, fing sie ab und raste dann über die endlosen Kiefernwälder der Mark Brandenburg dahin, in die kleine und größere Seen wie blinde Spiegel eingestreut waren. Bei einem einzigen Aussetzer der Maschine, die damals nicht selten vorkamen, hätte er das Flugzeug nicht mehr abfangen können. Wir wären abgestürzt und binnen Sekunden nur noch verschmortes Fleisch in einem Haufen verbogenen Blechs auf einem Acker oder in zersplitterten Baumwipfeln gewesen. Aber so war er eben: ein Draufgänger, der für das Fliegen lebte.

An Dingen, die sich nicht in die Lüfte erhoben, hatte Janek nicht das geringste Interesse. Abends traf er sich regelmäßig mit den anderen Piloten in einem Staakener Lokal. Einige Male setzte ich mich dazu. Die meisten von ihnen waren gutaussehende Männer. Aber ihre Gespräche kreisen nur um das Fliegen. Von Kunst, Literatur oder Tanz hatten sie wahrscheinlich noch nie etwas gehört.

Es fällt mir schwer, mich an die Wochen zu erinnern, die auf die erste Seligkeit folgten. Aus dem Glück wurde ein böser Traum, aus dem es kein Erwachen gab. Erschreckt mußte ich eines Tages feststellen, daß ich schwanger war. Damit hatte ich nie gerechnet. In meiner Unschuld hatte ich gehofft, Janek würde alle Unbill von mir fernhalten. Mein Bauch schwoll langsam an, und je dikker er wurde, desto häßlicher fühlte ich mich. Ich zog mich zurück und verließ das Bett und die ärmliche Wohnung nur noch, wenn es gar nicht anders ging.

Gegen Janek verspürte ich körperlichen Widerwillen und Wut. Ihm hatte ich diesen jämmerlichen Zustand zu verdanken. Nicht einmal mehr anfassen sollte er mich. Er kam abends vom Flughafen und brachte unser Abendessen in einem Henkelmann mit. Immer öfter war er angetrunken. Ich blieb im Bett und zog die Decke bis unter das Kinn. Janek saß den ganzen Abend am Tisch, starrte mich wütend und ratlos an und schüttete Bier und Wodka in sich hinein. Wenn er genug getrunken hatte, kam er torkelnd auf das Bett zu, warf sich auf mich und vergewaltigte mich. Nacht für Nacht der immergleiche Albtraum!

Janek war stark. So sehr ich mich auch wehrte und biß und kratzte, ich hatte keine Chance gegen ihn. Zumal es ihn in seinem Zustand nicht im geringsten kümmerte, was ich tat. Er war ein Draufgänger, und ich lernte ihn hassen.

Nach drei Monaten ertrug ich diese Tortur nicht mehr. Janek war wie jeden Morgen zum Flughafen gegangen, als ich meinen großen Koffer aus dem Schrank zerrte und meine Habseligkeiten hineinwarf. Mit Mühe schleppte ich ihn zum Bahnhof Staaken und dann vom S-Bahnhof Halensee zu einer Pension in einer Seitenstraße des Kurfürstendamms, deren Adresse ich im Telefonbuch gefunden hatte. Das Barmener Stadttheater hatte mir das Honorar für die Sommerpause ausbezahlt, so daß ich in den nächsten Wochen zurechtkommen würde.

Die Pension war ärmlich, und das dunkle Zimmer ging auf den Hinterhof. Aber ich war froh, Janek endlich entkommen zu sein. Erschöpft von den Anstrengungen der Flucht und übermüdet nach den zahllosen Schreckensnächten, fiel ich aufs Bett und schlief sofort ein.

In der Nacht wachte ich auf – zu Tode erschrocken. Mein Bett war naß, und als ich endlich den Lichtschalter gefunden hatte, sah ich, daß ich in Blut schwamm. Ich stand auf, ging, während es an meinen Beinen hinunterrann, zur Tür und rief flehentlich um Hilfe. Nach einer endlosen Zeitspanne erschien die Wirtin. Mit einem Blick wußte sie Bescheid. Dann kehrte sie in das Zimmer zurück, um mir bis zum Eintreffen des Notarztes bittere Vorwürfe zu machen. Ich hätte mich nur wegen der Frühgeburt eingemietet, ihr das Bett verdorben und die Nachtruhe gestohlen. Ich saß auf der Matratze, preßte eine Bluse in meinen Schoß und konnte mich vor Schwäche nicht wehren.

Im Krankenhaus setzte der untersuchende Arzt die Litanei fort. »Eine Abtreibung war ihnen wohl zu teuer, junge Frau.« Ich lag da und schwieg ohnmächtig. Mein Kopf war so leer wie mein Bauch.

Dann saß plötzlich Janek an meinem Bett, bitterlich weinend. Er beteuerte, sich so sehr auf das Kind gefreut zu haben, und verstand nicht, warum ich heimlich das Weite gesucht hatte. Jeden Tag brachte mir Janek von nun an ein kleines Geschenk mit, eine Blume, etwas Konfekt oder Obst. Er warb um mich, und weil Janek mir, trotz allem, was er mir angetan hatte, in seinem Kummer leid tat, vergaß ich die Angst.

Doch als ich aus dem Krankenhaus entlassen werden sollte, kehrte sie wieder. An eine Rückkehr nach Staaken konnte ich nur mit Grausen denken, aber wohin sollte ich gehen? Geld besaß ich bis auf einen geringfügigen Rest nicht mehr, und in Berlin kannte ich außer Janek nur seine Pilotenfreunde. Daher stimmte ich erleichtert Janeks Vorschlag zu, einige Wochen auf dem schlesischen Gut seines Freundes Graf Hojos auszuruhen. Schlesien bot einen hochwillkommenen Aufschub.

Graf Hojos war wie Janek im Ersten Weltkrieg Pilot gewesen. Er und seine Frau, eine österreichische Prinzessin, nahmen mich liebevoll auf ihrem Gut bei Hohenfriedberg auf, wo Friedrich der Große einst die Schlacht gegen Maria Theresia von Österreich gewonnen hatte und Preußen um Schlesien vergrößern konnte. Janek verhielt sich in der einen Nacht, die er mit mir in dem prächtigen Barockschloß verbrachte, liebevoll und zurückhaltend. Am nächsten Tag fuhr er nach Staaken zurück.

Ich fühlte mich noch schwach und genoß es, wie umsichtig die gräfliche Familie mich umsorgen ließ. Der achtjährige Sohn rannte immerfort herbei, nannte mich wohl wegen meiner blonden Haare »Sonne« und fragte, ob mir irgend etwas fehle. Abends saßen wir in der großen Halle am Kamin und plauderten.

Graf Hojos und seine Familie führten ein Leben nach

dem Vorbild längst vergangener Zeiten. Ihr Barockschloß war von keiner Neuerung verunstaltet, die Gräfin, der ich Modell saß, malte mich mehrere Male im Stil alter Meister, und am Sonntag fuhr man mit einer schwarzglänzenden messingverzierten Kutsche zur Hochmesse ins Dorf, obwohl zwei Automobile bereit standen.

Als es mir etwas besser ging, nahm mich die Gräfin zu den Hütten der Landarbeiter mit. Die ärmliche Siedlung mit ihren vor Kot und Schmutz starrenden Wegen und den halbnackt herumtollenden Kindern schockierte mich. Ich glaubte ein russisches Dorf aus einem der Romane Dostojewskis zu sehen, die ich zu dieser Zeit verschlang. Die Gräfin spendete alte Kleider und Medikamente für die Kranken und versuchte, den Frauen schmackhafte, preiswerte Rezepte und einfachste Hygieneregeln beizubringen. Sie tat mit nicht nachlassender Energie, was ihre christliche Überzeugung gebot, obwohl der Mißerfolg ihrer jahrelangen Bemühungen offensichtlich war.

Der Graf nahm mich in seinem Jagdwagen mit, wenn er das Gut inspizierte und Arbeiten beaufsichtigte. Einmal fuhren wir eine Anhöhe hinauf, als uns eine lärmende Horde Radfahrer entgegenkam. Alle Männer trugen dieselbe braune Kluft und ein mir unbekanntes Emblem am Ärmel. Als sie an uns vorbeifuhren, reckten sie den rechten Arm hoch und brüllten etwas, das ich nicht verstand. Verächtlich zog der Grafen die Mundwinkel herab: »Die sind schlimmer als die Kommunisten.« Damit war das Thema für ihn beendet. Erst viel später wurde mir klar, wem ich an diesem Nachmittag begegnet war.

Nach einigen friedlichen Wochen, in denen ich wieder zu Kräften kam, traf Janek ein, um mich nach Berlin zurückzuholen. Im Schloß wurden gerade die letzten Vorbereitungen für den Besuch des Erzbischofs abgeschlossen. Die Gräfin bat mich, den hohen Besuch würdig zu empfangen und den Ring an seiner Hand zu küssen. Janek stand neben mir und schwieg verstimmt. Erst unter vier Augen verbot er mir ohne Angabe von Gründen, den Ring zu küssen. Ich entgegnete, es der Gräfin zuliebe tun zu wollen und ging zum Ankleiden auf mein Zimmer.

Als ich die Treppe zur Halle hinunter schreiten wollte, trat mir Janek in den Weg und untersagte mir, auch nur ein Wort mit dem Erzbischof zu wechseln. Ich schüttelte den Kopf und widersprach heftig. Auf keinen Fall wollte ich die Gräfin beleidigen. Janek wurde lauter und drohte mir mit der Faust. Ich wich an die Wand zurück und wurde kreidebleich. Vor meinem inneren Auge tauchte die Erinnerung an die Nächte in Staaken auf. Die Gräfin kam die Treppe herauf und mahnte Janek zur Ruhe. Er wandte sich zu ihr um, machte eine wegwerfende Handbewegung, besann sich dann und stürmte, die Gräfin beiseite stoßend, die Treppe hinunter.

Gräfin Hojos ließ sich nichts anmerken, ordnete ihr Kleid und hakte sich freundlich plaudernd bei mir ein. Der Glanz des hohen Besuchs half mir, den peinlichen Auftritt zu vergessen. Aber am nächsten Tag verließen Janek und ich das Schloß – ohne Abschied, wie Diebe.

Ich ging mit ihm, trotz allem. Nicht, weil er mal wieder unter Tränen um Verzeihung bat. Ich glaubte ihm kein Wort mehr und wußte, daß seine Zuneigung in einem Augenblick sentimental und im nächsten brutal war. Auf Tränen würden Schläge und Vergewaltigungen folgen. Herz reimte sich für ihn nur auf Schmerz. Aber meine Ersparnisse waren aufgebraucht. Wohin sollte ich gehen?

Ich kannte keinen einzigen Menschen in Berlin, nur Janek, der mich mit Sicherheit wieder vergewaltigen würde.

Unter keinen Umständen wollte ich nach Staaken zurück. Daher mieteten wir in Berlin-Moabit ein ärmliches Zimmer bei einer Offizierswitwe. Janek fuhr jeden Tag zum Flugplatz, und ich lief von einem der vielen Theater Berlins zum anderen, um eine Anstellung als Solotänzerin zu finden. Es war entmutigend. Die Arbeitslosigkeit war Mitte der zwanziger Jahre auch unter Tänzern groß, und zudem konnte ich nur barfuß tanzen, was offenbar nicht mehr gefragt war.

Es verunsicherte mich, beständig vorsprechen zu müssen, nur um immer wieder abgewiesen zu werden. Bis auf die Zeit in Staaken war mein Leben mühelos verlaufen. Eingeschüchtert lief ich durch die Straßen Berlins, auf denen man mich oft völlig schamlos anstarrte. Es kam vor, daß in der Friedrichstraße am hellichten Tag Männer auf mich zu traten und eindeutige Gesten machten, bevor ich Reißaus nehmen konnte. Danach sah ich die zahlreich auf- und abgehenden Frauen, von denen viele gut angezogen waren, mit anderen Augen. Mancher große, um den Hals geschlungene Fuchspelz war ein einziger Hilferuf.

Die Not trieb auch andere auf die Straßen. Mehrere Male geriet ich in Demonstrationen, die die Bürgersteige und Fahrbahnen verstopften. Bald wußte ich, wen Graf Hojos für schlimmer als die Kommunisten hielt: die Nationalsozialisten. Ihre militärisch organisierten Umzüge waren Provokationen. Sie brüllten »Juda verrecke!« und »Wenn das Judenblut vom Messer spritzt, dann geht's noch mal so gut!« Die Nationalsozialisten suchten das Gefecht mit Kommunisten und Sozialdemokraten. Besonders in den Arbeitervierteln Berlins, auch in Moabit, bekämpften sie sich bis aufs Messer. Oft gab es Tote und Verwundete. Ich machte immer einen großen Bogen um die Schläger.

Janek konnte ich nicht ausweichen. Wie in Staaken kam er abends schon betrunken nach Hause. Er trank am Tisch weiter und fing wieder an, mich zu vergewaltigen. Der Albtraum begann erneut, und es war, als ob jemand die Uhrzeiger zurückgedreht hatte. Janek hatte alle guten Vorsätze vergessen. Wieder setzte ich mich völlig erfolglos zur Wehr, einmal sogar mit einem kleinen Küchenmesser, das mir Janek jedoch mühelos entwand. Die Vermieterin muß meine nächtlichen Schreie gehört haben. Sie tat jedoch nichts, und tagsüber wich sie mir aus.

Nach kurzer Zeit bekam ich Fieber und starke Schmerzen im Unterleib. In der Erste-Hilfe-Station der Charité stellte der Arzt eine Blinddarmentzündung fest. Ich wurde in ein Zimmer der billigsten Kategorie gelegt und operiert. Aus der Narkose erwachte ich in einem freundlichen Zweibettzimmer. Der Arzt hatte offenbar Gefallen an mir gefunden.

Gegen die Wundschmerzen verordnete er mir Morphium, dessen Wirkung sehr angenehm war. Ich schwebte unbeweglich wie auf rosa Wolken und war aller Sorgen ledig. Leider kehrten sie unvermindert wieder, sobald die Wirkung nachließ. Ungeduldig verlangte ich nach einer weiteren Spritze und zählte bald mühsam beherrscht die Sekunden, bis die Schwester wieder eintreten würde. Ich war in kürzester Zeit süchtig geworden.

Abhängigkeit ist für mich ein unerträglicher Zustand. Isadora hatte uns beigebracht, daß der Mensch nach Freiheit streben solle, und ich war immer stolz darauf gewesen, ein freier Mensch zu sein. Durch den Tanz hatten wir jegliche Fesseln abstreifen und dem Schönen Ausdruck verleihen wollen. Die Sucht aber versklavte, sie war häßlich, und ich begann mich mit aller Kraft gegen sie zu wehren. Obwohl das Fieber und die Schmerzen nicht wichen, verweigerte ich die Spritzen. Es dauerte Wochen, aber schließlich bezwang ich meine Abhängigkeit.

Daß Janek mich oft besuchte und mir wieder die Nächte in Staaken und Moabit vor Augen standen, machte es nicht leichter, auf das Morphium zu verzichten. Er redete mit Engelszungen auf mich ein, sprach von seiner Sehnsucht nach mir und seiner Liebe. Je länger er bat, desto tiefer sank ich in die Federn und heftete die Augen auf seine Hände. Ob er es bemerkte? Ahnte er überhaupt, was ich fürchtete?

Andererseits: Was blieb mir schon? Meine Situation hatte sich nicht geändert, ich kannte noch immer niemanden in Berlin, an den ich mich wenden, niemanden, den ich um Beistand oder auch nur etwas Geld bitten konnte. In meiner Not wußte ich mir schließlich keinen anderen Rat, als meiner Mutter zu schreiben. Ohne Scham schilderte ich ihr die furchtbaren Nächte mit Janek, die vergangenen und jene, die mir ohne Zweifel bevorstanden. Eindringlich bat ich sie, mich vor diesem Schicksal zu bewahren und mich noch einmal bei sich in Konstanz aufzunehmen.

Wenige Tage später trat mein Stiefvater Günter Bugge in das Krankenzimmer. Überrascht und erfreut begrüßte ich ihn und erzählte ihm unter Tränen von meinem Schicksal. Er hielt meine Hand und schüttelte immerfort fassungslos den Kopf. Als ich ihm aber sagte, wie froh ich sei, daß er mich holen wolle, entzog er mir seine Hand, senkte betreten den Kopf und schwieg. Mit tonloser Stimme sagte er dann, Elsa wünsche nicht, daß ich nach Konstanz komme.

Ich kann mich beim besten Willen nicht erinnern, ob Günter Bugge irgendwelche Gründe für die Entscheidung meiner Mutter anführte. Wahrscheinlich war ich so fassungslos, daß ich ihm gar nicht weiter zuhörte. Für mich zerbrach eine Welt. Wie konnte sie das nur tun? Sie wußte genau, in welcher Lage ich mich befand. Ich hatte ihr alles genau geschildert. Wie sehr mußte sie mich hassen, daß sie mich zum zweiten Mal verstieß.

Mit zwanzig Jahren mußte ich begreifen, daß ich keine Mutter hatte, daß ich nie eine gehabt hatte. Ich war allein auf der Welt, so allein wie nie zuvor in meinem Leben.

Der einzige, der mir blieb, war Janek. Janek, der mich liebte und vergewaltigte. Ich hatte keine Wahl, ich mußte zurück in das ärmliche Zimmer in Moabit. Ich wußte genau, was dort passieren würde, Nacht für Nacht, und dieses Mal hatte ich nicht einmal mehr die Hoffnung, daß sich etwas ändern würde.

Vor den Nächten floh ich in Bücher. Stapelweise holte ich sie aus einer nahe gelegenen Moabiter Leihbücherei: Dostojewski, Turgenjew und Tolstoj, Hamsun, Stendhal, Adalbert Stifter und Thomas Mann. Außerdem kaufte ich gebrauchte Paperbacks von Josef Conrad, Rudyard Kipling und Edgar Allan Poe. Mein Englisch blieb perfekt. Und Janek beherrschte es nicht.

Am Tag lebte ich in Venedig, Rangoon und den Weiten Rußlands. Aber abends mußte ich nach Moabit zurückkehren und wurde der immer gleichen Qual unterworfen: Janek trank, starrte mich an, warf sich dann irgendwann auf mich, ohne sich um meine Schreie und meinen Widerstand zu kümmern. Danach wälzte er sich zur Seite und begann zu schnarchen. Die Vermieterin wußte, daß ich aus dem Krankenhaus kam, und sie muß meine Schreie gehört haben, jede Nacht. Doch sie rührte sich nicht, wie schon die Wochen zuvor, und wich mir am Tage aus.

Manchmal fragte ich mich, ob ich mir die Nächte nur einbildete. Niemand außer mir schien sie zu erleben, auch Janek nicht, der am nächsten Tag freundlich und zuvorkommend war. Nur wenn ich beim Lesen die Hand auf den Bauch legte, meldeten sich die Schmerzen zurück. Dann landete ich mitten am Tag in der Nacht.

Ich weiß nicht, wie lange diese Tortur anhielt. Sie endete durch ein Wunder.

»Romanisches Café«

Eines Abends öffnete sich die Tür des Zimmers, und mein Onkel stand lächelnd vor mir. Ich stürzte in seine Arme und begann unkontrolliert zu weinen. Einzelne Worte brachen aus mir hervor. Moissi Kogan verstand mich nicht, strich mir tröstend über den Kopf und sah zu Janek hinüber, der betrunken am Tisch saß und dumpf vor sich hin starrte.

Moissi erfaßte die Situation sofort. Er setzte mich auf dem Bett ab, nahm meinen Koffer vom Schrank und warf meine Kleider hinein. Als er fertig war, griff ich ängstlich nach seiner Hand. Aber Janek ließ uns gehen, er rührte sich nicht einmal.

Moissi brachte mich für die Nacht bei Freunden unter, und am nächsten Morgen gingen wir gemeinsam zu einem befreundeten Arzt. Ein sofort konsultierter Gynäkologe stellte einen kindskopfgroßen Unterleibstumor fest und operierte mich noch am selben Tag in einem kleinen Krankenhaus des Alten Westens. Ich konnte es noch gar nicht fassen, daß ich Moabit entkommen war und ließ alles über mich ergehen.

Die Bauchwunde war groß, und ich mußte lange liegen. Das Krankenhaus erschien mir jedoch wie ein Sanatorium, und an meinem Bett saß nun nicht mehr Janek, sondern Moissi. Er wußte immer etwas zu erzählen und lehrte mich wieder lachen. Moissi war nach Berlin gekommen, um in der angesehenen Galerie Flechtheim am Lützowplatz eine Ausstellung seiner Plastiken und Terrakotta-Akte zu eröffnen und eine Zeitlang in der Stadt zu arbeiten. Sein Atelier lag in der Genthinerstraße, im Künstlerviertel um den Lützowplatz.

Nach einigen Tagen konnte ich mit Moissi über die Nächte in Moabit und Staaken sprechen, ohne gleich in Tränen auszubrechen. Mein Onkel suchte Janek sofort auf und verbot ihm strikt, mich wiederzusehen. Andernfalls würde er bei der Polizei Anzeige erstatten.

Als ich aus dem Krankenhaus entlassen wurde, brachte mich Moissi in eine kleine, saubere Pension und zeigte mir sein Berlin. Später begriff ich, daß ich erst in diesen Tagen erwachsen wurde. Damals bemerkte ich nur, daß mir eine Last vom Herzen fiel. Immerfort war mir zum Lachen zumute, und weil Moissi selbst gern lachte, zogen wir ausgelassen durch die Straßen, Künstlerlokale und Gesellschaften. Damals begann ich Herrenanzüge zu tragen, die mir bei meiner Größe außerordentlich gut standen und glücklicherweise allzu aufdringliche Männer fernhielten.

Mein Onkel war ein überaus beliebter, zutiefst gütiger Russe. Seine Terrakotta-Akte und Mädchenzeichnungen waren hochgeschätzt und fanden reißenden Absatz bei Sammlern und Museen. Moissi hätte reich und berühmt werden können, wäre er nicht so faul gewesen. »Nennen wir es«, grinste er, als ich ihn nach der Zeit fragte, die er nicht im Atelier verbrachte, »schöpferische Pausen.«

Die schönsten Pausen verbrachte er jeden Nachmittag bis in den Abend hinein im »Romanischen Café«, dem Treffpunkt der berühmten und weniger berühmten Künstler an der Kaiser-Wilhelm-Gedächtniskirche. Ich thronte neben Moissi an der ovalen Marmorplatte und hörte zu, wie er sich mit seinen Freunden Karl Hofer und Rudolf Levy über Bekannte, Freunde und all jene unterhielt, die grüßend vorbeiliefen oder an den Tisch kamen, um einige Worte zu wechseln. Moissi drückte Hände, tätschelte Wangen, küßte junge Frauen und schmeichelte älteren; Schnorrer schickte er mit launigen Bemerkungen und einigen Groschen weiter.

Nebenher entwarf mein Onkel, wenn er gut gelaunt war, mit leichter Hand Zeichnungen von jungen Frauen an den Nebentischen auf die Serviette, kleine zarte Kunstwerke, die der Ober zusammen mit der Kaffeetasse und dem Absinthglas achtlos abräumte.

Einmal besuchten wir das Bauhaus in Dessau, wo wir Wassili Kandinsky trafen, den Moissi vor dem Krieg in der »Neuen Künstlervereinigung München« kennengelernt hatte. Kandinsky begrüßte mich freundlich mit einem hellen, klaren Blick. Dann wandte er sich Moissi zu und begann mit ihm zu plaudern. Bald verfielen sie ins Russische und sprachen so schnell, daß ich dem Gespräch nicht folgen konnte. Ich wanderte im Atelier umher und betrachtete staunend die abstrakten Kompositionen. So etwas hatte ich noch nicht gesehen.

Mit Moissi verließ mein Leben die Bücher. Berlin war auf einmal keine angsterregende Stadt mehr, sondern voller Reize. Künstlerfeste, Ausstellungseröffnungen, Theater- und Kinopremieren lockten, und bei diesen Gelegenheiten machte mich mein Onkel mit Menschen aus aller Welt bekannt. Sie waren in die Hauptstadt der Avantgarde gekommen, um sich in ihr vom Wettstreit der Geister inspirieren zu lassen. Einige von ihnen begründeten das Theater, die Kunst, die Literatur, die Musik neu, und ich hatte dank Moissi das Glück, inmitten des brodelnden Ideenkessels am Kaffeehaustisch zu sitzen.

Eines Tages trat Bertolt Brecht ungefragt an unseren Tisch, stellte sich vor und erzählte eine Anekdote vom Theater. Ich lachte noch, als er mich ohne Umschweife, als würde mir eine Gunst zuteil, in seine Schöneberger Wohnung einlud. Einige Freunde würden kommen.

Brecht war damals noch nicht der allen bekannte Dichter der Dreigroschenoper. Moissi wußte von immerhin einer Inszenierung, die allerdings durchgefallen war. Mich hatte Brecht sofort beeindruckt, obwohl er recht klein war und abgetragene, ärmlich aussehende Kleider trug. In seiner Art, mich anzusehen, lag eine Mischung aus Schüchternheit und Unverschämtheit, und so folgte ich, neugierig geworden, der Einladung.

Als ich eintraf, waren einige Freunde schon da, deren Namen ich nicht behielt und mir erst bei späteren Besuchen merken konnte. Wahrscheinlich waren Helene Weigel, Kurt Weill, Lotte Lenya und Grete Weil darunter. Die Wohnung war mit einer Sitzecke, einigen billigen alten Stühlen, zwei einfachen Holztischen, einem großen Ölbild und einem Klavier spartanisch eingerichtet.

Ich saß in der Ecke und brachte, jung wie ich war, kein Wort heraus. All die bedeutenden Menschen sprachen energisch und mit lauten Stimmen über Politik, Kunst und Klatsch. Brecht beachtete mich fast gar nicht. Vielleicht hatte er mich als Dekoration eingeladen, der einzige Luxus in seiner asketischen Umgebung.

Die nächsten Male nahm ich mir ein Buch mit und las in dem wechselnden Kreis, der immer in der Wohnung anzutreffen war. Wenn Brechts Geliebte und Sekretärin

Elisabeth Hauptmann kam, ging ich und mit mir oft die anderen. Dann begann Brecht zu arbeiten.

Eines Abends lud er mich telefonisch zu der Premiere seines neuen Stückes »Die Dreigroschenoper« ein. Ich war voller Neugier und hätte es mir zu gern angesehen. Aber ich besaß nur ein Ausgehkleid, ein rotes, eng geschnittenes, in dem ich Brecht schon oft besucht hatte, und so sagte ich ab. Einige Tage später besuchte ich das »Theater am Schiffbauerdamm« allein und hatte trotz des starken Andrangs vor den Kassen das Glück, eine Karte zu bekommen. Es war ein wunderbarer Abend, und auf dem ganzen Weg zurück in die Pension trällerte ich, unter dem Mond von Berlin, die Songs vor mich hin.

Bei Brecht lernte ich einen faszinierenden, jugendlich wirkenden Mann kennen. Es war Ernst Toller. Seiner Aufmerksamkeit war ich nicht entgangen, er sprach mich an und plauderte voller Charme mit mir. Wir verließen Brechts Wohnung, gingen noch in eine nahegelegene Bar und dann um die Ecke in sein Zimmer. Toller war der erste Mann, mit dem ich nach Janek schlief.

Die furchtbaren Erfahrungen hatten meine Empfindungsfähigkeit zum Glück nicht beeinträchtigt. Ich war gern mit Männern zusammen. Allerdings war ich vorsichtiger geworden und wählte bewußter aus, wer sich mir nähern durfte. Veit Harlan etwa, der ebenfalls in Brechts Wohnung mit mir ins Gespräch zu kommen versuchte, zeigte ich die kalte Schulter. Als ich ging, folgte er mir bis in die Pension, und nachdem ich ihm die Tür vor der Nase zugeschlagen hatte, machte er sich fluchend daran, sie einzutreten. Ich hörte, wie draußen ein Geschrei entstand und Harlan wütend die Treppe hinunterstampfte.

Wenn auch mein Leben dank Moissi in jeder Hinsicht

wieder in normale Bahnen geriet, so gelang es mir dennoch nicht, als Tänzerin angestellt zu werden. Viele meiner neuen Bekannten versprachen, mir behilflich zu sein, aber auch sie hatten mit ihren Bemühungen keinen Erfolg. Im »Romanischen Café« lernte ich einen Fotografen kennen, der Aufnahmen von mir machte. Eine davon wurde in einer Modezeitschrift veröffentlicht, und danach erhielt ich zahlreiche Angebote als Fotomodell.

Die Arbeit kam mir entgegen. An den explodierenden Blitz gewöhnte ich mich schnell, und es fiel mir nicht schwer, mich vor einer einfarbigen Pappe oder einigen Blumen vorteilhaft in Positur zu stellen. Das Honorar war zwar nicht üppig, aber ich stand endlich auf eigenen Füßen, konnte mir ein paar schöne Kleider kaufen und meinen Onkel entlasten.

Mit ihm besuchte ich weiterhin gesellschaftliche Ereignisse. Bestens in Erinnerung ist mir die Eröffnung einer Ausstellung chinesischer Kunst in der Preußischen Akademie der Künste neben dem Brandenburger Tor. Der Wind pfiff über den Pariser Platz, und ich war froh, zu einem weißen Krimmermantel eine russische Pelzkappe und weiße Pelzstiefel zu tragen. Wir betraten das Foyer, und augenblicklich öffnete sich vor meinem Onkel und mir die Menschenmenge. Sie bildete eine Gasse. Die Leute hielten in ihrer Unterhaltung inne, drehten uns die Köpfe zu und bewunderten mich unverhohlen.

Moissi amüsierte sich sehr. Er genoß die Aufmerksamkeit und blieb nicht etwa am Eingang stehen, sondern schritt mit mir durch die vor uns zurückweichende Menge bis in die Mitte des Saales. Dort flüsterte er mir zu: »Und die Wasser teilten sich auf der Flucht der Israeliten«, während er seine Blicke stolz unentwegt nach links und rechts schweifen ließ.

Der bärtige Porträtmaler Emil Orlik trat auf uns zu. Er hatte sich mit meinem Onkel und mir schon am Morgen im Romanischen Café unterhalten und wandte sich nun gleich an mich: Der Präsident der Akademie, Max Liebermann, würde sich freuen, mich begrüßen zu dürfen. Zutiefst geehrt, doch zweifelnd blickte ich Moissi fragend an, der mir aufmunternd zunickte.

Orlik führte mich zu dem älteren Mann, der den Mittelpunkt einer würdigen Herrenrunde bildete und mir mit wachen Augen unter der hohen, durch die Glatze noch verlängerten Stirn entgegenlächelte. Liebermann reichte mir die Hand und zog mich sanft zur Seite. Nach einigen Worten fragte er ohne Umschweife, ob ich ihm Modell stehen wolle. »Es bedeutet eine große Ehre für mich«, antwortete ich wahrheitsgemäß und versprach, an einem der nächsten Tage zu ihm zu kommen.

Liebermann empfing mich in seinem herrschaftlichen Haus neben dem Brandenburger Tor. Wir tranken Tee und plauderten ein wenig, wobei er sich als Charmeur alter Schule erwies. Er nannte mich seinen letzten Schwarm, worauf ich nichts zu erwidern wußte.

Der alte Mann fragte nach meiner Jugend, und wir kamen auf Hagen und den Mäzen Ostwald zu sprechen, in dessen Villa die Duncan-Schule einst getanzt hatte. Liebermann beklagte, daß Ostwalds wunderbare Sammlung zerstreut und nach Essen verkauft worden war.

Damit erhob er sich, um mir seine eigene bedeutende Sammlung französischer Impressionisten zu zeigen, darunter einige Renoirs und Manets. Begeistert schritt ich mit ihm durch das halbe Haus. Sein Stolz galt jedoch einem breiten und tiefen Schrank, vor dem er schließlich haltmachte und mir mit einem verschwörerischen Lächeln die Krönung meines Besuches ankündigte. Langsam, Blatt für Blatt mit den Fingern kosend, legte er Kupferstiche Rembrandts vor mich hin. Gut zwei Stunden standen wir vor dem Schrank, und der alte Mann überstand sie ohne jedes Zeichen der Erschöpfung.

Das große Atelier lag eine Treppe weiter oben. Wie eine Tonne wölbte sich das Dach, in das auf halber Höhe Glasfenster auf den Tiergarten hinaus eingelassen waren. Auch an den Atelierwänden hingen zahlreiche Bilder, unter denen ich neben denen des Hausherrn einige von Wilhelm Trübner erkannte.

Liebermann bat mich, einfach mitten im Atelier stehen zu bleiben. Er malte mich so, wie er mich das erste Mal gesehen hatte: im weißen Pelzmantel, mit russischer Pelzkappe und weißen Stiefeln. Sechsmal besuchte ich ihn. Er arbeitete intensiv, die Stunden vergingen schweigend.

Ich durfte das Bild während dieser Besuche nicht sehen. Als er mich dann endlich aufforderte, um die Staffelei herumzugehen, konnte ich meine Enttäuschung kaum verbergen. Trotz meiner Jugend fühlte ich mich als Grande Dame, und Liebermann hatte mich recht kindlich gemalt, offenbar so, wie ich auf ihn wirkte. Zum Abschied wollte er mir das Bild schenken, aber in meiner maßlosen Enttäuschung lehnte ich das großzügige Geschenk ab und gab vor, ich wüßte nicht, wo ich es hinhängen solle. Ich besäße keine Wohnung, sondern nur ein Zimmer in einer Pension. Liebermann sah mich etwas traurig an, während er meine Hand mit seinen beiden festhielt. Das Porträt ist nicht erhalten. Wahrscheinlich verbrannte es im Krieg.

Der Maler Emil Orlik, der mich zu Liebermann geführt hatte, geriet noch ein zweites Mal in die Rolle eines
Vermittlers: als ich mit dem Porträtisten des künstlerischen Berlin die Philharmonie besuchte. Ich trug mein
langes, rotsamtenes und enganliegendes Kleid. Furtwängler
betrat das Podium, verneigte sich vor dem Publikum,
erblickte mich in der ersten Reihe und wandte fortan
kein Auge von mir. Er dirigierte das Orchester praktisch
blind. Die Menschen in meiner Nähe amüsierten sich,
während ich um Fassung rang.

In der Pause ging Orlik zu Furtwängler, mit dem er
befreundet war, und kam kurz darauf mit der dringen-
den Bitte des Dirigenten zurück, mich kennenlernen zu
dürfen. Ich lehnte ab. Den Künstler verehrte ich so sehr,
daß mir eine persönliche Bekanntschaft, zumal nach
diesem Auftakt, nicht wünschenswert erschien. Orlik
ließ nicht locker und rang mir einen Zettel mit meiner
Telefonnummer ab. Mit dieser wenig freundlichen Antwort sei der Fall erledigt, hoffte ich. Doch am nächsten
Tag rief Furtwänglers Sekretärin in meiner Pension an
und wollte einen Termin für den Dirigenten vereinbaren.
Brüsk beendete ich das Telefongespräch.

Furtwängler war wohl der einzige Mann, der meine
Nähe mit Hilfe einer Sekretärin suchte. Die Architekten
Mies van der Rohe und Erich Mendelsohn verhielten
sich charmanter. Mendelsohn verehrte mich und sagte
mir einmal auf einem Ball in seiner Grunewaldvilla:
»Ihre Schönheit, Sonja, ist von seltener Art. Achten Sie
einmal darauf: Die Menschen mögen auch noch so sehr
lachen – sie werden ernst, wenn sie Sie ansehen.« Er hatte
recht. Immer wieder in meinem Leben mußte ich feststellen, daß ich eine besondere Aura besaß.

Irgendwann in dieser Zeit lernte ich Baron Laroche kennen, einen großen, blonden Mann, der alle Welt zu kennen schien und mir doch täglich das Gefühl gab, letztlich zähle nur ich. Ich zog in Udos großzügige Wohnung in der Nähe des Schlosses und erlebte ein glanzvolles Berlin, das mit dem der Künstler nur wenig gemein hatte: Tanztee im Hotel Adlon, Diner im Hotel Eden oder Hotel Kempinski, Gesellschaft bei Bülows und Treskows. In diesen Kreisen fühlte ich mich wohl. Auf Matinees und Soireen, Theaterpremieren und Konzerten bezeugten mir die Männer ihre Verehrung in vollendeten, niemals aufdringlichen Formen, und die Frauen waren schön und gebildet.

Udo Laroche war verheiratet, sprach aber leider des öfteren abfällig über seine Frau. Mich verletzten seine Worte, und ich versuchte ihm begreiflich zu machen, daß es mich nicht störte, mit einem verheirateten Mann liiert zu sein. Aber Laroche war wohl der Ansicht, mir auf diese Weise seine Liebe bezeugen zu müssen. Ich ertrug die Angriffe auf seine Ehefrau nicht länger und trennte mich von ihm, als ich Hans Graf von Henckel-Donnersmarck kennenlernte.

Hans war Udo recht ähnlich, auch er war blond, hochgewachsen, kultiviert, vermögend und liebenswert. Er besuchte mit mir die Güter in Schlesien, wo mich die Familie liebevoll aufnahm. Leider war Hans recht konventionell und oberflächlich. Die moderne Kunst nannte er Geschmiere, in Brecht sah er nur den politisch untragbaren Kommunisten, und die »Dreigroschenoper« fand er gewöhnlich.

Doch anders als manche seiner Freunde und Bekannten verachtete Hans die Nazis, und nicht nur aus Standesdünkel. Er sah in ihnen die Usurpatoren der von ihm geschätzten Tugenden wie Tapferkeit und Disziplin. »Die braunen Schläger sind die Totengräber Preußens«, warnte er mich immer voller Abscheu. Nach der Machtergreifung, als ich ihn längst aus den Augen verloren hatte, soll er seine Besitzungen verkauft haben und nach Argentinien ausgereist sein. Laroche verhielt sich leider ganz anders.

Die meisten Adligen maßen dem atemberaubenden Aufstieg der Nationalsozialisten wenig Bedeutung bei. Mein Onkel dagegen wurde nicht müde, bei jeder Diskussion von ihrem Antisemitismus zu sprechen und auf grauenerregende Ereignisse in Rußland anzuspielen, über die er nicht weiter reden wollte. Noch einmal sagte er mir, was er schon damals im Park von Sanssouci erwähnt hatte: daß ich die Tochter eines Juden sei. Diese Worte prägten sich mir zusammen mit seinem Haß auf die Nationalsozialisten ein.

Die Künstler, die ich weiterhin, wenn auch seltener als zuvor, in Gesellschaft meines Onkels traf, diskutierten die sich überschlagenden Ereignisse und das undemokratische Regime von Kanzler Brüning und seinem Nachfolger von Papen. Immer wieder löste der Kanzler den Reichstag auf und ordnete einen neuen Wahlgang an, um die erwünschten Mehrheitsverhältnisse zu erreichen. Derweil regierte er diktatorisch mit Notverordnungen und kümmerte sich nicht um das zunehmende Elend. Die Zahl der Arbeitsuchenden stieg auf sechs Millionen.

Die Rechnung Brünings, Papens und ihrer Hintermänner ging nicht auf. Hitler flog, massiv von Industriellen unterstützt, durch Deutschland, um allerorten Wahlkampfreden zu halten. Bei den rasch aufeinanderfolgenden Wahlen zum Reichstag im Jahr 1932 verzeichneten die Nationalsozialisten beinahe jedesmal starke Zugewinne, und bald waren sie die stärkste Fraktion.

Auf den Straßen sorgte die SA für Terror. Hunderte fielen dem gezielten politischen Mord zum Opfer, Tausende wurden verletzt. Kurz vor den Wahlen, die die letzten freien sein sollten, nahm ich mir vor, den Mann des Straßenterrors und fanatischen Judenhasser einmal reden zu sehen. Hitler sprach im Sportpalast, der bereits ausverkauft war, und danach in einem anderen Saal, dessen Name mir entfallen ist. In letzteren ging ich eine Stunde vor Beginn und fand in der Mitte der ersten Reihe, direkt vor dem Podium, einen freien Platz. Die SA stand schon breitbeinig auf der Bühne. Der Saal füllte sich bald bis auf den letzten Stehplatz, vornehmlich mit Männern, und schließlich schritt Hitler mit großem Troß wie ein Triumphator herein. Hinter ihm erkannte ich Göring, Goebbels, von Schirach und Röhm.

Das Publikum stand zackig auf, riß den Arm hoch und rief donnernd »Heil Hitler!«. Nur ich blieb sitzen. Einige Nazis in der Nähe blickten verärgert zu mir herüber, aber niemand sprach mich an. Es ging ihnen wohl nicht in den Kopf, wie es jemand wagen konnte, dem Führer die Gefolgschaft zu versagen.

Hitler trug keine Uniform, sondern ein Braunhemd mit Querriemen und breitem Ledergürtel, das Hakenkreuz am Ärmel. Seine Haare lagen wirr auf dem Kopf, noch bevor er begonnen hatte zu reden. Geräuschvoll setzten sich die Leute und wurden mucksmäuschenstill, und in diese Stille hinein begann Hitler, sein Stakkato zu brüllen.

Mir war schleierhaft, wie dieser Hampelmann die Menschen beeindrucken konnte. Die Nähe des Mannes war demaskierend. Ich sah, wie er zappelte, als er gegen den Monopolkapitalismus geiferte, wie er sich auf die Fußspitzen stellte, wenn er die »Nationale Revolution« ankündigte, wie ihm der Speichel aus dem Mund spritzte, als er gegen die Juden hetzte. Sein linker Arm lag fest am Körper, während der rechte stocksteif hochfuhr. Dann drohte er mit ausgestrecktem Zeigefinger, ballte die Hand zur Faust und schlug sie nach unten.

Zu meinem Entsetzen riß Hitler das Publikum mit. Immer wieder rasten Begeisterungsstürme durch den Saal, und als Hitler geendet hatte, brandete nicht enden wollender Beifall auf. Dann erhoben sich die Anwesenden wie ein Mann und sangen mit gestrecktem Arm das Horst-Wessel-Lied.

Nur ich blieb sitzen. Hitlers Vasallen auf dem Podium, besonders Goebbels, blickten wütend auf mich herunter. Hitler ignorierte mich, den Blick wie ein Feldherr in die Ferne gerichtet.

Im Nachhinein betrachtet muß ich mir sagen, daß es eine einzigartige Gelegenheit gewesen wäre, diesen Mann zu töten. Dieser Mann der mich als Jüdin beschimpfte und so viele Menschen auf dem Gewissen haben würde. Hitler war nur sechs, sieben Meter von mir entfernt. Es wäre ein Leichtes gewesen, ihn zu erschießen, obwohl ich noch nie einen Revolver in der Hand gehabt hatte. Nach dem Schuß wäre ich wahrscheinlich von den Parteihyänen in Stücke gerissen worden. Was hätte es ausgemacht? Es war ein unverzeihlicher Fehler, keine Pistole eingepackt zu haben.

Resigniert stand ich auf und verließ als erste den Saal. Niemand stellte sich mir in den Weg. Sie hatten alle noch zu grölen.

Nach diesem Erlebnis hatte ich keine Hoffnung mehr, daß Hitler seine Pläne nicht verwirklichen könnte. Ich hatte die Deutschen rasen gehört. Sie schienen nichts sehnlicher zu wünschen, als sich von ihm verführen zu lassen. Für ihn würden sie alles geben. Und Hitler, dessen SA-Horden mordeten und prügelten, war kein Mann, der sich zweimal bitten ließ.

II

Fackeln über Deutschland

Am Abend des 30. Januar 1933 zog ein riesiger Fackelzug der SA und SS durch das Brandenburger Tor und wogte stundenlang Unter den Linden hin und her. Auf den Bürgersteigen drängten sich die Gaffer und jubelten den neuen Herren zu. Die Nazis feierten die Ernennung Hitlers zum Reichskanzler. Der Herr des Straßenterrors hatte erreicht, was er wollte: eine geordnete Übernahme der Macht.

Es war ein Feuer, mit dem das »Tausendjährige Reich« begann. Welch abgründige Symbolik. Wer hätte damals ahnen können, daß dieses Feuer auf der ganzen Welt wüten und Millionen Menschenleben verschlingen würde. Nur ein Geisterseher vom Schlage eines Hanussen hätte vielleicht vorhersehen können, daß die Nazis die Bühne erst in einem apokalyptischen Weltenbrand wieder verlassen würden.

Obwohl Hitler sofort den Reichstag auflöste und in Preußen die Mörder und Schläger SA und SS zur Hilfspolizei erhob, glaubten die meisten, daß Hitler, wie die Regierungen vor ihm bald zurücktreten und der nationalsozialistische Spuk ein Ende haben werde. Selbst unter deutschen Juden war diese Auffassung weitverbreitet. Sie liebten ihr Vaterland, auch wenn es nun von einem Mann regiert wurde, der sie mit aller Kraft haßte und sogar versprochen hatte, sie zugrunde zu richten. Viele von ihnen waren im Ersten Weltkrieg bereit gewesen, für ihre Heimat, jenes Land der Dichter und Denker, zu sterben, und nicht wenige hatten für ihren selbstlosen Einsatz das Eiserne Kreuz erhalten.

Was ich damals dachte, erinnere ich nur noch undeutlich; spätere Eindrücke sind viel stärker. Mit Sicherheit war ich damals entsetzt, und allen Menschen, die ich in jenen Tagen sah und sprach, erging es ähnlich. Um nicht in diesem Zustand zu verharren, kaufte ich Hitlers »Mein Kampf«, das plötzlich in fast allen Buchhandlungen auslag. Was die Verlagswerbung bisher dreist behauptet hatte, traf nun tatsächlich zu: Es war das »Buch der Deutschen« geworden.

Die Lektüre war eine Tortur. In »Mein Kampf« sprach noch nicht der neuernannte Reichskanzler, der Kreide gefressen und in der Wilhelmstraße das Braunhemd gegen einen bürgerlichen Anzug vertauscht hatte. Aus diesen Seiten – es waren Hunderte und alle in erbärmlichem Stil! – geiferte noch immer der Hetzer, den ich vor seinem Triumph gesehen und gehört hatte.

Hitlers Sündenböcke waren die Juden. Als zersetzende Parasiten steckten sie hinter allem Übel: hinter dem Bolschewismus, dem Parlamentarismus, dem internationalen Börsenkapital, der schmachvollen Niederlage im Ersten Weltkrieg. Das gesamte Buch war eine Kriegserklärung an mich und viele meiner Freunde, und nachdem ich es gelesen hatte, warf ich es dorthin, wo es hingehört: in den Müll.

Selbst eine kurze Zeit unter diesem Mann würde schrecklich werden, da war ich mir sicher. Offenbar teilten viele meinen verheerenden Eindruck, darunter vor allem Künstler, Intellektuelle und politische Köpfe. Sie zogen die Konsequenzen und gingen in die Emigration. Moissi fuhr unmittelbar nach Hitlers Machtergreifung zurück nach Paris. Bertolt Brecht sowie viele seiner Freunde und Mitarbeiter verließen Deutschland, auch Thomas Mann, sein Bruder Heinrich und zahlreiche andere Schriftsteller und Journalisten gingen in den ersten Wochen des »Dritten Reiches« ins Ausland. Mein Freundeskreis lichtete sich.

Unter den Zurückgebliebenen wurden die Gespräche verzagt, wenn die Rede auf all jene kam, die im Ausland umherirrten. Manch einer ließ durchblicken, daß auch er erwog, das Land zu verlassen. Was mochte Hitler noch vorhaben? Wie lange würde er an der Macht bleiben, und über wieviel Macht verfügte er als Reichskanzler tatsächlich? Konnte er seine Haßtiraden ohne Widerstand in Politik umsetzen? Noch gab es immerhin andere Parteien, Gewerkschaften und Zeitungen, noch nahm das Leben seinen normalen Gang.

Nicht mehr lange, leider. Zwar errangen bei der letzten freien Wahl am 5. März 1933 die Nationalsozialisten trotz ihres massiven Terrors, ihrer Morde, trotz der Ausschaltung der KPD und der Unterstützung durch die Industrie nicht einmal die einfache Mehrheit. Doch die Macht mußten sie nicht mehr aus den Händen geben. Die anderen Parteien waren zerstritten und erkannten nicht die Gefahr, die sie hätte einen müssen.

Die Gleichschaltung hatte schon begonnen. Der politische Widerstand wurde gebrochen, und dann war es zu spät. Die Lage der Juden verschlechterte sich schnell. Schritt für Schritt machte Hitler seine Drohungen wahr. Bereits am 1. April 1933 organisierten die Nazis einen Boykott jüdischer Geschäfte.

Es war nicht nur ein Boykott, es waren die ersten gezielten Gewaltakte gegen Juden. Die SA nutzte die Gelegenheit zum Terror. Grölend zogen die Männer im Braunhemd durch die Stadt und postierten sich vor den Warenhäusern und Läden jüdischer Besitzer, deren Schaufensterscheiben mit dem Davidstern und Hetzparolen beschmiert worden waren. Sie beschimpften jeden, der es riskierte, an ihnen vorbei und entgegen ihren Weisungen die Geschäfte zu betreten. Ladenbesitzer wurden zu Boden geworfen und zusammengeschlagen, wenn sie zu protestieren wagten – Juden, die sich wehrten! Junge Angestellte wurden in den Läden bedrängt und belästigt. Am Abend setzte die SA die Hatz in Kinos, Kabaretts, Theatern und Nachtlokalen fort. Mehrere Tote und erheblicher Sachschaden waren die Bilanz dieses schrecklichen Tages.

Die brutale Gewalt war bald legal. In schneller Folge erließ Hitler die ersten Gesetze und Verordnungen, welche »Nichtarier« – gemeint waren jüdische Deutsche – ihrer Rechte beraubten. Mit Ausnahme von Kriegsteilnehmern – für diese schamhafte Ausnahme trat der greise Hindenburg ein – wurden »nichtarische« Beamte und Professoren aus dem Staatsdienst entlassen. Sogar vor den Toten machte der staatliche Antisemitismus nicht halt: Felix Mendelssohn-Bartholdy und Heinrich Heine erhielten postum Aufführungsverbot.

Damit auch jeder gute Deutsche wußte, wie ein Jude aussah, hing in zahlreichen Schaukästen auf den Straßen »Der Stürmer« aus, das von Julius Streicher herausgegebene Wochenblatt. Dessen groteske und pornographische Karikaturen krummbeiniger Menschen mit riesigen Hakennasen zeigten den Deutschen das wahre Aussehen der neuen Feinde. Es waren dieselben Menschen, die bisher mit ihnen die Schulbank gedrückt, Sport getrieben, im Büro oder in der Lagerhalle gearbeitet und das Tanzbein geschwungen hatten – Deutsche wie sie.

Dann kündigten die Berliner Zeitungen mit prahlerischen Überschriften für den 10. Mai eine Bücherverbrennung auf dem Opernplatz an. Ich zwang mich hinzugehen, weil ich sehen wollte, wie die Berliner auf diese Schandtat reagieren würden. Die Menschen strömten trotz des leichten Nieselregens in Scharen zu dem Ereignis und standen bis auf die Linden hinaus. Die Stimmung war erwartungsvoll, man sprach gedämpft wie auf einer feierlichen Veranstaltung.

Ein grölender Trupp Studenten lief zum Platz und warf seine Fackeln auf den Scheiterhaufen, von dem fast widerwillig Flammen und Rauchschwaden aufstiegen. Die Schatten der veitstanzenden Schergen huschten verzerrt über die ehrwürdigen Fassaden der Oper und der St. Hedwigs-Kathedrale. Bücherstapel wurden von offenen Lastwagen nach vorn zum Scheiterhaufen gereicht. Unter Triumphgeheul, in das viele aus der Menge enthemmt einstimmten, flogen die Bücher in die Flammen. Ich hörte Fetzen von gebrüllten Losungen: »Ich übergebe den Flammen die Bücher von ...« und es verbrannten dort die Werke von Karl Marx, Sigmund Freud, Kurt Tucholsky und Erich Maria Remarque und vieler anderer großer Schriftsteller.

Als Goebbels seine Rede begann, hatte ich genug gesehen und floh nach Hause. Niemand hatte dem Treiben der Nazis Einhalt geboten, ohne Scham ließ man sie gewähren, nicht wenige beteiligten sich gar, unverkennbar begeistert. Die Nazis trampelten den Geist mit Füßen und das deutsche Volk sah zu!

Glücklicherweise waren die meisten Autoren, deren

Werke vernichtet wurden, schon ins Ausland geflüchtet. Einige verzweifelten in der Emigration und begingen später Selbstmord – Ernst Toller, Kurt Tucholsky, Stefan Zweig und andere. Sie waren ihrer Heimat gleich doppelt beraubt: Sie hatten das Land und die Sprache verloren.

Nach der Ausreise meines Onkels und vieler meiner Freunde war mein Leben einsam geworden. Ich hatte mir ein Pensionszimmer in der Ansbacher Straße genommen und stand fast jeden Tag in einem Fotoatelier Modell. An Angeboten mangelte es nicht, und zahlreiche Zeitschriften veröffentlichten Bilder von mir. Vor allem Karl Schenker fotografierte mich. Ich mochte ihn gern, denn er war ein ruhiger, sehr gewissenhafter Mensch, mit dem ich, während er seine Fotos schoß, über Bücher und gemeinsame Bekannte plauderte. Nach den Aufnahmen begleitete ich ihn ab und an auf Partys, ansonsten besuchte ich Konzerte oder ging nach Hause, um zu lesen.

Die Pension in der Ansbacher Straße war abends fast verlassen. Außer mir wohnten dort vor allem Bardamen, die erst gegen Morgen zurückkamen. Ich hielt mich von ihnen fern, wollte ihren Umgang nicht suchen.. Lieber war ich allein und vertiefte mich in meine Bücher, die mir, wie so oft in meinem Leben, die Freunde ersetzten.

Neben den Büchern heiterte mich nur noch ein großer Baum auf, der auf dem Hinterhof Schatten spendete. Eines Morgens erwachte ich vom Kreischen einer Säge, zog die Gardine beiseite und sah gerade noch, wie der Baum ächzend zu Boden fiel. Mir kamen die Tränen. Auch dieser Gefährte mußte der neuen Zeit weichen.

Sie wurde zunehmend von den Nazis geprägt. Das Hakenkreuz prangte an öffentlichen Gebäuden und manchen

Wohnhäusern, das »Heil Hitler« war bald nicht mehr zu überhören, der hochfahrende Arm ohnehin unübersehbar, die Uniformen im Straßenbild hatten zugenommen. Ich ging den Leuten aus dem Weg, die sich willfährig zeigten, und wenn mir jemand in einem Geschäft den »deutschen Gruß« entgegenraunzte, betrat ich es kein zweites Mal.

Nur die wenigsten zeigten ein Mindestmaß an Mißbilligung gegenüber den neuen Herren. Die meisten waren froh, daß wieder Ruhe und Ordnung herrschte, egal welche. Und nichts schien für sie wichtiger zu sein, als Arbeit zu haben. Dafür nahmen sie auch den Reichsarbeitsdienst in Kauf, zu dem Hitler sie zwang, die Gleichschaltung der Parteien, der Gewerkschaften und Zeitungen. Kaum jemand fragte, zu welchem Zweck Autobahnen und bald auch die vielen Waffen gebaut wurden. Die Deutschen hatten ihre Seele dem Teufel verkauft, und der gab ihnen im Gegenzug, was sie sich gewünscht hatten. Viel war es nicht, aber es reichte, daß sie blind und willenlos das Grab unzähliger Unschuldiger aushoben – und schließlich auch das eigene.

Noch gab es Lichtblicke, und Jürgen Fehling war einer davon. Die Bekanntschaft mit dem wohl bedeutendsten Theaterregisseur Berlins nach der Emigration Max Reinhardts verdankte ich wohl meiner Größe. Fehling hatte, wie immer, wenn er auf Gesellschaften war, in die Runde geblickt wie ein hungriger Löwe in der Arena. Ich muß ihm aufgefallen sein, weil ich wie üblich einen Kopf größer war als die anderen Gäste. Er maß mich mit Blicken und kam, den bulligen Kopf gesenkt, geradewegs auf mich zu. Ohne weitere Umstände murmelte er etwas wie »So allein?« und stellte sich vor.

Ich war sofort von seinem unbändigen Temperament

angetan. Fehling war nicht gerade bescheiden und ließ sich von niemandem etwas sagen und erst recht nicht von den Nazis. Seine Art war sehr stürmisch, manchmal fast ruppig, das merkte ich schon bei dieser ersten Begegnung. Wir hatten uns noch nicht lange unterhalten, da meinte er ungeduldig, geradezu unwirsch, hier sei es doch langweilig, wir müßten uns unbedingt woanders amüsieren. Ohne meine Antwort abzuwarten, zog er mich mit sich fort, und wir verbrachten einen wunderbaren Abend, indem wir von einem Lokal zum nächsten zogen.

Von da an blieb ich bei ihm. Fehling hatte mich mit seiner unvermittelt hervorbrechenden Energie im Sturm erobert. Er nannte mich immer Jacky Coogan nach dem kleinen Jungen in Chaplins Film »The Kid«, und nachdem er noch am selben Abend meinen Vornamen erfahren hatte, verdrehte er ihn zu »Jason«. Das gefiel mir, denn Jason, der das goldene Vlies raubte und floh, mußte wie ich in der Fremde unter Feinden leben.

Diese Feinde haßte Fehling mit der ihm eigenen Leidenschaftlichkeit, und in seiner Unbeherrschtheit und Maßlosigkeit nahm er selten ein Blatt vor den Mund. Hätte die Gestapo seine Telefongespräche mit Gustav Gründgens abgehört, wären beide mit Sicherheit im KZ gelandet. In Fehlings großer, schöner Wohnung im Tiergartenviertel wurde ich oft genug Zeuge, wenn er seine Seele im Gespräch mit dem Mann erleichterte, der 1934 Intendant des Staatlichen Schauspielhauses werden sollte. Fehlings erregte Stimme hallte durch die fast leeren Räume, die wie bei Brecht spartanisch möbliert waren.

Fehling, Gründgens und auch Furtwängler glaubten, das geistige Deutschland vor den Nazis bewahren zu können. Sie wollten es durch die Zeit des »Dritten Reiches« retten und kämpften um die jüdischen Mitglieder ihrer Ensembles. Erfolg war ihnen leider nur im Einzelfall und für kurze Zeit beschieden.

Fehling war ein Perfektionist und besuchte deshalb jede Aufführung seiner Inszenierungen. Mich nahm er oft mit. Einige Male begleitete ich ihn auch in die Villa von Heinrich George am Kleinen Wannsee. George war nicht nur auf der Bühne, sondern auch im Leben ein barocker Fürst. Immer ging es bombastisch bei ihm zu: Die Villa war jedesmal voller Freunde, und es wurde bis spät in die Nacht hinein gegessen, getrunken, deklamiert und musiziert. Manchmal stürzte sich die halbe betrunkene Gesellschaft kreischend in die Fluten. Wir, Fehling und ich, hielten es in dieser betäubenden Fülle selten lange aus und flohen bald wieder.

Unweit von Georges lärmenden Gelagen lebte Edwin Redslob. Er bewohnte mit seiner Familie eine kleine Villa in Babelsberg, die in Weimar zu stehen schien: Redslob lebte ganz in der Zeit Goethes. Der einstige Reichskunstwart der Weimarer Republik hatte sich nach der Machtergreifung resigniert in das Privatleben zurückgezogen. Ebenso wie die Erscheinung seines Besitzers atmete das ganze Haus ein anderes Jahrhundert. Im Schutz von Büchern, Bildern und Statuen aus der Hochzeit deutscher Kultur hörte ich Redslob ganze Nachmittage zu, wenn er mit leiser Stimme über den Ungeist sprach, der über Deutschland hereingebrochen war. Bei ihm fand ich fernab von den Querelen des Tages und den Parolen der Nazis Frieden.

Quälender Hunger

Damals wußte ich noch nicht, daß ich schon in das Fadenkreuz der Nazis geraten war. Doch bald erhielt ich immer weniger Anrufe von Fotografen, dann blieben sie ganz aus. Jemand mußte mich beim Propagandaministerium als Halbjüdin denunziert haben, und offenbar war Weisung ergangen, mich nicht mehr zu beschäftigen. Ich besuchte einige Fotografen und fragte, wann der nächste Auftrag zu erwarten sei. Sie reagierten ausweichend und schützten Arbeiten vor, bei denen mein Typ nicht gefragt sei. Nur Karl Schenker sagte mir offen, er könne es nicht riskieren, mich zu beschäftigen, und erkundigte sich, ob ich genug Geld habe.

Ich hatte nicht schlecht verdient, aber wenig gespart. Geld war mir immer als Mittel zum Zweck erschienen und durch die Hände geflossen, ohne daß ich es bemerkt hatte. Außer Büchern hatte ich keine Güter angehäuft, die ich hätte verkaufen können. Nicht einmal über einen gutgefüllten Kleiderschrank verfügte ich. Ich mußte mich einschränken. Denn anbetteln wollte ich niemanden.

Um das Pensionszimmer zu halten, sparte ich am Essen und bestellte den Mittagstisch ab. So kam mit der Tatenlosigkeit der Hunger. Bei langen Spaziergängen am Lützowufer und durch den Tiergarten sank ich alle paar Schritte auf eine Bank nieder, um mich auszuruhen, und versuchte zu lesen. Manchmal saß ich auch nur da, weil mir die Buchstaben vor den Augen verschwammen.

Direkt neben meiner Pension lockte eine Konditorei mit angeschlossenem Café. An ihrem Schaufenster kam ich jeden Tag auf dem Weg nach Hause vorbei. Wie gebannt blieb ich, während mir das Wasser im Mund zusammenlief, vor den herrlichen Backwaren in der Auslage stehen, und konnte mich lange Zeit nicht losreißen. Diese Qual wiederholte sich tagelang, bis ich einmal ohne nachzudenken hineinging, ein großes Stück Buttercremetorte bestellte, mich an einen freien Tisch hinten im Café setzte und es gierig verschlang. Ich konnte die Torte natürlich nicht bezahlen und war sicher, in wenigen Minuten verhaftet und ins Gefängnis geworfen zu werden. Aber den himmlischen Genuß der Torte und den vollen Magen würde mir zumindest niemand mehr nehmen können.

Schon stand ein Mann vor mir. Er sah allerdings nicht wie ein Polizist aus, sondern trug einen eleganten grauen Anzug und fragte zudem höflich, ob er sich zu mir setzen dürfe. Sein Name sei Karl Becker, und er und sein Freund, der vom Nebentisch freundlich herübernickte, hätten mich erkannt. Er sei überglücklich, die Frau, deren Fotografien er bisher nur in Zeitschriften bewundert habe, nun endlich persönlich kennenlernen zu dürfen.

Karl Becker drückte sich sehr gewählt aus. Er war Anwalt und schien überdies ein Gesandter des Himmels zu sein. Freundlich erkundigte er sich nach dem Buch, das ich vor den Kuchenteller auf den Tisch gelegt hatte, und es stellte sich heraus, daß auch er ein Liebhaber Thomas Manns war. Karl Becker war mir sympathisch, und die Sympathie wuchs noch, als er ohne viel Aufhebens meine Torte bezahlte und außerdem zwei Tassen Kaffee bestellte. Danach begleitete er mich zur Pension, und bei der Verabschiedung vor der Haustür überreichte ich ihm meine Telefonnummer.

In den nächsten Wochen trafen wir uns öfter. Becker war immer höflich und zurückhaltend. Es war ihm wohl nicht entgangen, daß ich Hunger litt, aber er verlor nie ein Wort darüber. Er lud mich einfach zum Essen ein. Schwanneckes Weinstube besuchten wir, das beliebte Künstlerlokal, und einmal auch die Scala, das beste Varieté-Theater in Berlin. Wir hatten gerade in der Loge Platz genommen, als ich zu meinem Entsetzen rechts neben uns in der Loge Goebbels sitzen sah. Eine Armlänge entfernt!

Mit Mühe hielt es mich auf dem Sitz. Mein Begleiter schien nichts bemerkt zu haben, denn er lächelte mich freundlich an, plauderte ein wenig und konzentrierte sich, sobald die Vorstellung begann, ganz auf die Bühne.

Ich blickte starr geradeaus und versuchte den Nachbarn zu vergessen. Doch plötzlich wurde ein Stück Papier unter meine rechte Hand geschoben. Es konnte nur von Goebbels kommen. Wollte mir der Nazi-Frauenheld etwa Avancen machen? Ohne mich zu besinnen und den Kopf zu wenden, warf ich den Zettel in seine Loge zurück. In der Pause verließen wir auf mein Drängen hin die »Scala«.

Das blieb zum Glück die einzige unliebsame Begegnung auf den Streifzügen durch die Berliner Nächte, die ich in Begleitung von Karl Becker unternahm. Dank dieses Mannes faßte ich wieder Fuß in der Realität. Nach Moissis Abreise hatte ich alle Einladungen zu Festen ungeöffnet beiseite gelegt. Erst jetzt bemerkte ich, wie isoliert ich inzwischen war. Ich hatte nichts unternommen, um die Verbindungen zu den mitunter exklusiven jüdischen Kreisen, bei denen mich Moissi eingeführt hatte, aufrechtzuhalten. Als ich nun wieder eine Einladung erhielt, nahm ich sie wahr.

Auf die eine Geselligkeit folgten weitere. Noch lebten viele Juden in Berlin und hielten ein gesellschaftliches Leben aufrecht. Die Bedrohung ließ uns alle enger zusammenrücken. »Von diesen braunen Barbaren mit ihrem Germanenfirlefanz darf man sich nicht den Stolz und die Würde nehmen lassen«, sagte auf einem jener Feste ein würdiger alter Herr zu mir. Ich nickte. Die Haltung gefiel mir.

Menage à trois

Kaum hatte ich aus der Isolation herausgefunden, lernte ich in einem der kultivierten Häuser den Mann meines Lebens kennen. Als ich durch die Tür trat, stand er am anderen Ende des Raumes, am Fenster zum großen Garten. Hochgewachsen und elegant gekleidet war er eine auffällige Erscheinung. Er war umgeben von drei schönen Frauen, die er, ihrem Lächeln nach, gut unterhalten hatte, und wandte sich gerade einem kleinen Tisch neben ihm zu, um sein Glas abzustellen. In diesem Augenblick erblickten wir einander.

Er gefiel mir sofort, und das schien auf Gegenseitigkeit zu beruhen, denn es dauerte nicht lange, bis er die Damen stehenließ und sich zu mir gesellte. An seine ersten Worte erinnere ich mich nicht, es war sein Lächeln, das mich gewann. Er hieß Fritz. Fritz Rothbart.

In den nächsten Stunden wich Fritz nicht von meiner Seite, machte mich mit unzähligen Leuten bekannt, deren Hand ich lachend und zugleich etwas mißmutig schüttelte. Denn seine Nähe verwirrte mich, und ich hätte gern mit ihm allein gesprochen. Er merkte es und scherzte, daß ich anscheinend gekommen sei, um als Mauerblümchen die Gesellschaft zu beobachten, doch das lasse er nicht zu; er biete sich als Protegé an, wohl wissend, daß nur ein großer Auftritt meiner Erscheinung gerecht werde. Neugierig seien sie ja schließlich alle auf mich, auch dieser Herr hier, an den sich Fritz nun wandte und dem er mich mit warmen Worten, als wären wir seit Jahren innig vertraut, vorstellte – und prompt schüttelte wieder jemand meine Hand, sagte »angenehm« und wurde von meinem selbsternannten Maestro alsbald in die Kulisse entlassen.

»Fritz«, sagte ich zu ihm, und er wußte wie immer an diesem Abend schon, was ich wollte, nahm meinen Arm, und wir gingen in den dämmerigen Garten hinaus. Nun hatte ich endlich Gelegenheit, die Vorzüge dieses Mannes genauer kennenzulernen: seinen gewinnenden Charme, seine Gewandtheit, seine Bildung und den tragikomischen jüdischen Humor. Er war ein wenig älter als ich und Arzt. Wir verließen die Gesellschaft, auf der wir den anderen Gästen sicher schon unzertrennlich erschienen, Arm in Arm.

Schon wenige Tage später beschlossen wir zusammenzuziehen. Fritz hatte nur verständnislos den Kopf geschüttelt, als ich ihm von meinem Pensionszimmer erzählte. Das sei doch keine Umgebung für mich, sagte er und mietete bald darauf eine kleine Wohnung in der Tiergartenstraße. Die zwei Zimmer waren mit wenigen Mitteln schön eingerichtet, und von der Dachterrasse genossen wir einen weiten Blick über den verschneiten Tiergarten. Fritz hatte mich zu sich in den Himmel über Berlin genommen.

Er war Röntgenologe an der Charité gewesen. Professor Sauerbruch, der Direktor der Charité, hatte erfolglos versucht, Fritz zu halten, als die Nazis nach 1933 die Entlassung der jüdischen Ärzte forderten. Seine wohlhabenden Eltern halfen Fritz, eine Privatpraxis in der Kantstraße aufzumachen und die kostspieligen Röntgengeräte anzuschaffen. Die Praxis war ein großer Erfolg.

Viele Nichtjuden gehörten zu Fritz' Patienten, darunter Heinrich George und Theo Mackeben, einer der bekanntesten Komponisten von Filmmusik.

Fritz sorgte auch dafür, daß ich wieder arbeiten konnte. An eine Tätigkeit als Fotomodell war nicht zu denken. Es gab keine jüdische Zeitschrift, die die Bilder hätte drucken können. Aber er machte mich mit der Familie Gerson bekannt, die ein exklusives Modehaus besaß. Gerson war Hoflieferant gewesen und fertigte Haute Couture. Das Geschäft florierte trotz der Nazis, jedenfalls in den ersten Jahren des »Dritten Reichs«. Von der Familie Gerson sollte später fast niemand das Konzentrationslager überleben. Ich wurde damals als Mannequin angestellt und führte Kunden die neuesten Modelle vor.

Die Arbeit fiel mir leicht, denn sie hatte Ähnlichkeit mit jener vor der Kamera. Nun schlenderte ich in eleganten Kleidern vor den Augen von ein oder zwei Frauen auf und ab. Ärgerlicherweise ließen die Kundinnen jedoch oft auf sich warten und kamen mit Verspätung zu den vereinbarten Terminen. Ich vertrödelte unnötig viel Zeit. Aber Fritz wollte nicht, daß ich mir eine andere Arbeit suchte. Es sei zu gefährlich für eine Halbjüdin, sorgte er sich.

Mit ihm hatte mein Leben wieder einen Sinn. Fritz kaufte einen Wagen, damit wir am Sonntag Ausflüge in die Mark Brandenburg unternehmen konnten. Diese Spazierfahrten habe ich in bester Erinnerung. Kaum waren die Türen zugeworfen und der Motor angelassen, atmeten wir auf. Kein ausgestreckter Arm störte uns hier, kein geschnarrtes »Heil Hitler!« verpestete die Luft. Oft zog es uns an den rätselhaft stillen Stechlinsee, an dessen Ufer wir über Theodor Fontane sprachen, dessen »Stechlin«

mich sehr beeindruckt hatte. Solche Tage in der freien Natur halfen mir manchmal durch die ganze Woche.

Die Wohnung ließ uns nämlich selten die grausige Wirklichkeit vergessen. Von der Dachterrasse hatten wir nicht nur einen wunderbaren Blick über Berlin und den Tiergarten, sondern auch auf die benachbarten Villen, und gleich nebenan lag die Villa des SA-Stabschefs Ernst Röhm. An den Fenstern, auf dem Balkon und im Garten waren immer SA-Männer zu sehen. Fritz nannte sie immer unsere braunen Schweizer, unsere Prätorianergarde, in deren Nähe wir so sicher seien wie in Abrahams Schoß. Wenn er diese Bemerkung machte, schlug ich mit der Hand nach ihm, um ihn zum Schweigen zu bringen. Es gefiel mir nicht, wie er die Gefahr, die von diesen Schlägern ausging, so leichtfertig herunterspielte.

Ende Juni 1934 wurde die Tiergartenstraße plötzlich abgesperrt, Lastwagen hielten vor der Villa. Einige Männer führte man gefesselt ab. In den Tagen darauf sprachen die Nazis vom »Röhm-Putsch«, gegen den »Staatsnotwehr« ergriffen worden sei. So also verklausulierte man nach 1933 brutale Verbrechen und feigen Mord. Hitler hatte den SA-Stabschef, einige seiner Gefolgsleute und andere mißliebige Personen umbringen lassen. Offenbar waren sie dem Führer zu gefährlich geworden.

Die Mordopfer waren keine Unschuldigen, weshalb wir kein Mitleid mit ihnen verspürten. Aber wie rücksichtslos würde Hitler erst mit denen umgehen, fragte Fritz, die er schon immer als Feinde betrachtet hatte – nur Juden?

Allerdings hatte sich die Lage scheinbar beruhigt, zu neuen antisemitischen Übergriffen war es nach dem 1. April 1933 nicht mehr gekommen. Hitler hatte seine Macht gefestigt und nach Hindenburgs Tod im August

1934 die Funktionen des Reichspräsidenten als »Führer und Reichkanzler« übernommen.

Einer seiner Chefideologen wohnte mit Frau und Tochter im Parterre unseres Hauses: Alfred Rosenberg. Der von ihm verfaßte dickleibige »Mythus des zwanzigsten Jahrhunderts«, der den Niedergang des Abendlandes dem verderblichen Einfluß der jüdischen Rasse zuschrieb, war neben Hitlers »Mein Kampf« die zentrale Schrift des Nationalsozialismus. Obwohl es damals in nahezu jedem deutschen Haushalt zu finden war, hatte das weitschweifige und verbrecherische Machwerk wahrscheinlich kaum ein Mensch gelesen.

Der gefährliche Nazi, an dessen Mythen vom zersetzenden Juden und kulturschaffenden Arier Hitler fest glaubte, tat sehr bescheiden. Jedesmal, wenn wir uns zufällig im Hausflur begegneten, blickte er mit seinen treuherzigen, großen Augen fast hündisch zu mir auf. Rosenberg schien zum Glück nicht zu wissen, daß wir Juden waren.

Ausgerechnet seine kleine Tochter hatte einen Narren an mir gefressen. Wann immer ich durch den Garten ging, stürzte sie auf mich zu, klammerte sich an meine Knie und bettelte, ich solle ihr ein Märchen erzählen. Ich konnte dem blonden Mädchen nichts abschlagen, deshalb hockte ich mich jedesmal hin und tat ihr den Gefallen. Irgendwann schoß Frau Rosenberg auf mich zu und verbot mir, in Zukunft auch nur ein Wort mit der Kleinen zu reden. Sie ließ sich nicht beruhigen, so daß ich das Mädchen fortan ignorieren mußte, so leid es mir tat.

Abends war ich oft allein, denn Fritz verbrachte viel Zeit bei seinen streng orthodoxen Eltern. Er verehrte sie und suchte ihren Schmerz darüber, daß er nicht gläubig war, nach Kräften zu mindern. Gern und ausführlich erzählte er mir von den beiden, aber auf meine Bitten, mich ihnen einmal vorzustellen, ging er nie ein. Er würde sie damit nur noch mehr vor den Kopf stoßen, sagte er, sie würden nicht verstehen, daß er mit einer Goj zusammen lebte.

Mir wollte das nicht einleuchten, doch wenn ich meine Bitte wiederholte, sah mich Fritz nur stumm und verschlossen an. Seit wir uns kannten, hatte er mich kein einziges Mal gefragt, ob wir heiraten wollten. Wir lebten zwar wie ein Ehepaar, und ich hegte durchaus keine bürgerlichen Träume. Aber in diesen Zeiten hätte ich mich behüteter gefühlt, wenn Fritz sich auch nach außen hin ganz für mich entschieden hätte.

Vielleicht gefiel mir deshalb Peter Suhrkamp so gut: Er wollte mich vom Fleck weg heiraten. Peter lernte ich etwa ein Jahr nach Fritz kennen, auf der Abendgesellschaft einer jungen Bekannten, einer Verwandten des Warenhauses Tietz. Wir hatten während eines Kurzurlaubs auf Sylt Freundschaft miteinander geschlossen, als wir die Table d'hôte und, wie wir bald bemerkten, auch dieselben Berliner Bekannten teilten.

An jenem Abend in ihrer prächtigen Grunewaldvilla war Peter mein Tischherr. Peter war kein gutaussehender Mann, aber das klare Gesicht, der bei aller Zurückhaltung offene Blick und besonders das selbstzweiflerische, halb versonnene Lächeln hatten es mir vom ersten Augenblick an angetan. Sein Verhalten zeugte von Unbeirrbarkeit und Eigensinn, Wesenszüge, die ihn mir seltsam vertraut erscheinen ließen. Peter kümmerte sich den ganzen Abend über rührend um mich, und schon bald waren wir in ein angeregtes Gespräch vertieft. Wie verblüfft war ich, später zu hören, daß dieser außerordentlich redegewandte und belesene Mann aus einer Oldenburger Bauernfamilie stammte.

Peter war Herausgeber der Neuen Rundschau im S. Fischer Verlag und fühlte sich dem alten jüdischen Verleger Samuel Fischer innig verbunden. In den letzten Monaten war er oft in dessen Grunewaldvilla geeilt, um in letzter Minute Hausdurchsuchungen zu verhindern. Peter tat alles, um die Familie und den Verlag vor den Repressalien der Nazis zu schützen, und ich konnte mir gut vorstellen, daß sein ruhiges, furchtloses Auftreten selbst bei jenen gewissenlosen Schergen Eindruck machte.

Er erzählte mir, wie Thomas Mann 1930 während eines Vortrages durch SA-Leute gestört worden war und den Saal sicherheitshalber durch den Seitenausgang verlassen hatte. Schon damals hätte diesen Leuten nicht einmal ein Nobelpreisträger Respekt eingeflößt, und ausgerechnet sie säßen jetzt an der Macht.

Peter bewunderte meine Schönheit. An jenem Abend trug ich ein rotes Couturekleid, ein Geschenk von Hans Henckel-Donnersmarck. Davon, daß ich Halbjüdin war, zeigte er sich, wie nicht anders zu erwarten, wenig beeindruckt. Im Gegenteil, eher legte er noch mehr Wärme in seine Stimme. Wir kamen uns schon an der Tafel gefährlich nahe, konnten die Blicke nicht voneinander wenden und verließen, kaum war das Diner vorüber, grußlos und in ziemlicher Hast das Haus.

Noch am selben Abend bestürmte mich Peter, ihn zu heiraten. Nichts wäre einfacher gewesen, als ja zu dem unverhofften und ersehnten Antrag zu sagen. Aber ich liebte auch Fritz, und sich in Hitlerdeutschland von einem Juden zu trennen, erschien mir wie Verrat. Das konnte ich Peter zu diesem frühen Zeitpunkt nicht verständlich machen und verschob es auf später. Ich mußte schleunigst nach Hause fahren, bevor Fritz von seinen Eltern zurückkam. Er sollte nichts bemerken.

So begann mein heimliches Verhältnis mit Peter Suhrkamp. Daß Fritz nach wie vor häufig abends zu seinen Eltern ging, begrüßte ich nun. Denn es gab mir die Möglichkeit, schnell hinüber zu Peter in die Dernburgstraße zu fahren. Wir trafen uns von nun an regelmäßig, manchmal nur auf Minuten, und es fiel mir schwer, die Liaison vor Fritz zu verbergen. Ich fühlte mich stark zu Peter hingezogen, und unsere Begegnungen wurden von Mal zu Mal leidenschaftlicher. Seine schöne, mit Büchern vollgestopfte Wohnung lag im obersten Stockwerk und war ringsum von einer Terrasse umgeben. Beim Blick auf den Funkturm, den kleinen Eiffelturm Berlins, und über die leuchtende Stadt verlebten wir wunderbare Stunden.

Kam ich jedoch nach Hause und sah Fritz in die Augen, dann tat er mir leid, und ich verdoppelte meine Zärtlichkeiten für ihn. Fritz schien von meinem Zwiespalt nichts zu bemerken, und ich hütete mich, ein Wort darüber zu verlieren, obwohl ich oft kurz davor war.

Einmal hatte ich bei Peter verschlafen und kam erst im Morgengrauen zurück. Die Wohnungstür stand offen, um das Schloß herum war das Holz gesplittert. Fritz hatte sie offenbar kurzerhand eingetreten, als ich ihm auf sein Klingeln hin nicht aufgemacht hatte. Aus dem Wohnzimmer fiel helles Licht in den Hausflur, aber es war kein Laut zu hören. Ich trat ohne zu zögern ein. Der Augenblick der Wahrheit war gekommen.

Fritz saß auf dem Sofa, den Kopf in die Hände gestützt. Ich blieb an der Tür stehen und gestand ihm, ohne seine

Frage abzuwarten, daß ich von einem anderen Mann käme. Er stöhnte, erhob sich abrupt und blickte mich verzweifelt an. Dann sah ich die Wut in ihm hochkochen. Mit Riesenschritten kam er auf mich zu. Ehe ich wußte, wie mir geschah, hatte er mich auf die Terrasse geschleift und versuchte, mich über die Brüstung in die Tiefe zu stürzen. In Todesangst redete ich auf ihn ein. Fritz schien jedoch nichts zu hören. Irgendwann ließ er von mir ab und sank in sich zusammen. An diesem Abend konnten wir uns nicht mehr in die Augen sehen.

Am nächsten Morgen verloren wir kein Wort über das, was vorgefallen war. Von nun an wußte er, daß ich einen zweiten Mann liebte, und er wußte auch, daß ich jedesmal wieder zu ihm zurückkommen würde. Ansonsten blieb unsere Beziehung unverändert. Allerdings ging Fritz in der ersten Zeit nach jener Nacht seltener zu seinen Eltern, und ich mußte Peter eine Weile entbehren. Es war schwer genug und zeigte mir, wie wenig ich auf ihn verzichten wollte. Als Peter 1935 seine dritte Frau heiratete, entspannte sich die Lage ein wenig; an unserem leidenschaftlichen Liebesverhältnis änderte die Hochzeit glücklicherweise nichts.

Zu Fritz' Bekannten, bei denen wir ein und aus gingen, gehörte die lebenslustige Familie Schrobsdorff. Else Schrobsdorff fürchtete sich wie viele säkulare Juden nicht vor Hitler, ihr Mann Erich nannte ihn einen kriminellen Ladenschwengel mit Schmalzlocke. Von so einem ließen sie sich das Leben nicht verleiden. Erich glaubte nicht, daß das Volk Goethes und Schillers lange auf die Nationalsozialisten hereinfallen werde, und Fritz stimmte ihm zu.

Doch die Nazis gingen geschickt vor. 1935 beschlossen sie die Nürnberger Gesetze, die die Juden zu deutschen Bürgern zweiter Klasse abstempelten und ihnen jegliche Beziehungen mit Nichtjuden untersagten. Das Wartezimmer von Fritz' Praxis leerte sich, lange bevor die Nazis jüdischen Ärzten verboten, nichtjüdische Kranke zu behandeln. Jeden Tag kam Fritz mutloser nach Hause.

Vielen Juden erging es so. Waren sie Selbständige, gingen ihre Umsätze drastisch zurück. Weil jüdische Geschäftsleute keine Angestellten entlassen durften, steuerten sie dem Konkurs entgegen. Von keinem seiner nächsten Mitmenschen konnte man mehr Halt erwarten: Dieser oder jener vermeintliche Freund entpuppte sich als Nazi, und antisemitische Pöbeleien und Schmierereien häuften sich.

Fritz trafen die Nürnberger Gesetze nicht nur in seiner wirtschaftlichen Existenz. Fast stärker noch litt er darunter, sein Wissen und seine Fähigkeiten Kranken nicht mehr zur Verfügung stellen zu dürfen. Er war mit ganzer Seele Arzt, Heilen war seine Berufung. Daß er daran gehindert, ja selbst zu einem Hilfsbedürftigen gemacht wurde, ließ ihn nicht zur Ruhe kommen. Ganze Nächte lag er neben mir im Bett, starrte ins Dunkel und haderte mit den Nazis. Wie oft unterhielten wir uns über mögliche Auswege. Und immer stand am Ende nur eine einzige Frage: Wenn er als Arzt im eigenen Land nicht mehr erwünscht war, würde man ihn dann vielleicht woanders brauchen?

Über das Für und Wider der Emigration wurde unter den Berliner Juden seit 1933 erregt diskutiert. Die Nürnberger Gesetze hielten viele für einen Wendepunkt, und nicht wenige entschlossen sich zu gehen. Auch manche unserer Bekannten waren darunter, etwa Walter und Ilse

Hirsch. Wir hatten uns lange Abende bei Schrobsdorffs, mit denen die Hirschs eng befreundet waren, über die Ausreise unterhalten. Hirschs hatten nie emigrieren wollen, beide waren mit Leib und Seele Berliner. Aber deutsche Bürger zweiter Klasse wie einst im Mittelalter wollten sie nicht sein. Deshalb beschlossen sie, nach Palästina zu gehen.

Ich erinnere mich noch genau an das Abschiedsfest für Ilse und Walter Hirsch. Erich Schrobsdorff hielt eine kleine, traurige Rede, und Fritz konnte die trübselige Stimmung gerade noch durch einen Scherz retten.

Schließlich bestiegen Hirschs und ihre zwei Söhne am Anhalter Bahnhof einen überfüllten Zug mit jüdischen Auswanderern. Unsere Bekannten Benno und Susi Cohn sowie Joachim Prinz hatten sie in der Entscheidung bestärkt, vor der Fritz noch zurückschreckte. Cohn war Anwalt und vertrat als Zionist die Auffassung, die Auswanderung der Juden nach Palästina sei unbedingt notwendig.

Joachim Prinz stimmte ihm in vielem zu. Der stets elegant gekleidete Rabbiner war ein mutiger Mann. Bei seinen Predigten saßen immer zwei Gestapo-Leute in der ersten Reihe. Am 1. April 1933, dem gewalttätigen Boykotttag der Nazis, hatte er in der Synagoge an der Fasanenstraße einen »Stürmer« mit antisemitischen Karikaturen hochgehalten und seine Zuhörer aufgefordert, sich selbst und die Nachbarn zu betrachten und zu prüfen, ob sie wirklich so aussähen. Prinz wurde zwar nicht verhaftet, aber er erhielt einen Monat Predigtverbot. Das sei es wert, sagte er wütend. Er war überzeugt davon, daß den Menschen der Stolz auf ihr Judentum zurückgegeben werden müsse. Sie dürften sich nicht von den Nazis mit

Schmutz bewerfen lassen. Für diese Überzeugung trat er ein, wo immer es ging. 1937 floh auch er.

Vor allem Joachim Prinz war es, der Fritz immer wieder dazu drängte, eine Auswanderung nach Palästina zu erwägen. Überall im Deutschen Reich, sagte er bei einem unserer zahllosen hitzigen Gespräche, herrsche Verfolgung: auf den Straßen, wo wir Uniformen angstvoll auswichen, in den Parks, wo wir »unerwünscht« seien, in den Schulen, die immer weniger unserer Kinder aufnähmen. »Nur in der Synagoge wird der Jude nicht verfolgt. Und nicht in Eretz Israel, Fritz.«

»Die großen Tage dieser Gegend sind unwiderruflich vorbei, und das schon seit ungefähr 2000 Jahren«, hatte Fritz einmal darauf geantwortet. Er hielt nicht viel von der Emigration, nicht nur, weil er sich als säkularer Jude und gebildeter Europäer nicht für die Wüste in Palästina begeistern konnte. Fritz mochte auch seine Eltern nicht in den Händen der Nazis zurücklassen.

Aber die Nürnberger Gesetze und in deren Gefolge die Repressalien sowie Schikanen, besonders auf den Ämtern, änderten seine Haltung. Die Praxis ging immer schlechter – auch wenn einige Patienten von Walter Hirsch, darunter Schrobsdorffs, nun zu Fritz kamen –, und er fühlte sich in Deutschland zunehmend überflüssig: als Jude und als Arzt.

Es schien noch alles offen, als wir Ende 1937 an den Johannaplatz im Grunewald zogen und endlich keinen Nazi-Ideologen mehr im Haus hatten. Auch diese Wohnung lag im obersten Stockwerk einer großen Villa. Doch nach unserem Einzug zeigte sich, daß Fritz die Auswanderung ernsthaft erwog, und Benno Cohn redete ihm immer wieder zu: Fähige Ärzte würden in Palästina gebraucht. Wenn aber Fritz die klimatischen Bedingungen oder die harten Umstände eines Pionierlebens, über die man sich keine Illusionen machen dürfe, nicht zusagten, dann könne er immer noch in andere europäische Staaten weiterreisen.

Schließlich beantragte Fritz ein Visum, dessen Bearbeitung einige Wochen dauern sollte. Wir beschlossen, daß ich zu ihm reisen sollte, sobald er eine Anstellung gefunden hatte. Fritz wollte mir die unsichere und anstrengende erste Phase der Emigration ersparen, zumal er nicht wußte, ob er in Palästina bleiben würde.

Dafür war ich ihm dankbar. Und im stillen dankte ich ihm dafür, daß er mich ohne bittere Worte bei Peter bleiben ließ. Ich wollte nachkommen, doch da wir noch nicht wußten, in welches Land es uns verschlagen würde, konnte ich nicht einmal ein Visum beantragen, nur warten.

Während wir mit diesen aufreibenden und weitreichenden Entscheidungen kämpften, traf ein Brief meiner Mutter ein. Elsa hatte mit einiger Mühe meine neue Anschrift herausgefunden und bat eindringlich, ich möge sie besuchen kommen. Ich hatte sie aus meiner Erinnerung gestrichen, seit sie mich vor Jahren nach Janeks Vergewaltigungen nicht hatte aufnehmen wollen.

Nun schrieb sie mir und nicht nur einmal. Elsa schien Angst um mich zu haben, weil ich nach den Nürnberger Gesetzen ein Mischling ersten Grades war, Halbjüdin, wie es meist hieß. Außerdem fühlte sie sich offenbar einsam, seit die Familie nach der Fusion der Konstanzer Holzverkohlungsindustrie mit der Deutschen Gold- und Silberscheideanstalt nach Neu-Isenburg bei Frankfurt am Main gezogen war.

Meinem anfänglichen Erstaunen folgte bald Mitleid,

und Fritz bestärkte mich darin. Er, der seine eigenen Eltern liebte und sie nun bald verlassen würde, redete mir zu, meiner Mutter zu vergeben und zu ihr zu fahren. Sein Visum mußte bald eintreffen, und ich wollte die letzten Tage eigentlich mit ihm verbringen. Aber er bat mich zu fahren und versprach, mich anzurufen, sobald es eingetroffen sei. Er wollte allein sein, und ich tat ihm, wenn auch ungern, den Gefallen.

Elsa und Günter Bugge bewohnten ein ansehnliches Haus am Stadtrand von Neu-Isenburg. Meine Mutter hatte ihren Konstanzer Künstlerkreis verloren und fühlte sich sehr einsam. Ihr Mann kam erst spätabends nach Hause und setzte sich wie schon in Konstanz nach dem Abendessen an den Schreibtisch. Das Hitlerregime entzog den Eltern die beiden Söhne. Detlef und Gerd hatten Pimpfe und Hitlerjungen werden müssen, dann folgte der Arbeitsdienst, in dem sie für einen geringen Lohn Autobahnen bauten, und schließlich zwei Jahre Militärdienst. An ein Studium war nicht zu denken.

Wie ihre Söhne litten auch meine Mutter und ihr Mann unter Hitler. Anders als der weitaus größte Teil des deutschen Volkes hatten sie die Herrschaft der Nationalsozialisten nicht begrüßt oder einfach hingenommen. Bitter erzählte meine Mutter, wie schwer es einigen Bodenseemalern gemacht würde, darunter Walter Waentig, der mich porträtiert hatte. Ihre Bilder galten als undeutsch, sie konnten nicht mehr ausstellen und mußten froh sein, wenn die Nazis sie in Ruhe malen ließen.

Von den Malern hatte meine Mutter gehört, daß die Nazis großartige Kunstwerke von Liebermann, Beckmann, Picasso, Kokoschka, Hofer und vielen anderen stapelweise in die Schweiz schafften und dort zu Spottpreisen versteigern ließen. Darüber mußte man wohl noch froh sein. Diesen Barbaren war zuzutrauen, daß sie die in der Ausstellung »Entartete Kunst« diffamierten Werke rücksichtslos vernichteten.

Elsa und ihr Mann fanden nur in der Literatur Trost. Günter Bugge trauerte um Schriftsteller wie Thomas Mann und Bertolt Brecht, die ins Exil getrieben worden waren. Ihre Bücher bewahrte er sorgsam auf und las sie wieder und wieder.

Ich erzählte meinen Eltern, daß inzwischen auch der S. Fischer Verlag ins Exil gegangen sei. Peter hatte die Emigration mit vorbereitet und die Leitung des Rest-verlages in Berlin übernommen. Seitdem sah ich ihn leider seltener.

Diese offenen Gespräche und die bedrückende politische Situation brachten mich meiner Mutter und ihrer Familie näher. Mehrere Male nannte sie mich »ihr Kind«. Ich hörte es staunend, beließ es jedoch dabei.

Von Neu-Isenburg aus besuchte ich Worms und Speyer mit den herrlichen romanischen Kirchen. Im Dom zu Speyer hörte ich inmitten einer gebannt lauschenden Gemeinde die Predigt eines Franziskaners, ein mir bis heute unvergeßliches Erlebnis. Er erzählte ein Gleichnis von Tolstoi über den unzufriedenen Bauern, dem Gott versprach, seinen Besitz zu mehren. Ihm solle alles gehören, was er im Laufe eines Tages umwandern könne. Die Dorfbewohner begleiteten den Bauern am nächsten Tag noch im Dunkeln zu der Stelle, von der er aufbrechen wollte. Mit den ersten Sonnenstrahlen lief er los und betrachtete begeistert all das fruchtbare Land, das ihm gehören würde. Immer schneller schritt er aus. Bei so reichem Lohn wurden ihm die Füße nicht schwer.

Die Sonne überschritt ihren Zenit, aber der Bauer dachte noch lange nicht an Umkehr. Zu sehr lockten die Wiesen, die Seen, die Wälder. Erst als sich die Sonne schon stark der Erde zuneigte, machte er sich widerstrebend auf den Heimweg. Bald glühte ein roter Feuerball über ihm, und der Bauer begann voller Angst zu laufen. Kurz vor Sonnenuntergang schloß er mit letzter Kraft unter den Anfeuerungsrufen der Dorfbewohner den Kreis um seinen Besitz und starb vor Erschöpfung in den Armen des Schulzen. Man brachte ihn zum Gottesacker und legte ihn in eine Grube. Zwei mal ein Meter Erde waren alles, was ihm blieb.

Als die Predigt zu Ende war, herrschte gespannte Stille im Kirchenschiff. Der mutige Franziskaner hatte dem »Tausendjährigen Reich« in gemessenen Worten das Urteil verkündet: An seiner Gier würde es zugrunde gehen.

Es glich einer Offenbarung, daß solch eine Predigt im nationalsozialistischen Deutschland möglich war. Kein Gestapokommando drückte sich hinter den massigen Säulen herum, kein Spitzel war zu sehen, um sie zu stören. Innerlich gestärkt kehrte ich nach Neu-Isenburg zurück.

Dort stand meine Mutter schon winkend am Gartenzaun. Fritz hatte angerufen. Er hatte das Visum erhalten, ich solle sofort nach Berlin zurückkehren. Ich nahm den nächsten Zug und fand Fritz in großer Erregung vor. Endlich konnte er Deutschland verlassen. Die Praxis in der Kantstraße hatte er schon an einen nichtjüdischen Arzt verkauft, einen Freund, der aus seiner Notlage keinen Vorteil schlug und einen angemessenen Preis zahlte. Fritz hatte den Betrag auf der Bank angelegt und

Weisung erteilt, mir monatlich eine bestimmte Summe auszuzahlen.

Für mein Leben war also gesorgt, auch die schöne Wohnung im Grunewald konnte ich halten. Aber es fiel mir schwer, mich von Fritz zu trennen, ohne zu wissen, wann ich ihn wiedersehen würde. Vor allem wollte ich nicht allein in diesem furchtbaren Land zurückbleiben. »Wir müssen vernünftig sein«, wiederholte Fritz immer wieder. »Schlimmstenfalls dauert es einige Monate, bis ich Arbeit gefunden habe und du nachkommst. Viel schmerzhafter als für dich ist es für meine Eltern, die Deutschland nicht verlassen wollen und mich wahrscheinlich auf Jahre nicht sehen werden. Und vielleicht«, fügte er leise hinzu, »nie mehr.«

Er hatte recht, ich machte ihm den Abschied unnötig schwer. Schließlich ging es nicht anders. Ich besaß kein Visum, und Fritz wußte nicht, in welchem Land Europas er eine Anstellung finden würde. Wir trösteten uns damit, daß ich so bald wie möglich nachkäme.

Allein unter Nazis

Nach Fritz' Abreise wurde mein Leben mit einem Schlag wieder einsam. Er hatte mich zu den meisten Gesellschaften mitgenommen, und in meinem Schmerz mochte ich mich bei den Freunden und Bekannten, die ich zum großen Teil durch ihn kennengelernt hatte, nicht melden. Allein Peter, Benno Cohn und seine Frau Susi sah ich öfter. Cohn leitete inzwischen das Palästina-Amt und organisierte mit einigen jungen und engagierten Mitarbeitern die Ausreise von Tausenden Juden in das Gelobte Land.

Der einzige Trost in der neuen Einsamkeit waren die vielen Briefe, die Fritz mir schrieb. Nach kurzer Zeit verließ er resigniert das unwirtliche Palästina und versuchte erst in Rumänien, dann in anderen osteuropäischen Ländern, eine Anstellung als Arzt zu erhalten. Es war eine Odyssee durch Hotelbetten, Krankenhäuser und Konsulatsstuben. Fritz schilderte sie mit dem ihm eigenen Witz, aber die Stationen wiederholten sich oft, so daß seine Briefe manchmal kraftlos und verzagt wirkten.

Einige Monate dauerte seine Irrfahrt durch Europa. Dann schrieb er mir im Frühjahr 1938, ich solle nach Paris kommen. Eine Anstellung hatte er zwar noch nicht gefunden, aber er ertrug die Trennung nicht mehr. Ich auch nicht.

Für mich als Halbjüdin war es damals noch kein Problem, von der französischen Botschaft recht schnell ein mehrwöchiges Visum zu erhalten. Ich verabschiedete mich von Peter und, weil ich ihn zufällig traf, auch von Benno Cohn, packte alle Habseligkeiten, an denen ich hing, in zwei große Koffer und bestieg aufatmend den Schlafwagen nach Paris.

Im Abteil fiel mir ein Stein vom Herzen. Schon bald würde Deutschland für immer hinter mir liegen und mein Leben an der Seite von Fritz in Paris oder anderswo neu beginnen.

Am Morgen erreichte ich die französische Hauptstadt. Fritz stand auf dem Bahnsteig, seine hochgewachsene elegante Erscheinung überragte die Menschenmenge. In seinem Gesicht konnte ich einige Sorgenfalten erkennen. Das letzte halbe Jahr hatte auch ihm zugesetzt. Sobald er mich erblickt hatte, erstrahlte sein Gesicht jedoch auf die vertraute Art.

Zu meiner großen Überraschung wohnte Fritz nicht in einem Hotel, sondern in einer sehr einfachen, kleinen Pension. Das bescheidene Zimmer war schon für einen Menschen zu eng, und ich mußte meine Kleider im Koffer lassen, der Schrank faßte sie nicht. Aber das würde sich schon noch finden. Immerhin war der Innenhof sehr hübsch, und der Blick aus dem Fenster fiel auf einen kleinen Platz mit grünen Bäumen, unter denen zahlreiche Katzen faulenzten.

Fast den ganzen Tag spazierten wir durch Paris. Ich hatte schon vergessen, wie leicht es sich ohne Angst vor Uniformen und herrischen »Heil-Hitler«-Rufen leben ließ. Die Atmosphäre der Stadt hatte eine befreiende Wirkung auf mich. Ich konnte gar nicht fassen, daß ein derart kultiviertes, unbeschwertes Leben nur wenige hundert Kilometer von Deutschland entfernt möglich war. Die Straßen und prächtigen Plätze waren von geschmackvoll gekleideten, lebensfrohen Menschen bevölkert. Die Frühlingssonne ließ die gesamte Stadt in all ihrer ehrwürdigen Pracht erstrahlen. In Frankreichs Kirchen mußte niemand in Gleichnissen sprechen, und kein Ariergeschwätz klang einem in den Ohren. Ich genoß die Freiheit in Paris.

Wir mußten allerdings sehr auf das Geld sehen und konnten nur in einfachen Bistros essen. Aber es schmeckte alles herrlich, und für ein Glas Rotwein reichte es immer. Onkel Moissi war nach wie vor in Paris. Wir besuchten ihn häufig und ließen uns Montmartre zeigen. Fritz und Moissi mochten sich vom ersten Augenblick an, und Moissi freute sich ungemein, als er hörte, daß Fritz Jude war wie er. Mit Moissi gingen wir öfters in einem entlegenen und billigen Restaurant essen, das voller deutscher Bekannter meines Onkels zu sein schien.

In einem der vielen Cafés, die er uns zeigte, saß Rudolf Levy über einen Kaffee gebeugt. Er begrüßte mich wie eine alte Freundin. Schüchtern hatte ich als junge Frau neben ihm und Moissi im »Romanischen Café« gesessen. Nun waren viele von dessen Stammgästen im romanischen Exil gelandet. Moissi sah ich damals zum letzten Mal. Wer hätte ahnen können, daß mein Onkel und sein bester Freund Rudolf Levy nur wenige Jahre später in Auschwitz ermordet werden sollten.

Nach einigen Tagen fiel mir auf, daß Fritz angestrengt und nervös wirkte. Die Flucht durch halb Europa hatte ihn mitgenommen. Aber das allein war es nicht. In einem Café drückte er mich auf einen Stuhl und begann mir ohne Umschweife zu erklären, ich müsse nach Berlin zurückkehren. Ich traute meinen Ohren nicht. In Paris fühlte ich mich frei, und an Fritz' Seite war das Leben wieder lebenswert. Wollte er mich tatsächlich zu den Nazis zurückschicken?

»Wie kannst du so etwas nur denken«, beruhigte mich Fritz, »sei doch vernünftig.« Der geringe Geldbetrag, den er aus dem Reich hatte ausführen dürfen, sei nach der Odyssee durch Europa fast aufgezehrt. Das Leben, das er hinter sich hätte, das Essen in ärmlichen Kaschemmen, die Nächte in verwanzten Betten oder auf der Holzbank im Zug, wolle er mir auf keinen Fall zumuten. Sollte er keine Anstellung finden, werde er ein Gestrandeter sein wie all die traurigen, ärmlich aussehenden Deutschen, die wir in den Künstlercafés gesehen hätten, ohne Arbeit und Perspektive. So wollte ich doch nicht ernsthaft leben.

Überall in Europa habe man ihn nun schon abgewiesen, und seine letzte Hoffnung seien die Vereinigten Staaten. Aber wann die Antwort auf seine Bewerbung eintreffe, wisse er nicht, wie sie ausfalle, natürlich auch nicht.

Ich fragte ihn, ob er den Mut verloren habe. Doch er schüttelte nur den Kopf. Ich solle mich nur ein wenig gedulden. Gefahr bestünde für mich als Halbjüdin doch nicht. Außerdem sei es höchst ärgerlich, wenn das Vermögen, das noch in Deutschland lagere, kampflos den Nazis in die Hände fiel. Und in Berlin sei mein Leben durch die monatliche Anweisung immerhin gesichert.

Fritz' Beredsamkeit verursachte mir Schwindel. Ich wollte auf keinen Fall zurück nach Berlin. Doch als ich Fritz' sorgenvolle Miene sah, schwieg ich. Wahrscheinlich hatte er recht. Alles, was er sagte, klang vernünftig. Es widersprach nur meinem Gefühl, meinem Haß auf die Nazis. Aber wenn er es wollte, würde ich zurückfahren, am besten schon morgen. Noch länger bei Fritz zu bleiben, würde mir die Trennung nur schwerer machen.

Schweren Herzens verabschiedeten wir uns auf dem Bahnhof. Fritz stand betreten auf dem Bahnsteig, als der Zug langsam anrollte, zurück in die Hölle. Meine Tränen flossen erst, als wir den Rhein überquerten. Die Teufel sprachen deutsch, trugen Uniform und traten mit einem zackigen »Heil Hitler« in das Abteil. Um nicht antworten zu müssen, tat ich, als ob ich geschlafen hätte, und hielt ihnen wortlos meinen Paß entgegen.

Am Abgrund

Kurz nach der Ankunft in Berlin bekam ich eine schwere Allergie. Große rote Flecken breiteten sich auf meinem Körper aus, juckten furchtbar und wurden wund. Einige Wochen lag ich im Krankenhaus und wollte nichts sehen und hören. Zum Glück bekam ich keinen Besuch. Niemand, nicht einmal Fritz, wußte, wo ich war.

Als ich entlassen wurde, wirkte die Wohnung am Johannaplatz trostlos und verlassen auf mich. Ich rief nirgendwo an und verließ wochenlang nur alle paar Tage zum Einkaufen das Haus. Meist lag ich in der warmen Frühlingssonne auf dem Dach und las meine alten Bücher. Nur die Baumwipfel und die Vögel waren um mich.

Irgendwann kehrte ich in die Wirklichkeit zurück. Peter machte ein verdutztes Gesicht, als er mir die Tür öffnete. Er konnte nicht fassen, daß ich nicht im Ausland geblieben war, und als ich ihm in einem Café von den Emigranten in Paris erzählen wollte, beugte er sich vor und warnte mich mit leiser Stimme: Solche Geschichten seien nicht für die Öffentlichkeit bestimmt, ich solle mein Leben nicht durch ein unbedachtes Wort gefährden.

Peter war selbst in Bedrängnis geraten und hatte leider wenig Zeit für mich. Der Verlag und die Versuche der Nazis, Einfluß auf die Veröffentlichungen zu nehmen, forderten all seine Kraft. Die Tatsache, daß der Verlag einer jüdischen Familie gehörte und viele Juden sowie den verhaßten Thomas Mann verlegt hatte, war dem Regime ein

Dorn im Auge. Außerdem reiste Peter des öfteren in die Schweiz zu Hermann Hesse, einem seiner wichtigsten Autoren, der sich weigerte, das »Dritte Reich« zu betreten.

Als ich bei Benno Cohn, Susi und Joachim Prinz vorbeiging, schüttelten sie fassungslos den Kopf. Sie alle hatten gehofft, ich sei in Sicherheit und würde illegal in Paris bleiben. Ich erklärte ihnen Fritz' schwierige Lage und daß wir beschlossen hätten, seine Anstellung abzuwarten, bevor ich endgültig ausreiste. Sie wußten zwar von den Lebensumständen der Emigranten in Paris, von den Suppenküchen, den Kleidersammlungen und dem traurigen Warten. Aber all das erschien ihnen immer noch besser als die Lage in Berlin.

Doch inzwischen hatte es sich gezeigt, daß selbst Emigranten ihres Lebens nicht mehr sicher sein konnten. Im März 1938 war Österreich »Heim ins Reich« geholt worden, und seine Bewohner hatten die deutschen Invasoren wie Befreier begrüßt. Zahlreiche österreichische Intellektuelle und Politiker sowie deutsche Emigranten hatten versucht, in panischer Hast zu fliehen; vielen war es nicht geglückt. Benno Cohn hatte in jenen Wochen Tag und Nacht gearbeitet.

Im Spätsommer 1938 ließ es Chamberlain in München zu, daß Hitler die Tschechoslowakei zerschlug und das Sudetenland annektierte. Kein einziger Schuß war gefallen, aber für jedermann sichtbar hatte der gierige Bauer aus der Predigt des Franziskaners in Speyer seinen schicksalhaften Lauf angetreten.

Und schließlich kam der November 1938. In diesem traurigen Monat besuchte mich meine Mutter. Sie bemühte sich, den Kontakt aufrechtzuhalten, und ich hatte inzwischen nichts mehr dagegen einzuwenden.

Es war ihr erster Besuch in Berlin, und natürlich wollte sie den Kurfürstendamm sehen. Wir zogen gerade die Mäntel an, als Peter anrief und mich eindringlich bat, auf keinen Fall aus dem Haus zu gehen. Er war sehr kurz angebunden und legte den Hörer ohne weitere Erklärungen auf. Ich wußte nicht, was ich davon halten sollte, und dachte nicht daran, auf den kleinen Ausflug zu verzichten.

Also stiegen meine Mutter und ich in den Bus, der von Grunewald aus den ganzen Kurfürstendamm hinunter fährt, und nahmen vorn neben dem Fahrer Platz, wo man den besten Blick auf den immer noch prächtigen Boulevard mit seinen Geschäften, Cafés und Flaneuren genoß.

Uns bot sich ein erschütternder Anblick. Von Halensee bis zur Gedächtniskirche hinunter lagen die Bürgersteige links und rechts voller Scherben und Trümmer. Die Scheiben jedes zweiten Geschäfts waren eingeschlagen, die Läden rücksichtslos geplündert, Regale und Tische kurz und klein gehauen worden. SA-Männer standen auf dem Pflaster und feuerten grinsend und grölend ihre Kumpane an, die auf eleganten Kleidern, Hüten, Schuhen und Caféstühlen herumtrampelten. Die Eigentümer standen bleich inmitten der Trümmer. Drei SA-Männer schlugen mit Stuhlbeinen auf einen von ihnen ein. Einen anderen behängten sie mit zerrissener Damenunterwäsche – zur Belustigung der Umstehenden. Trauben von Menschen sammelten sich um diese abscheulichen Szenen. Viele sahen teilnahmslos zu, manche waren sogar begeistert und taten mit.

Meine Mutter und ich konnten es nicht fassen und saßen starr vor Entsetzen auf unseren Sitzen. Der Bus füllte sich. Die Leute sprachen nicht. Es herrschte gedrückte

Stille, nur das Gejohle der SA war zu hören. Kurz vor der Gedächtniskirche hielt meine Mutter es nicht mehr aus. Sie fuhr hoch und rief: »Das ist unerhört! Was für eine Schande für Deutschland!«

Bis auf das monotone Fahrgeräusch blieb es mucksmäuschenstill im Bus. Kein Mensch rührte sich, jeder mied den Blick des anderen. Sie duckten sich alle. Ich drückte meine Mutter auf den Sitz, aber sie wollte sich nicht beruhigen und machte ihrer Empörung weiter Luft. Ich fürchtete, daß wir verhaftet würden und zog sie an der nächsten Haltestelle aus dem Bus. Inmitten des Geschreis und Getrampels der Schergen weiteten sich ihre Augen, und sie wurde vor Schreck stumm. Wir nahmen den nächsten Bus in die Gegenrichtung und mußten den gleichen Weg noch einmal zurückfahren, den ganzen Kurfürstendamm entlang, vorbei an den grausigen Szenen. Diesmal schwiegen auch wir.

Meine Mutter war so geschockt, daß sie beschloß, noch in derselben Nacht nach Neu-Isenburg zurückzufahren. Als sie ihre Koffer packte, rief Benno Cohn an. Er war erleichtert, mich zu erreichen, und fragte hastig, ob er und seine Mitarbeiter bei mir Zuflucht suchen könnten. Sie waren ihres Lebens nicht mehr sicher. Die Räume des Palästina-Amtes und der Zionistischen Vereinigung seien in Brand gesteckt worden, sie hielten sich im Keller eines Nachbarhauses versteckt.

Nachdem ich meine Mutter mit dem Taxi auf Schleichwegen durch gespenstisch unbelebt wirkende Nebenstraßen zum Bahnhof gebracht hatte, trafen spät in der Nacht Benno und Susi Cohn mit acht Begleitern ein. Sie waren abgehetzt, übermüdet, deprimiert und voller Angst. In dieser Nacht auf den 10. November brannten die

Synagogen und jüdischen Einrichtungen. Die Flüchtlinge in meiner Wohnung hatten die Feuer und die Brandstifter gesehen. Davon erzählten sie mir, als wir dicht gedrängt vor dem kalten Kamin saßen. An Schlaf dachte niemand. Jeder war mit seinen Gedanken bei Freunden und Verwandten.

Nun waren die Juden im »Dritten Reich« vogelfrei. Das Attentat von Herschel Grynspan auf den Diplomaten von Rath in Paris sei den Nazis als Vorwand für ihre Pläne nur allzu gelegen gekommen, sagte Benno Cohn, vielleicht sogar von ihnen inszeniert worden, wer wisse das schon. »In dieser Nacht fahren die Rollkommandos durch die Stadt, tanzen die Knüppel auf Köpfen und Schultern, werden Juden erschossen. Die Nazis holen zum großen Schlag aus und rechnen mit jedem ab, dessen sie habhaft werden können. Jetzt zeigen sie ihr wahres Gesicht.«

Die Flüchtlinge mußten für einige Tage in der Wohnung bleiben. Ich holte Decken aus den Truhen. Benno und Susi Cohn schliefen im Doppelbett, wir anderen übernachteten auf dem Boden. Am nächsten Tag ging ich mehrere Male aus dem Haus und kaufte in verschiedenen Läden jeweils nur kleine Mengen Lebensmittel, um nicht aufzufallen. Zweimal hörte ich, wie die Verwüstungen bedauert wurden, immerhin seien große Werte zerstört worden, all die schönen Kleider, die so manche deutsche Volksgenossin noch hätte tragen können.

Der Pogrom gefiel ihnen also aus Sparsamkeit nicht. Ich hielt mich zurück. Jetzt durfte ich nicht auffallen. Zu allem Überfluß wohnte seit einiger Zeit im Parterre des Hauses ein SA-Mann, eine höhere Charge.

Nach den Massenverhaftungen der ersten Tage beru-

higte sich die Lage etwas. Hitler hatte sein Mütchen ge-
kühlt und erlegte den Juden eine Milliarde Reichsmark
als Sühne für die Schäden auf, die sie angeblich verschul-
det hatten. »Die Juden müssen dafür bezahlen«, sagte
Benno Cohn bitter, »daß ihnen die Nazis die Ehre der
Prügel, der Verhaftung und der Ermordung haben zu-
kommen lassen.«

Zehn Tage nach dem Pogrom vom 9. November 1938,
das als »Reichskristallnacht« in die Geschichte einging,
verließen die Freunde die Wohnung. Sie alle verfügten
über ein Visum und waren nur im »Dritten Reich« geblieben, um im Palästina-Amt die Auswanderung möglichst vieler Juden nach Eretz Israel zu bewirken. Damit
war jetzt Schluß. In den nächsten Wochen emigrierten sie
aus dem Land, das ihre Heimat gewesen war. Inzwischen
waren Verordnungen erlassen worden, die den jüdischen
Deutschen die letzten Rechte nahmen: sie durften keine
Geschäfte und Handwerksbetriebe mehr führen, nicht
mehr zur Schule oder zur Universität gehen, keine Theater, Kinos, Konzerte oder Ausstellungen besuchen. Sie
mußten ihre Führerscheine und Autopapiere ebenso ab-
liefern wie Wertpapiere und Schmucksachen. Sie sollten, schon bevor die Judenermordung begann, aus der
Öffentlichkeit verschwinden.

Ebenso wie seine Frau umarmte mich Benno, als er
nach dem Pogrom die Wohnung verließ. Er hoffe, sagte
er, auf ein baldiges Wiedersehen, vielleicht in Palästina.
»Die Auswanderung der Juden ist vorüber, jetzt folgen
Terror und Verhaftung, Sonja. Warte nicht einfach ab,
was geschieht.« Ich solle mein Leben retten und sofort
zu Fritz fahren. Er, Benno, könne auch mir noch ein
Visum für Palästina verschaffen.

Aber ich wollte erst auf Nachricht von Fritz warten. So hatten wir es verabredet, und es konnte nicht mehr lange dauern. Fritz sollte sich auf mich verlassen können, wer weiß, ob ich seinen Brief in Palästina rechtzeitig erhalten hätte, um mit ihm in die USA zu reisen.

Dennoch versank ich nach dem Auszug der Flüchtlinge aus meiner Wohnung, die nun verlassen und leer wirkte, in Hoffnungslosigkeit und Lethargie. Nach Möglichkeit ging ich nicht mehr nach draußen. Ich verkroch mich wieder in die Bücher.

Wer unter den jüdischen Freunden den Verhaftungen entgangen war, flüchtete wie Benno und Susi. Oder er lebte zurückgezogen, in ständiger Angst, wie Heinrich Heuser, mit dem mich Moissi bekannt gemacht hatte. Als Maler mußte er vorsichtig sein. Den braunen Machthabern gefielen seine Bilder mit den Motiven aus den Tropen nicht. Außerdem war Heuser wie ich Halbjude und konnte daher nicht Mitglied der Reichskammer der bildenden Künste werden. Jegliche künstlerische Arbeit war ihm untersagt. Nicht einmal Farben und Pinsel durfte er kaufen. Natürlich malte Heini in seinem Atelier, das vor 1933 ein geselliger Treffpunkt gewesen war, weiter, mußte aber ständig bangen, wie lange man ihn noch unbehelligt ließ. Ihn durfte ich in meiner Einsamkeit auf keinen Fall anrufen.

Dann gab es noch Peter Suhrkamp. Und Mikel, einen kleinen Cockerspaniel, den mir eine Amerikanerin vor ihrer Abreise geschenkt hatte. Mikel brachte mich immerhin zweimal am Tag aus der leeren Wohnung auf die Straße. Er spürte meine Trauer und war mir ein treuer Gefährte.

Mit Mikel ging ich gern in den nahe gelegenen Grunewald, um ein wenig Frieden im Grün zu finden. Einmal trat Himmler mit seinem Stab aus dem Eingang eines Hauses und baute sich in seiner schwarzen Uniform breitbeinig vor mir auf dem Bürgersteig auf. Die feisten Hände hatte er in die Hüften gestemmt, das Gesicht mit dem kleinen Schnurrbart sah hochfahrend und gemein aus, durch die glitzernden Brillengläser starrten mich Schweinsäuglein an. Er war der Inbegriff eines verabscheuungswürdigen Nazis.

Ich maß ihn vom akkuraten Scheitel bis zu den schwarz glänzenden Stiefeln und drehte mich dann wortlos um. Um Fassung und eine würdevolle Haltung bemüht, schritt ich, Mikel hinter mir herzerrend, in die entgegengesetzte Richtung. Ruhe und Frieden bot also auch der Grunewald nicht mehr.

Die Tage schleppten sich dahin, und die beständige Anspannung zermürbte. Nur die Treffen mit Peter rissen mich aus den nutzlosen Gedanken. Endlich traf der Brief von Fritz mit der ersehnten Nachricht ein. Er hatte in Chicago eine Anstellung als Röntgenologe in einem Krankenhaus erhalten. Ich solle sofort das Visum beantragen und zu ihm in die Vereinigten Staaten kommen. Wenn ich diesen Brief läse, befände er sich bereits auf dem Atlantik.

Ich machte einen Luftsprung und rief sofort Peter im Verlag an, um ihm von der Neuigkeit zu berichten. Wir hatten für diesen Fall einen Satz verabredet, dem ich um ein Haar die unverschlüsselte Nachricht hinzugefügt hätte. Gerade noch rechtzeitig biß ich mir auf die Zunge. Es schienen mich bloß noch Formalitäten von Fritz zu trennen. Ich ging sofort zur amerikanischen Botschaft, um das Visum zu beantragen, mußte jedoch erfahren, daß ich mich noch Monate würde gedulden müssen.

Der Sommer war mit großer Hitze gekommen. Alle Welt floh aus Berlin, und auch ich fuhr im August nach Heringsdorf, um am Meer und in der ausgelassenen Urlaubsatmosphäre ein wenig Kühlung und Vergessen zu finden. Mit Müh und Not fand ich für die kommenden vier Wochen ein gutes Hotelzimmer.

Den Nazis war auch in Heringsdorf nicht zu entkommen. Der Hitler-Gruß erscholl überall, insbesondere auf der Promenade zwischen Fremden, die nicht wußten, was sie voneinander halten sollten. Und auf den Sandburgen wehten Hakenkreuzfähnchen. Ich unternahm lange Strandspaziergänge in Richtung des ruhigeren und vornehmeren Bansin oder blieb auf dem Zimmer. Die bevorstehende Ausreise ließ mich nicht zur Ruhe kommen. Mehrere Male war ich versucht, früher zurückzufahren, um das lebenswichtige amerikanische Visum auf keinen Fall zu versäumen.

Doch ich blieb, wenn auch hin- und hergerissen und in ständiger Unruhe. Im Frühstücksraum des Hotels wurden jeden Morgen an den Nebentischen die neuesten Nachrichten erörtert. Mit halbem Ohr hörte ich hin. Polen wurde öfter genannt, offenbar gab es Spannungen mit dem kleinen Nachbarland. Doch worum es ging, begriff ich erst, als eine amtliche Bekanntmachung die Saison am 28. August plötzlich für beendet erklärte. Viele Züge, hieß es darin weiter, würden von diesem Tag an nicht mehr verkehren. Das bedeutete: Es gibt Krieg! Ich ging sofort auf mein Zimmer, um zu packen. Meine Ausreise in die USA war gefährdet.

Meine Wacht am Rhein

In einem völlig überfüllten Zug reiste ich nach Berlin zurück. Es wartete kein Brief auf mich. Zwei Tage später, am 1. September 1939, wurde im Radio die Nachricht verbreitet, Polen habe Deutschland überfallen, jetzt werde zurückgeschossen – eine infame Lüge. Wiederum wenige Tage später erhielt ich von der amerikanischen Botschaft das Visum. Zu spät. Ich war eingesperrt, die Grenzen waren geschlossen. Es gab kein Entkommen mehr! Fritz war unerreichbar für mich geworden.

Ich verlebte diese Tage wie unter einer Glasglocke. Hin und wieder drangen die niederschmetternden Kriegsnachrichten hindurch. In kürzester Zeit überrannte die Wehrmacht Polen, dessen Kavallerie den deutschen Panzern nichts entgegenzusetzen hatte. Schon Ende September, nach weniger als einem Monat, lag Polen zerstört am Boden.

Doch die Stimmung in Deutschland blieb merkwürdig gedämpft. Kein Siegestaumel brach aus. Wie von unsichtbaren Händen gelenkt, zogen die Deutschen ihre Uniformen an und taten ihre vermeintliche Pflicht, Marionetten ohne Gedanken und Gefühle.

Ich vergrub mich in der Einsamkeit und sah fast nur noch Peter, der unter den Ereignissen so sehr litt wie ich. Das einzige, was uns in dieser bedrückenden Situation ermutigte, waren die Kriegserklärungen Englands und Frankreichs an Deutschland unmittelbar nach dem Einmarsch in Polen. Die weiteren Ereignisse machten aber selbst diese Hoffnung zunichte. Hitler ließ sich nicht aufhalten. In wenigen Monaten des Jahres 1940 begann er einen Sturmlauf durch Europa: Dänemark und Norwegen wurden im Handstreich okkupiert, die Niederlande, Belgien und Luxemburg kapitulierten, Frankreich wurde besetzt. Als nächsten Schlag kündigte Göring eine Luftschlacht um England an, für die sich Goebbels von seinem Freund Norbert Schultze den passenden Marsch komponieren ließ: »Bomben auf Engelland« tönte zur Einstimmung aus allen Radios.

Ich weiß nicht mehr, ob es das Propagandatrommelfeuer war, das mich aus der Apathie aufschreckte. Aber der Rückzug in die Einsamkeit erschien mir plötzlich als Fehler. Ich mußte endlich etwas gegen den Terror unternehmen. Zu verlieren hatte ich ohnehin nichts mehr. Dafür war Hitler verantwortlich, und er sollte es möglichst teuer bezahlen.

Bei dem, was mir undeutlich vorschwebte, konnte mir nur mein Stiefvater Günter Bugge helfen. Aus Andeutungen wußte ich, daß er in seinem Betrieb gegen die Nazis tätig war; einmal hatte ich etwas von Flugblättern aufgeschnappt. Ich mußte nach Neu-Isenburg fahren, um seinen Rat einzuholen. Mein Unternehmen würde wohl einige Zeit in Anspruch nehmen, und so vermietete ich meine Wohnung für ein gutes halbes Jahr an ein jüngeres, seriös wirkendes Ehepaar.

Im Haus meiner Mutter und meines Stiefvaters herrschte gedrückte Stimmung. Die blutigen, erfolgreichen Kriege der Nazis gegen die Nachbarvölker deprimierten sie. Es war der Haß auf Hitler, der uns einander näher brachte als jemals zuvor und mich endlich auch den Schmerz vergessen ließ, den mir meine Mutter zugefügt hatte.

Sie und ihr Mann hatten alles getan, um ihre beiden Söhne im Geist der deutschen Kultur zu erziehen. Detlef, mein älterer Halbbruder, versuchte auf seine Art, sich den Nazis zu entziehen: Er war zum Trunkenbold geworden, der oft genug im Rinnstein gefunden wurde.

Gerd hingegen schlug sich wacker. In der Wehrmacht hatte er seine mathematischen Kenntnisse nicht rechtzeitig verborgen, so daß er in seiner Einheit die ballistischen Berechnungen durchführen mußte. Gerd hatte zwar darauf bestanden, einfacher Soldat zu bleiben. Doch gegen seinen Willen beorderte man ihn mit dem Argument, er müsse sich in der Truppe Respekt verschaffen, zu einem Offizierslehrgang. Dort fehlte er meist unentschuldigt. Seine Vorgesetzten kümmerten sich nicht darum und ernannten ihn trotzdem zum Leutnant. Gerd spottete nur über die Beförderung. Immerhin habe sie, gestand er mir augenzwinkernd, einen unleugbaren Vorteil: »Ich muß meine Stiefel nicht mehr selber putzen.«

Mein Stiefvater und ich sprachen über die aktuelle Lage in Frankreich und die bevorstehenden Luftangriffe auf England. Günter Bugge wußte von diversen JU 52-Staffeln, die am Rhein auf den Befehl warteten, »Bomben auf Engelland« zu werfen. Um das Schlimmste zu verhüten, meinte er, müsse man unbedingt mehr in Erfahrung bringen. Ich schlug ihm vor, mich bei den Offizieren beliebt zu machen, um den Zeitpunkt des Überfalls, vielleicht sogar die Angriffsziele in Erfahrung zu bringen. Er warnte mich natürlich, freute sich aber über meine Entschlossenheit.

Nach Günter Bugges Informationen waren die Staffeln

zwischen Köln und Koblenz am Rhein stationiert. Bacharach schien mir am besten für mein Vorhaben geeignet. In der alten, idyllisch am Fluß gelegenen Kleinstadt würde ich als Touristin, die sich die Sehenswürdigkeiten der Gegend ansehen wollte, nicht mehr auffallen als nötig – eine Loreley nicht für Schiffer, sondern für Piloten.

Nach der Ankunft mußte ich allerdings feststellen, daß die Zeit für Vergnügungsreisen offenbar vorüber war. Der Krieg hielt Fremde fern, weshalb ich mühelos ein Zimmer im besten Hotel am Platz erhielt, das in Friedenszeiten für seine ausgezeichnete französische Küche und die guten Weine berühmt gewesen war.

Dieser Ruf zog auch die Flieger an. Schon am ersten Abend füllte sich das Restaurant mit jungen Offizieren, die in ihren eleganten Uniformen blendend aussahen. Als einzige Frau im Saal und sicherlich auch einzige Fremde im Ort fiel ich sofort auf. Ich tat, als ob ich die neugierigen Blicke nicht wahrnähme. Früher oder später würden sie mich ansprechen, da war ich mir sicher.

Schon am zweiten Abend war es soweit. Am Tisch direkt neben mir saßen zehn Offiziere, die mich unauffällig beim Essen beobachteten. Als ich fertig war, kamen drei von ihnen herüber und fragten, ob ich ihnen die Ehre geben würde, ein Glas Wein an ihrem Tisch zu trinken. Ich willigte ein, froh, daß der Kontakt so mühelos hergestellt war.

Wir sprachen über dies und jenes, und ich merkte recht bald, daß sie zwar sehr freundlich, ansonsten aber oberflächlich und naiv waren. Über Politik konnte man mit ihnen nicht reden, nur über das Fliegen. Wenn es darum ging, kamen sie sofort ins Schwärmen und berichteten von ihren Ruhmestaten auf den Einsätzen in Frankreich. Wie mich das alles an Janek erinnerte!

Von nun an saß ich jeden Abend an ihrem Tisch und begann nach einigen Tagen eine Liaison mit einem der Offiziere – eine Mata Hari im eigenen Auftrag, neben mir mein stolzer Hans. Einmal, als zu späterer Stunde im Radio »Bomben auf Engelland« erklang, sang ich laut mit und fragte »meinen Helden« voller Begeisterung, wann er denn meine und seine Träume wahr werden lassen und Albion mit Bomben überziehen wolle. Doch Hans erhob nur die Stimme und erzählte zum hundertsten Mal, wie er es den Franzosen gezeigt hatte.

Auf meinem Hotelzimmer fragte er mich dann, offenbar mißtrauisch geworden, was mich eigentlich nach Bacharach geführt habe. Ich erzählte ihm ausführlich von den altdeutschen Schlössern und Burgen, die ich jeden Tag besichtigte, und mein Vortrag über einige architektonische Details schläferte seinen Argwohn schnell ein.

Tatsächlich hatte ich in den ersten Tagen fast jeden Morgen eines der meist leeren Rheinschiffe bestiegen und war zu den Sehenswürdigkeiten der Umgebung gefahren. Später, als es wärmer wurde und ich fast alles besichtigt hatte, entdeckte ich ein schmales, mit hohem Gras bewachsenes Uferstück, das von steilen Hügeln verborgen wurde und daher gänzlich unberührt schien. Das Wasser war an dieser Stelle seicht. Dorthin zog ich mich oft allein mit einem Buch und zum Schwimmen zurück. Abends im Restaurant traf ich dann wieder meine Flieger.

Der Sommer war sehr heiß, und die Spannung wegen des bevorstehenden Angriffs fast unerträglich. Die Wochen vergingen, aus der einen Liaison wurden zwei. Doch erfahren habe ich von keinem der Offiziere etwas.

Am 22. Juli 1940 stellte der Wirt das Radio lauter. Ein Sprecher verkündete mit triumphierender Stimme den Waffenstillstand von Compiègne. Frankreich mußte in jenem Eisenbahnwaggon die Kapitulation unterzeichnen, in dem 1918 die deutsche Heeresleitung die Niederlage akzeptiert hatte: Hitlers Revanche für den Ersten Weltkrieg. Die Flieger sprangen auf, ließen die Arme in die Höhe schnellen, brüllten »Heil Hitler« und orderten mit französischem Akzent Champagner, während mir, bevor ich wußte, wie mir geschah, die Tränen kamen. Fluchtartig verließ ich das Restaurant.

Auf meinem Zimmer stieg die Erinnerung an Paris in mir hoch, an die letzten Tage mit Fritz, meine letzten unbeschwerten Tage überhaupt. Damals glaubte ich noch, dem Schrecken entkommen zu sein. Das alles war nun endgültig vorbei. Statt dessen mußte ich dem makabren Siegestaumel dieser jungen, verblendeten Offiziere beiwohnen.

Am nächsten Tag hatte ich einige Mühe, mein Verhalten zu erklären. Insbesondere Hans tat sich mit scharfen Nachfragen hervor. Er schien eifersüchtig auf seinen Rivalen zu sein. Glücklicherweise wußte ich, wie er zu nehmen war, und sprach eindrücklich von einem mir lieben und in diesem Augenblick erfundenen Onkel, der im Ersten Weltkrieg unweit von Compiègne durch eine Mine ums Leben gekommen sei. Diese traurige Erinnerung habe mich in Tränen ausbrechen lassen, aber nun sei mein Lieblingsonkel gerächt – durch den Führer. Damit gaben sich die Flieger zufrieden.

Obwohl Frankreich gefallen war, zögerte Hitler noch immer mit dem Angriff auf England. Die Staffeln blieben in Bereitschaft, doch der Befehl ließ auf sich warten.

Nach wenigen Wochen wurden die Flieger schließlich an einen unbekannten Ort verlegt. Wir feierten eine schöne Abschiedsparty, und ein jeder war aus unterschiedlichen Gründen traurig.

Mein Aufenthalt in Bacharach war sinnlos geworden. Ich konnte allerdings nicht gleich nach Berlin zurückkehren, da die Grunewaldwohnung bis Ende des Jahres vermietet war, und so beschloß ich, den Rhein hinaufzufahren, um mir noch einige Städte anzusehen: Mannheim, Heidelberg und dann Karlsruhe.

Überall holten mich die furchtbaren Ereignisse ein. Mitte August 1940 begannen die Angriffe auf England, vor allem auf Ziele in und um London. Tag für Tag hörte ich von den Zerstörungen, die »unsere tapferen Helden der Lüfte« verursachten und mußte dabei an die jungen Offiziere aus Bacharach denken.

Schlimmer noch war, was ich auf meiner Reise mit eigenen Augen ansehen mußte. Alte und junge Menschen, Frauen, Männer und Kinder wurden mit Koffern in der Hand aus den Häusern geholt, auf Lastwagen gestoßen und zum Bahnhof gefahren. Ihr einziges Verbrechen: Sie waren Juden.

Später – wahrscheinlich erst nach dem Krieg – erfuhr ich, daß sich ähnliche Szenen in allen von den Deutschen besetzten Ländern ereignet hatten. Die Juden waren, genau wie Benno Cohn es prophezeit hatte, vogelfrei geworden. Sie wurden mit Viehwaggons in Ghettos und Konzentrationslager deportiert. Zigeuner und hunderttausende anderer Menschen teilten ihr Schicksal. Ich war fassungslos, daß die Welt tatenlos zuschaute. Warum boten nicht wenigstens die europäischen Nachbarstaaten den Verfolgten Schutz? Warum trieben sie, wie die Schweiz, viele, denen die Flucht schon geglückt war, gar wieder in die Hände ihrer Mörder zurück?

Hoffentlich war wenigstens Fritz in Sicherheit. Von ihm hatte ich seit Kriegsausbruch keinen Brief mehr erhalten. Manchmal packte mich die Angst. Wäre nicht der Krieg ausgebrochen, hätten wir uns in Chicago längst wiedergetroffen. Wie Fritz wohl in den Staaten leben mochte? Ob es ihm inzwischen gelungen war, sich eine neue Existenz aufzubauen? Manchmal hatte ich nicht einmal mehr sein Gesicht vor Augen. Es gehörte zu den glücklichen Friedenszeiten, und die schienen so unendlich weit weg.

In den letzten Tagen des zweiten Kriegsjahres kehrte ich nach Berlin zurück und nahm vis-à-vis vom Anhalter Bahnhof im Hotel Excelsior ein Zimmer. Bevor ich zum Abendessen meinen Tisch aufsuchte, rief ich meine Untermieter an und erinnerte noch einmal an die bereits brieflich angekündigte Übergabe der Wohnung am kommenden Morgen.

Nach den vielen Tagen in Hotelzimmern freute ich mich auf meine eigenen vier Wände, die Möbel und vor allem die Bücher, die auf mich warteten. Die Morgensonne beschien freundlich das unverändert wirkende Haus, und so stieg ich gutgelaunt die Treppen hinauf. Kaum hatte ich geklingelt, öffnete die Frau. Doch sie bat mich nicht hinein, sondern stellte sich in die Tür und fertigte mich auf dem Flur ab. Zuerst beschwerte sie sich über mein zu frühes Erscheinen, dann erklärte sie mir, sie dächten nicht daran auszuziehen. »Sie sind doch Halbjüdin, oder? Dann haben sie sowieso kein Recht auf die Wohnung. Die gehört jetzt uns.«

Erstaunt trat ich einen Schritt zurück. Eine bodenlose

Frechheit und natürlich an den Haaren herbeigezogen! So weit wie diese sauberen Volksgenossen gingen nicht einmal die Nazigesetze. Vor Gericht allerdings – das wußte diese Frau so gut wie ich – hätte ich vermutlich keine Aussichten gehabt, mein Recht zu erhalten. Offenbar ermutigt von meiner spürbaren Ohnmacht erhob sie die Faust und keifte triumphierend: »Sie werden noch von uns hören, mein Mann ist ein hohes Tier in der Rüstungsindustrie und außerdem Parteigenosse. Nur damit Sie Bescheid wissen, mit wem Sie's zu tun haben!« Mit diesen Worten schlug sie mir die Wohnungstür vor der Nase zu.

Mir schwindelte. Wie betäubt stieg ich die Treppe hinunter. Meine Wohnung von diesen elenden Parteiverbrechern auf eigene Faust arisiert! Die Bücher in Feindeshand, die Möbel zu ihrer freien Verfügung! Was sollte ich nur tun? Wohin gehen? Ich beschloß, erst einmal zum Hotel zurückzukehren, wo ich von dem erstaunt blickenden Portier das Zimmer der letzten Nacht erhielt. Dort saß ich auf dem Bett, ohne mich zu rühren. Der Abend verging in tiefer Depression. Ich hatte den letzten Halt verloren.

In den Händen der Gestapo

Früh um 6 Uhr weckte mich lautes, energisches Klopfen an der Zimmertür. Mir war klar, was das zu bedeuten hatte. Ich stand sofort auf, nahm rasch die Briefe von Fritz aus dem Koffer, zerriß sie in kleine Stücke und schleuderte sie aus dem Fenster, hinaus in die dunkle Nacht. Dann warf ich den Schlafmantel über und öffnete mit möglichst gelassener Miene die Tür. Tatsächlich stand die Gestapo im Flur: zwei Männer in schwarzen langen Ledermänteln, hohen Stiefeln und schwarzen Hüten. Sie drängten mich in das Zimmer zurück und traten ungefragt ein. »Sie sind verhaftet«, sagte der eine und blickte sich aufmerksam um, »ziehen Sie sich an und packen Sie ihre Tasche. Und zwar schnell!« Auf meine Frage, was der Grund für die Verhaftung sei, blieben sie stumm.

Rechts und links von den beiden eskortiert, verließ ich das Hotel und stieg in den obligaten schwarzen Mercedes. Wir fuhren in die Prinz-Albrecht-Straße zum Hauptquartier der Gestapo. Dort nahm man mir meine Tasche ab und führte mich in eine eiskalte Einzelzelle. Zum Glück hatte ich meinen warmen Pelzmantel behalten dürfen.

»Schutzhaft« nannten die Nazis meine Arrestierung. Ein merkwürdiges Wort. Mußte ich vor Deutschland oder Deutschland vor mir geschützt werden? In meiner Zelle befanden sich nur ein Bett mit einer armseligen Decke, ein Schemel, eine mehrfach gesprungene, übel riechende Porzellantoilette ohne Brille und ein kleines Waschbecken. Das Bett hatte schon bessere Zeiten gesehen, aus der dünnen Matratze stachen einige Sprungfedern hervor. Der Raum war so klein, daß ich mich kaum darin bewegen konnte. Dafür war die Zellendecke sehr hoch. Das schmale, hohe Fenster ging auf die Gleise der Straßenbahn hinaus. Alle paar Minuten ratterte und quietschte eine Bahn vorbei und ließ das Fenster erzittern. Das Gefängnis war offenbar nicht sehr groß und besonderen Verdächtigen vorbehalten.

Die schmutzigen, bröckelnden Wände waren mit den Spuren früherer Insassen bedeckt, vor allem den Blöcken von sechs senkrechten Strichen, gekreuzt von jeweils einem diagonalen. Sie standen für eine Woche Eingesperrtsein – die einzige Möglichkeit, die immer gleichen Tage zu zählen. Auch ich ritzte meine Striche in den Putz. Sie nahmen immer mehr Platz ein. Tag um Tag ging dahin.

Der Winter war eisig. Zweimal täglich erwärmte sich für kurze Zeit eine Röhre unter dem Fenster. Daran klammerte ich mich, bis sie wieder erkaltete. Ich begann meinen Pelzmantel, einen braunen, mollig warmen Biber, zu lieben.

Der einzige Mensch, den ich zu Gesicht bekam, war eine mürrische Wärterin, die mir morgens in aller Herrgottsfrühe eine dünne Brühe hereinreichte, angeblich Kaffee, dazu ungefähr 200 g dunkelbraunes Brot und gut 100 g Wurst. Natürlich schmeckte alles scheußlich, aber es war die Tagesration, und deshalb teilte ich sie mir gut ein. Brot und Wurst behielt ich lange im Mund und lutschte daran, um den nagenden Hunger wenigstens halbwegs zu besänftigen. Dann säuberte ich, so gut es ohne Hilfsmittel ging, die Zelle.

Ich war froh, allein zu sein. Eine Einzelzelle im Gefängnis, welch ein unbezahlbarer Luxus! Die Vorstellung, ich hätte den Raum mit anderen teilen müssen, läßt mich noch heute schaudern. Unter lauter Kriminellen womöglich wochenlang in dieser Enge eingepfercht sein zu müssen, mit nur einer Toilette und einem Waschbecken – ein grausamer Gedanke.

In der Einzelzelle hatte ich meine Ruhe. Ich brauchte sie dringend, um mich auf die verschiedensten Anschuldigungen vorzubereiten und mir die jeweils passenden Antworten zurechtzulegen. Zu verlieren hatte ich nichts mehr. Ich war überzeugt, daß mein Leben bald zu Ende ginge. So überkam mich nach einer Weile eine große Gelassenheit, und in den Nächten schlief ich so tief und fest wie niemals zuvor und niemals danach.

Nur die Schreie waren grauenhaft, die ohne jede Vorwarnung plötzlich durch die Gänge gellten. Ich begann jedesmal sofort zu zittern und stieß aus Verzweiflung den Kopf gegen die Wand, bis es ebenso unvermittelt wieder ruhig wurde. Kraftlos sank ich dann auf dem Bett zusammen, und es dauerte Stunden, bis ich wieder bei mir war. Nur dieser Dämmerzustand konnte die dunkel in mir vorhandene Panik lindern, und das Grübeln über die Ursachen der Schreie halbwegs verhindern.

Ich weiß nicht, wie viele Striche ich schon in den Putz gekratzt hatte, als ich endlich entschied, etwas zu tun und nicht mehr nur auf die nächsten Schritte der Gestapo zu warten. Meine einzige Chance lag darin, den Kontakt zur Außenwelt herzustellen. Nur jemand von draußen konnte mir aus dem Gefängnis helfen.

Meine Mutter und mein Stiefvater verfügten über keine Beziehungen in Berlin. Peter oder jeder andere der wenigen übriggebliebenen Freunde waren selbst gefährdet, sie durfte ich nicht in Schwierigkeiten bringen. Aber mir fiel ein Bekannter ein, dem ich im Laufe der Jahre immer wieder auf Gesellschaften begegnet war. Wir hatten jedesmal angeregt miteinander über kulturelle Themen geplaudert. Nach der »Nationalen Revolution« war er zu einer »very important person« geworden. Einmal hatte ich zum Tee bei ihm gesessen, als ein völlig aufgelöster Mann in das Zimmer kam und ihn zu sprechen verlangte. Er ging sofort mit ihm hinaus und war anschließend sehr angespannt. Ob er jemandem geholfen hatte, der in Bedrängnis geraten war?

Diesem Mann wollte ich schreiben. Durch seine Position war er hinreichend geschützt und konnte mir, sofern er es wollte, aus der gefährlichen Lage helfen. Es dauerte mehrere Tage, bis ich die Gefängniswärterin endlich dazu überredet hatte, mir Schreibzeug zu geben. Ich schilderte meinem Bekannten eindringlich meine aussichtslose Situation und gab den Brief der Wärterin mit der Bitte, ihn weiterzuleiten. Ob er ihn je erhalten hat, habe ich nie erfahren. Vielleicht hat er im Verborgenen an den Fäden meines Schicksals gesponnen.

Jedenfalls holten mich zwei Gestapomänner nach ungefähr drei Wochen aus der Zelle. Wir fuhren zum Bahnhof Alexanderplatz, wo auf einem Gleis ein Zug stand. Der Bahnhof war belebt. Von den anderen Bahnsteigen aus konnte jedermann verfolgen, wie die Gestapo Menschen in den Zug verfrachtete. Doch niemand sah hin.

Ich wurde an den anderen Häftlingen vorbei zum Erste-Klasse-Waggon geführt und in einem verdunkelten Abteil eingeschlossen. Wieder kam ich in den Genuß des einzigen Luxus, den das nationalsozialistische Deutschland seinen Gegnern zu bieten hatte: Einzelhaft, diesmal auf Rädern, die für den Sieg rollten. Offenbar war auch ich eine »very important person«.

Der Zug fuhr bald ab, und durch die Ritzen der nicht zu öffnenden Jalousie drang helles Tageslicht. Wir hielten oft, mal für längere Zeit, dann wieder nur kurz. Immer war in der Stille das Geräusch von Flugzeugen zu hören, wahrscheinlich englischen.

Am Abend wurde ich in Hannover aus dem Abteil geholt und in ein Gefängnis gefahren. Die Gestapomänner stritten sich mit dem Gefängnisdirektor, weil keine Einzelzelle frei war. Offenbar hatten sie genaue Instruktionen für meine Behandlung erhalten. Schließlich wurde ich zu einer etwa fünfunddreißigjährigen Kriminellen in die Zelle geführt, einer sehr primitiven Person, die mir in einem fort versicherte, daß ihr die drei Jahre Gefängnisstrafe nichts ausmachen würden. Nach der Entlassung sei sie eine reiche Frau, das Diebesgut liege an einem sicheren Ort.

Ich war müde und schlief über ihrem Gerede ein. In der Nacht weckte uns donnernder Lärm. Bomben detonierten in unmittelbarer Nähe, darüber lag das bedrohliche Dröhnen von Fliegerverbänden. Es war ein großer Luftangriff, doch die Wärter hatten es offenbar nicht für nötig gehalten, uns in den Bunker zu führen. Wir waren den Bomben hilflos ausgesetzt und trommelten in panischer Angst mit jedem verfügbaren Gegenstand gegen die eisernen Zellentüren. Der Lärm war infernalisch und übertönte die Flugzeuggeräusche.

Schließlich hatten die Wärter ein Einsehen und brachten uns in einen niedrigen Bunker vor dem Gefängnis. Wir saßen dichtgedrängt auf dem Boden, viele zitterten vor Angst. Selten habe ich so verschiedenartige Frauen an einem Ort zusammengepfercht gesehen. Vielen von ihnen war jedes Verbrechen zuzutrauen, aber einige hatten so fein geschnittene Gesichter, daß sie gänzlich fehl am Platze wirkten.

Ich erinnere mich besonders an eine Gruppe junger polnischer Mädchen, von denen ich meine Augen nicht abwenden konnte. Ihre kahlen Köpfe glänzten im Schummerlicht der Notbeleuchtung, man hatte ihnen die Haare abrasiert. Bei aller Tragik, die sie umgab, wirkten sie größtenteils zart und schön. Angeblich hatten sie deutsche Soldaten verführt. Jetzt sollten sie in Waffenfabriken arbeiten.

Niemand im Bunker sprach ein Wort. Dichter Schweißgeruch erfüllte die stickige Luft. Ab und zu hörte man ein leises Wimmern, manche weinten und schrien laut auf, wenn eine Bombe in der Nähe detonierte und der Boden bebte. Jeder von uns glaubte, sein letztes Stündlein habe geschlagen. Es war die Hölle. Aber diesmal war es die Hölle auch für jene, die anderen seit Jahren die Hölle bereiteten.

Als nach ein, zwei Stunden die Entwarnung kam, wurden wir in unsere Zellen zurückgeführt. Am nächsten Tag brachte mich die Gestapo bei Morgengrauen im Privatwagen zum Bahnhof; die anderen Gefangenen mußten einen Bus besteigen. Auf der Fahrt sah ich zu meiner großen Freude, daß geschwärzte Trümmerreste von Häusern die Straßen säumten. Wir waren genötigt, ausgebrannte Autos und Straßenbahnen zu umfahren. An die mehr oder weniger unschuldigen Opfer dachte ich damals nicht. Die Zerstörungen begriff ich als gerechte Strafe für die

Verbrechen der Deutschen an den Juden. Mein Haß war grenzenlos.

Der Bahnhof reckte Metallrippen in die Luft. Darüber war der Himmel schmutziggrau wie geschmolzenes Blei. Eskortiert von einem Gestapomann stakste ich vorsichtig über dem mit Splittern übersäten Bahnsteig zu den anderen Gefangenen. Alle Gleise lagen leer da. Wir zitterten in der eisigen Kälte und wohl auch angesichts der trostlosen, vollkommen leblosen Szenerie.

Dann erklang von fern, noch undeutlich, wie die störrische Beteuerung von Überlebenden, das Lied »Das kann doch einen Seemann nicht erschüttern«. Es mußten zahlreiche Männer sein, die Michael Jarys berühmten Schlager zwar ungeübt, aber dafür um so lauter sangen. Sie näherten sich schnell, begleitet vom rhythmischen Splittern des Glases unter den Schuhsohlen. Dann marschierte eine Gruppe von sechzig Sträflingen in gestreifter Kleidung unter der Aufsicht eines SS-Trupps die Treppe zu unserem Bahnsteig herunter. Sie zogen an uns vorüber und stellten sich am entgegengesetzten Ende der Plattform auf. In der Kälte stieg Dunst über ihnen auf.

Als ich mich abwandte, fiel mein Blick auf einen Wehrmachtsoffizier. Flankiert von zwei Schergen, an die seine Hände gefesselt waren, tauchte er hinter den Sträflingen auf und blieb in tadelloser Haltung ein wenig abseits stehen. Er sah blendend aus, das allein hob ihn schon aus der Masse heraus. Stolz schaute er zu mir herüber und tat mit einem verächtlichen Lächeln kund, daß ihn die ganze Situation nichts anging. Unsere Blicke kreuzten sich kurz, und ich lächelte auf dieselbe Weise zurück. So standen wir alle auf dem Bahnsteig und warteten im fahlen Licht auf den Zug – eine deutsche Gesellschaft im Februar 1941.

Endlich fuhr ein Zug ein, und wieder wurde ich in einem Abteil erster Klasse eingeschlossen. Diesmal befand sich eine Toilette darin, die Fahrt würde also länger dauern. Meine Stimmung war gelassen, und bei jedem Halt, bei jedem Flugzeuggeräusch, jubelte ich innerlich. Ich wußte, Hitler würde den Krieg verlieren. Die Luftangriffe waren vielleicht schon der Anfang vom Ende. Zumindest brachten sie die nationalsozialistische Unterdrückungsmaschinerie zum Halt, wenn auch vorerst nur für Minuten und halbe Stunden.

Nach ungefähr drei Tagen wurde die Abteiltür aufgeschlossen. Das helle Sonnenlicht ließ mich die Augen zusammenkneifen. Ich fühlte mich wie neugeboren, als ich durch den schmalen Gang zur Waggontür ging. Dort blieb ich kurz stehen. Der Bahnsteig war voller Polizisten, die zu mir aufsahen. Ich staunte über die Männer in den klobigen Stiefeln, deren Uniformen im Gegenlicht glänzten. Dann konnte ich nicht mehr an mich halten und lachte laut los. Gut dreißig Polizisten als Eskorte – für mich, eine junge Frau im Pelz!

Um Haltung bemüht, schritt ich die Stufen hinunter und auf den Gefangenentransporter zu. »Hauptbahnhof Darmstadt« stand auf einem Schild. Seit meinem achten Lebensjahr war ich nicht mehr in der Stadt gewesen, in der ich mit dem Tanzen begonnen hatte.

Das Gefängnis aus rotem Backstein war klein und armselig, aber menschlicher als sein Berliner Gegenstück. Die Wärterin schloß eine Einzelzelle für mich auf, und erneut dankte ich dem Himmel dafür, der durch das kleine vergitterte Fenster zu sehen war. Morgens gab es den üblichen Muckefuck, dazu ein Stück trockenes Schwarzbrot, mittags eine Art Kartoffelbrei gemischt mit Apfelmus.

Die Wärterin schloß mich in ihr Herz und kam jedesmal, nachdem sie das Essen ausgeteilt hatte, zurück, um mir die übriggebliebenen Reste zu geben. Sie war uralt und offenbar kaisertreu, für die Nazis hatte sie nichts übrig.

Wieder ritzte ich Striche in die Wand. Kein Mensch betrat meine Zelle, und das Gefängnis lag Tag für Tag in eiserner Stille da. Wahrscheinlich wollte man mich zermürben. Aber gerade die Isolation machte mich stark. Alles andere hätte mich aufgerieben. Ich ließ in aller Ruhe die letzten Jahre vor meinem inneren Auge Revue passieren und erfand tausend unverfängliche Erklärungen. Die Gestapo sollte bekommen, was sie verdiente: ein lückenloses Lügenmärchen.

Wochen vergingen, in denen nur die Wärterin meine Zelle betrat. Am liebsten hätte ich mir die Zeit mit Lesen vertrieben, doch meine Bitte um ein Buch wurde abgelehnt. Als ich allerdings nach der Bibel verlangte, erhielt ich sie zu meiner größten Verwunderung. Wahrscheinlich hatte man in dem kleinen Gefängnis noch nicht begriffen, daß Hitler Wotan und Konsorten anbetete. Zum ersten Mal las ich im Buch der Bücher und war zutiefst beeindruckt, besonders von der Bergpredigt mit ihrer Mahnung zum Gewaltverzicht. Die tröstlichen Worte der Bibel halfen mir durch die sich dahin schleppenden, einsamen Tage.

Nach einem Monat holte mich ein alter Gefängniswärter aus der Zelle. Wir gingen zum großherzoglichen Neuen Palais am Wilhelminenplatz, dem Sitz der Gestapo. Die Straßen Darmstadts waren bis auf einige Pferdekarren und die schwarzen Mercedes der Nazis leer. Ich hatte, obwohl die Sonne schien, den Eindruck, eine dunkle

Wolke lagere drückend über der Stadt. Der Alte blickte mich mehrmals voller väterlicher Zuneigung von der Seite an und fragte kopfschüttelnd: »Warum haben Sie das nur getan?« Ich wußte leider nicht, wovon er sprach.

Die Leute sahen seine Uniform, blieben stehen und blickten mich fragend an. Eine schöne junge Frau im Pelz – das entsprach nicht dem üblichen Bild von einer Volksfeindin, und um sie noch mehr zu verwirren, bemühte ich mich um eine würdevolle Haltung. Auf diese Weise wurde aus dem Spießrutenlauf ein kleiner Kampf, den ich für mich entschied.

In einem Saal des Neuen Palais erwarteten mich fünf oder sechs ältere Wehrmachtsoffiziere mit zahlreichen Orden auf der Brust. Ihnen gegenüber, an der anderen Wand, saßen ebenso viele Gestapoleute. Auch auf ihren schwarzen Uniformen glitzerten Orden und Ritterkreuze mit Eichenlaub, Schwertern und Brillanten. Dieses Lametta hatte sich Hitler ausgedacht. Gemessen an der großen Anzahl von »Goldfasanen« galt ich wohl als eine »very important person«.

Alle Augen hatten sich mir zugewandt. Ich wurde in die Mitte des Saales zu einem Stuhl geleitet, auf den ein Scheinwerfer gerichtet war. Dort blieb ich aufrecht stehen, noch immer im Pelz. So mußte sich eine Tigerin fühlen, wenn man sie nach Wochen hungrig aus dem Käfig läßt.

Bevor irgend jemand etwas sagen konnte, entschloß ich mich zum Angriff. An die Wehrmachtsoffiziere gewandt, erzählte ich, daß ich in diesem Palais als Kind viele schöne Stunden verbracht hatte. »Warum ich jetzt hier bin, verstehe ich nicht. Aber eines versichere ich Ihnen: Ich bin unschuldig!«

Niemand hinderte mich weiterzusprechen, und so drehte ich mich zu den Gestapoleuten um: »Sollten Sie anderer Meinung sein, dann erschießen Sie mich wenigstens wie einen Soldaten. Erweisen Sie mir diese letzte Ehre. Immerhin waren meine Vorfahren mütterlicherseits schon unter Friedrich dem Großen Offiziere.«

Mein theatralischer Auftritt und meine Erscheinung hatten, soviel konnte ich sehen, ihre Wirkung bei einigen der Herren, insbesondere bei den Wehrmachtsoffizieren, nicht verfehlt. Ein Gestapomann, wohl ein Sturmbannführer, war dagegen wütend hochgefahren. Mit ausladenden Schritten kam er auf mich zu, baute sich dicht vor mir auf und drohte mir mit gepreßter Stimme: »Was führen Sie sich so auf? Hat die Einzelhaft Ihrem Gehirn so zugesetzt, daß Sie uns hier eine Schmierenkomödie vorführen müssen? Sie sind in Schutzhaft, verdächtig des Hochverrats und der Rassenschande! Sie sind eine dreckige Halbjüdin und beschmutzen mutwillig das Ansehen des tapferen deutschen Soldaten! Antworten Sie, wenn ich frage. Ansonsten halten Sie gefälligst den Mund.«

Er drehte sich um und winkte einem Adjutanten, der daraufhin den Scheinwerfer anstellte und hinter einem kleinen Schreibtisch Platz nahm. Das Verhör drehte sich ausschließlich um meinen Aufenthalt in Bacharach. Der Sturmbannführer wußte alles über meinen Spionageversuch und versuchte mich einzuschüchtern, um ein Geständnis zu erpressen. Ich leugnete standhaft und nutzte jede Gelegenheit, mein brennendes Interesse für die deutsche Kultur und Geschichte am Rhein glaubhaft zu machen. Daß die Flieger abends mit mir ein Glas Wein trinken wollten, sei schließlich nicht meine Schuld gewesen.

Als der Gestapomann fortfuhr, mir Spionage vorzuwerfen, wandte ich mich den Wehrmachtsoffizieren zu: »Die jungen, begeisterten Offiziere waren mir sehr sympathisch. Mit zwei dieser furchtlosen Männer hatte ich eine Affäre, das ist alles. Wir haben nie über irgend etwas Ernsthaftes gesprochen. Die Herren nahmen ihre Geheimhaltungspflicht sehr ernst, und ich habe ja auch gar nichts von ihnen wissen wollen. Aber möglicherweise hat mich einer der beiden aus Eifersucht denunziert.«

Darauf ging der Sturmbannführer mit keinem Wort ein. Auch er wandte sich an die Wehrmachtsoffiziere und verbreitete sich herablassend darüber, wie ich mich heimtückkisch in den Kreis dieser arischen Männer geschlichen habe – da müsse es einer Halbjüdin wie mir ja gut gegangen sein. »Und dann«, schrie er plötzlich, »dann zeigt sie ihr wahres Gesicht: Sie bricht in Tränen aus, als im Radio der Sieg des deutschen Volkes über Frankreich verkündet wird. Sie trauert mit dem Feind und verläßt den Tisch derer, die sie ins Verderben stürzen will.«

Ich schwieg und schüttelte nur den Kopf. »So ein Unsinn. Einer meiner Onkel ist im Ersten Weltkrieg bei Compiègne gestorben, diese traurige Erinnerung hat mich weinen lassen«, erwiderte ich, wieder an die Wehrmachtsoffiziere gewandt. Außerdem sei ich erschüttert gewesen, wieviel deutsches Blut für die Niederringung Frankreichs vergossen werden mußte. Endlich konnten die Offiziere eine gewisse Bewegung nicht verhehlen.

Der Sturmbannführer kam auf die Affären zurück. Rassenschande habe ich betrieben, zwei arische Männer verführt. »O Gott«, sagte ich leise und atmete hörbar aus. Auf dieses Vergehen stand seit den Nürnberger Gesetzen der Tod. Ich spielte mein letztes As aus: »Ich habe niemanden verführt. Alle hätten am liebsten etwas mit mir gehabt. Und fragen Sie mal, warum. Jeder von ihnen wußte, daß ich ein Mischling bin. Ihr Denunziant hielt sich dennoch nicht an die Rassengesetze. Wie können Sie unter solchen Umständen seiner feigen, unsoldatischen Aussage Glauben schenken?«

Die älteren Wehrmachtsoffiziere waren sichtlich betreten, und einer von ihnen bat, das Verhör zu beenden. Kurz darauf wurde ich in meine Zelle im Rundeturmgefängnis zurückgebracht.

In den folgenden Wochen passierte wieder nichts. Der alten Wärterin schien ich leid zu tun, so daß ich den Mut faßte, sie um ein Stück Papier und einen Bleistift zu bitten. Ich hatte mich an die Familie Merck erinnert, Eigentümer eines großen Chemiewerks in Darmstadt, mit deren Tochter ich oft Ball gespielt hatte, wenn sie in der Tanzschule zu Gast waren. Nun wollte ich sie um Hilfe bitten.

Wahrscheinlich ist auch dieser Brief nie angekommen. Drei lange Wochen mußte ich warten, bevor ich wieder zum Verhör vor Wehrmachtsoffizieren und Gestapoleuten in das Neue Palais geführt wurde. Der Gestapomann stellte sich als Sturmbannführer Buchholz vor und versuchte erneut, mich einzuschüchtern und ein Geständnis zu erpressen. Ich blieb jedoch bei meiner Geschichte, woraufhin man mich unverrichteterdinge wieder in das Gefängnis zurückschickte.

Wochen später wiederholte sich das Ritual. Dieses Mal war ich jedoch mit Buchholz allein. Die Wehrmachtsoffiziere hatten anscheinend das Interesse an meinem Fall verloren. Das war ein gutes Zeichen, sie hatten meine Geschichte offenbar akzeptiert und maßen meinem Fall keine

Karl Schenker fotografierte mich 1934 für die Zeitschrift »Junge Linie«. Kurz darauf durfte ich nicht mehr als Modell arbeiten, weil ich den Nationalsozialisten als »Halbjüdin« galt.

Auf dem Rittergut in Peskogen fühlte sich meine Großmutter oft einsam.
Bücher, ihr Lieblingstrakehner und ein Barsoi spendeten ihr Trost.

In der Tanzschule von Isadora und Elizabeth Duncan trugen wir einfache selbstgenähte Kleider. Beide Fotos sind in Tarrytown aufgenommen. Auf dem oberen bin ich 6, auf dem unteren ungefähr 8 Jahre alt (links neben Dora, Harriett und Anna).

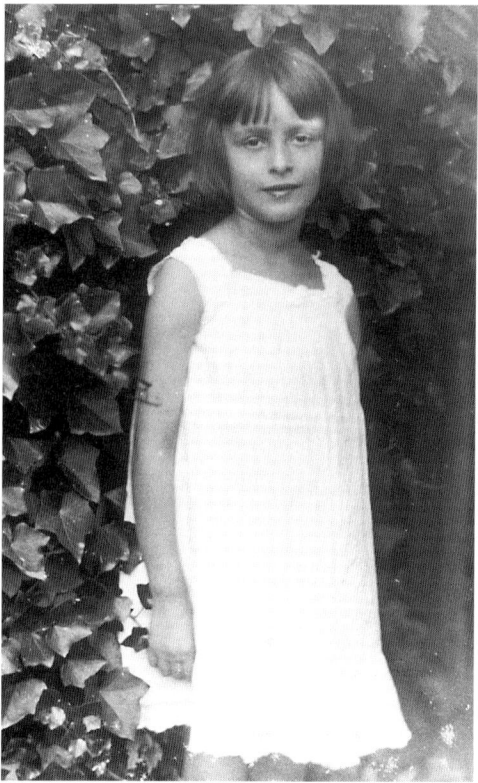

Elizabeth Duncan kümmerte
sich auch um unsere Bildung.

In Tarrytown lief ich meist allein
durch den riesigen, halb verwilderten Park.

Isadora Duncan und ihre Kinder, die tragisch ums Leben kamen.

Nijinski, der Gott des Tanzes, dem ich nach seiner Glanzzeit noch einmal begegnete.

Der Konstanzer Maler
Walter Waentig malte
und zeichnete mich
mehrere Male in seinem
Haus am Untersee.

Bei meinem einzigen Auftritt in
Konstanz sah mich der Intendant des Theaters von Barmen
und verpflichtete mich als Solotänzerin.

Anfang der Dreißiger Jahre verdiente ich recht gut als Fotomodell. Diese Aufnahmen stammen von Karl Schenker, mit dem ich am liebsten zusammenarbeitete.

Diese Aufnahme aus dem Jahr 1935 im Abendkleid gefällt mir besonders gut.

phot. Yva, Berlin W 10

Die russische Tänzerin Sonja Kogan.

SPEMANNS MUSIK-KALENDER — FEBRUAR 1931

Für Spemanns Musik-Kalender posierte ich mit einer für mich untypischen Frisur.

Ein mir wohl vertrauter Anblick: Heino am Klavier, konzentriert und entspannt zugleich.

Mitten im Krieg genoß ich mit Heino unbeschwerte Stunden an der Ostsee.

Die prachtvollen Fassaden der Friedrichstraße täuschten: In ihrem Schatten boten sich während der Inflationszeit, wie ich zu meinem Entsetzen feststellen mußte, zahlreiche verarmte Frauen feil.

Kaum zu glauben, daß wir uns in dieser traurigen Mondlandschaft am Potsdamer Platz zurechtfanden.

Die Erschöpfung ist uns noch anzusehen, aber das Dritte Reich und der Krieg sind überstanden.

Zwei glückliche Eheleute im August 1945 vor dem Standesamt Berlin-Schmargen-dorf.

Meine Freundin Victoria von Schack war eine gesuchte Innenarchitektin und feierte die glanzvollsten Parties Berlins.

Rosel Rauch sang, begleitet von Heino, Wiener Lieder und verdrehte General Eisenhower damit den Kopf.

Ich saß oft mit Heino am Klavier. Auf dem Foto unten übt er mit Sängerinnen für die Revue »Melodie der Straße«.

Hunde waren uns immer treue Gefährten.

Nur einmal konnte ich Heino zu einer großen Mittelmeerreise überreden. Der Kamelritt vor der Sphinx gehört zu meinen schönsten Erinnerungen.

Unsere Villa am Hundekehlesee war ein Paradies inmitten der Großstadt. Im Keller richtete Heino ein Tonstudio ein.

Ein befreundeter Komponist
ließ eine Skulptur von Heino
mit Lyra fertigen. Der Anblick
der Statue in unserem kleinen
Park bereitete Heino jedoch so
großes Unbehagen, daß wir sie
heimlich im See versenkten.

Der Blick von der Villa in den
Park und auf den See.

große Bedeutung mehr bei. Allerdings stand ich nun der Gestapo allein, ohne einen Verbündeten gegenüber.

Es blieb alles beim alten. Auf dieselben Fragen seinerseits gab ich die längst bekannten Antworten, und jeder von uns zeigte Reaktionen, die dem anderen fast schon vertraut waren. Dann öffnete der Sturmbannführer überraschenderweise eine Tür und wies mit großer Geste auf das geschmackvoll mit alten Möbeln, Bad und Zentralheizung eingerichtete Zimmer dahinter: »Ihre Zelle ist sicher eiskalt«, sagte er scheinbar mitfühlend. »Ziehen Sie doch hier ein. Wie lange haben Sie schon nicht mehr gebadet? Es ist alles vorbereitet, und Sie werden es nicht bereuen.« Ich zögerte keinen Augenblick und lehnte, ohne eine Miene zu verziehen, ab. Er gab sofort die Pose des Gönners auf, lehnte sich auf dem Schreibtischstuhl zurück, musterte mich feindselig und ließ mich in meine karge, ungeheizte Zelle zurückführen.

Eines Morgens, es waren vielleicht zwei weitere Wochen vergangen, sperrte meine gute alte Gefängniswärterin die eiserne Tür auf und führte mich zur Kleiderkammer. »Sie sind frei«, hieß es dort, allerdings müsse ich mich in der Nähe von Darmstadt aufhalten und einmal in der Woche persönlich bei Sturmbannführer Buchholz melden. Warum ich auf einmal entlassen wurde, weiß ich bis heute nicht.

Vor dem Rundeturmgefängnis mußte ich blinzeln. Die Sonne strahlte, der Himmel leuchtete in tiefem Blau, und die Menschen gingen wie immer ihren Besorgungen nach. Ich stand plötzlich unter ihnen, und niemand schaute mir nach. Doch auf dem Weg zum Bahnhof verflog das erste Glücksgefühl rasch. Zwar war ich aus dem Gefängnis entlassen worden, aber was für eine Freiheit erwartete mich?

Die Freiheit einer Halbjüdin in der arischen Volksgemein-
schaft, die Freiheit einer Ausgestoßenen, deren Leben den
nationalsozialistischen Teufeln wenig galt. Ich war eine
Feindin und würde von nun an wie in der Zelle die Tage
zählen – bis die des »Tausendjährigen Reiches« gezählt
waren.

Freiheit auf zwei Rädern

Meine Mutter und ihr Mann waren von meiner Inhaftierung nicht benachrichtigt worden. Als sie von ihr erfuhren, bestärkte es sie in ihrem Haß auf die Nazis. Als feinsinnige Menschen liebten sie das Land der Dichter und Denker und sehnten den Augenblick herbei, in dem die Barbarei, die Deutschland erfaßt hatte, endlich ein Ende nehmen würde.

Danach sah es jedoch nicht aus. Zu meinem Entsetzen hörte ich in Neu-Isenburg, daß mittlerweile ganz Europa unter Hitler ächzte. Der Balkan war besetzt, die Wehrmacht griff Moskau und Leningrad an, sogar Teile von Nordafrika hatte der »Wüstenfuchs« Rommel in seiner Hand. Die Erfolge des Führers waren niederschmetternd.

Meine Mutter und ihr Mann waren gut informiert, weil sie wie viele andere Deutsche die Berichte der BBC hörten. Das Abhören des »Feindsenders«, der in deutscher Sprache über Nazigreuel und Kriegsereignisse berichtete, wurde mit mehreren Jahren Gefängnis bestraft. Deshalb gingen sie jeden Abend nach dem Essen in eine kleine, fensterlose Kammer, wo unter einer Wolldecke verborgen das Radio stand.

Seit meiner Ankunft mußten sie noch vorsichtiger sein. Ich hatte das lähmende Gefühl, daß jeder meiner Schritte beobachtet wurde. Meine Beschatter waren zwar unsichtbar, doch zweifellos gab es sie. Wahrscheinlich hatte man mich ohnehin nur entlassen, um herauszubekommen, ob ich irgendwelche Verbindungen zu Widerstandsgruppen hatte.

Ich war ratlos und mochte das Haus kaum verlassen, bis ich eines Tages in einem Schaufenster ein Fahrrad sah. Damit würde ich den Spitzeln die Verfolgung erschweren. Das Radfahren brachte ich mir schnell bei und unternahm dann, um mir die Zeit zu vertreiben, kleine Ausflüge durch die Wälder und umliegenden Dörfer. Meine Häscher sah ich nie.

Jedesmal, wenn ich mich bei Sturmbannführer Buchholz melden mußte, bat ich, nach Berlin rückkehren zu dürfen. Nach Wochen quälenden Wartens erhielt ich endlich die Erlaubnis. Mit meinem Fahrrad bestieg ich den Zug und rief in Berlin noch vom Bahnhof aus in meiner Wohnung an, um die Parteigenossen zum Auszug zu bewegen. Kaum hatte ich jedoch meinen Namen genannt, da raunzte mich der Mann schon an, ich hätte als Halbjüdin keinerlei Ansprüche. Dann war die Leitung tot.

Ich mietete mich in einem kleinen Hotel ein und ging noch einmal die Liste derer durch, die ich um Hilfe bitten könnte. Von den zahlreichen Freunden war fast niemand mehr in Berlin. Peter Suhrkamp wollte ich nicht gefährden. Sein Telefon würde sicher abgehört. Anders sah die Sache bei dem Maler Heinrich Heuser aus. Bei ihm mußte ich zwar vorsichtig sein, er war ebenfalls Halbjude. Aber der sympathische und stets freundliche Heini stand mir von allen immer noch am nächsten.

Er freute sich, von mir zu hören, und es schien ihm, den Umständen entsprechend, gut zu gehen. Er hatte seine Nische gefunden und fertigte inzwischen zahllose Porträts der betuchten Berliner Gesellschaft, die recht gut bezahlt wurden und ihm in diesen Kreisen zu Ansehen verhalfen. Heini nannte mir den Namen eines Freundes, einem Lehrer für Keramik an der Kunstakademie, der mir mit einem möblierten Atelier in der Lützowstraße aushalf.

Es lag zufälligerweise schräg gegenüber vom S. Fischer Verlag, und Peter kam häufig herüber, wenn er nicht gerade auf Reisen war und Hermann Hesse in Montagnola am Luganer See besuchte. Peter war neben Heini der einzige Mensch, den ich sah. Ich ging möglichst nicht auf die Straße und vertiefte mich statt dessen in die Bücher, die Peter mir mitbrachte.

Dennoch hatte sich meine Rückkehr offenbar unter den wenigen Menschen, die mich kannten und noch in Berlin waren, herumgesprochen. Einige klingelten gar, als sei es das Normalste von der Welt, mich zu besuchen. Ich machte die Tür nur auf, wenn Peter unser Klopfzeichen benutzt hatte. Es war für uns alle zu gefährlich, die Gestapo hatte sicher ein Auge auf mich.

Einmal sah ich ein Ehepaar vor dem Haus stehen und zu dem Fenster hinauf blicken, wo ich mich im Dunkeln hinter der Gardine verbarg. Diese bedauernswerten Menschen! Ich mußte mich vor ihnen verstecken. Solche peinigenden Szenen wiederholten sich. Ich erkannte Bekannte und Freunde aus dem Umkreis des Palästina-Amts, die sich zu mir wagten. Sie alle trugen einen Davidstern auf den Mänteln, jenes furchtbare Stigma, das einen Graben zwischen Deutschen und Deutschen zog.

Nach einigen Wochen wurde mir das Atelier ohne Angabe von Gründen gekündigt. In der Not fiel mir ein, daß zu meiner von den Parteigenossen besetzten Wohnung im Grunewald ein kleines Turmzimmer gehörte.

Fritz und ich hatten es als Gästezimmer eingerichtet. Es war sehr klein, besaß aber fließend Wasser, und ich hatte den Schlüssel dazu. Gegen eine geringe Miete konnte ich auch das Bad des freundlichen Hauswartehepaares benutzen, das sich zudem bereit erklärte, Telefonanrufe für mich entgegenzunehmen. Jetzt durfte ich nur nicht meinen reizenden Untermietern über den Weg laufen.

Mein Asyl, das ich im beginnenden Winter bezog, war klein und abgeschieden. Nur ein Radio verband mich mit der Welt vier Stockwerke unter mir, in der weiterhin deportiert und gemetzelt wurde. In Rußland rückten die deutschen Truppen weiter vor, berichtete die BBC. Meine Stimmung entsprach den verheerenden Nachrichten. Sogar der große Knut Hamsun, dessen Roman »Hunger« ich verschlungen hatte, machte einen Kotau vor Hitler. Nicht einmal mehr gute Schriftsteller schienen der Versuchung durch den Teufel zu widerstehen.

Es fiel mir zunehmend schwer, einkaufen zu gehen. Die Nationalsozialisten hatten den Alltag inzwischen auf eine Weise durchdrungen, die unerträglich war. Am schlimmsten war die Atmosphäre dumpfer Denunziationsbereitschaft. Aus jedem Gesicht grinste mir hämisch der völkisch gesinnte Arier entgegen: Du bist keine von uns, stellte er lauernd fest, was tust du hier? Warum trägst du keinen Stern oder wenigstens einen halben? Warum bist du noch nicht auf einen der Lastwagen gestiegen, die dich an den Ort bringen, von dem du niemals zurückkehren wirst? Warum belästigst du uns weiter mit deiner schmutzigen jüdischen Anwesenheit?

Wahrscheinlich stand ich noch unter Schock. Ich fühlte mich nicht mehr nur beschattet, sondern zunehmend in die Enge getrieben. Die Spitzel sah ich nie, die Deutschen

aber mehrmals in der Woche, und direkt unter mir lebten zwei Denunzianten und Privatarisierer ohne jedes
Schuldgefühl in meiner Wohnung.

Im Sommer wurde es heiß, und ich lag meist auf dem
Dach des Hauses, wo mich niemand sehen konnte. Auf
die Straße ging ich fast nicht mehr. Peter war in der
Schweiz, und andere Menschen wollte ich nicht sehen.
Wie Mahlsteine gingen mir die letzten Siegesmeldun-
gen der Wehrmacht im Kopf umher. Lesen konnte ich
schon lange nicht mehr. Also döste und träumte ich.
Manchmal träumte mir, mein Turmzimmer habe sich in
die Lüfte erhoben. Um mich herum war dichter schwarzer Rauch, und ich konnte die Erde nicht mehr sehen.
Dann riß der Rauchvorhang, und mit weit geöffneten
Augen erblickte ich verbrannte Dörfer. Alte und junge
Frauen lagen mit gespreizten Beinen in verwüsteten
Feldern. Menschen mit Sternen auf dem Mantel wurden
mehr tot als lebendig inmitten des Ödlandes aus Viehwaggons getrieben. Der Zug dampfte unbeeindruckt
weiter, während sie in langer Reihe auf eine Ansammlung
von Baracken hinter dichtem Stacheldraht zuwankten.
Ich versuchte die Augen zu schließen und vermochte es
nicht. Ich sehnte mich nach dem erlösenden schwarzen
Rauch.

Fritz war oft zu Menschen gerufen worden, die Selbst-
mordversuche unternommen hatten. Meist hatten sie
zuwenig Schlafmittel eingenommen und waren nur bewußtlos geworden. Fünfzig morphiumhaltige Tabletten
mußten es mindestens sein. Um keinen Verdacht zu wek-
ken, fuhr ich mit dem Fahrrad mehrere Apotheken ab
und ließ mir jedesmal eine Schachtel geben. An einem
der nächsten Abende spülte ich schließlich sechzig Ta-

bletten mit einer Flasche hochprozentigen Alkohols herunter. Die Qual hatte ein Ende.

Als ich aufwachte, schien die Sonne hell durch das Fenster. Mühsam drehte ich den Kopf, spürte an der Wange feuchte Kälte und stützte mich vorsichtig auf. Ich lebte. Mein Magen hatte rebelliert und die Mischung aus Tabletten und Alkohol erbrochen. Die Uhr schlug zwölf. Sechzehn Stunden hatte ich bewußtlos dagelegen, das Bett war vollkommen durchgeschwitzt. Ich öffnete das Fenster, hielt mich schwankend am Griff fest und steckte die blasse Nase in die Wärme hinaus. Ich sollte weiterleben. Irgend jemand wollte, daß ich es wollte. Also mußte es gehen.

Noch ganz benommen wischte ich den erbrochenen Mageninhalt vom Kopfkissen und zog das Bett ab. Dann setzte ich mich vorsichtig an den Tisch. In meinem Kopf herrschte große Leere. Ich blätterte in meinem Adreßbuch und stieß auf Baron Laroche. Rasch hatte ich seine Nummer gewählt. Voller Hast schilderte ich ihm meine verzweifelte Lage, doch ich war noch nicht weit gekommen, als er mich auch schon anfauchte, ich solle nie wieder etwas von mir hören lassen, und grußlos auflegte.

Ich saß bestürzt da und ließ den Hörer sinken. Wahrscheinlich hatte Laroche eine hohe Position in der Partei inne, und ich kam ihm ungelegen – ein rassischer Fleck auf seiner völkisch reinen Adelsweste. Laroche war ein brauner Baron geworden! Merkwürdigerweise versetzte mich das in eine recht heitere Stimmung. Etwas Besseres als dieses Gespräch mit einem adligen Parteigenossen hätte mir nicht passieren können. Ich trat ans Fenster und sog die warme, klare Luft tief ein.

Heino Gaze

Heinrich Heuser war der einzige, dem ich noch vertraute. Ich verabredete mich mit ihm für den nächsten Tag in einem kleinen Restaurant in der Nähe des Lützowplatzes. Wir hatten uns gerade begrüßt und mit wenigen Worten über das Notwendigste unterrichtet, als eine junge, elegant gekleidete Frau an unseren Tisch kam, Heini den Arm vertraulich auf die Schulter legte und ihn zu ihrem Geburtstag einlud.

Dann fiel ihr Blick voller Wohlwollen auf mich: »Kommen Sie doch auch, machen Sie mir die Freude«, sagte sie ohne Umschweife. Heini habe sie wunderbar porträtiert, plauderte sie weiter, ob ich denn auch schon daran gedacht habe, ihn zu beauftragen. Ich nickte abwesend und ärgerte mich, überhaupt unter Leute gegangen zu sein. Mir war wirklich nicht nach einem Fest zumute. Zum Glück ließ uns die Frau bald allein, und Heini bemühte sich den Rest des Abends redlich, meine Stimmung zu bessern.

Vierzehn Tage später rief Heini bei dem Hauswartehepaar an und erinnerte mich an die Einladung. Als ich versuchte, mich um das Fest zu drücken, wollte er nichts davon wissen. »Papperlapapp«, sagte er. »Du hast die Einladung angenommen und wenn du ihr jetzt nicht folgst, zwingst du mich zu lügen. Sie wird mich sicher fragen, was ich mit der erlesenen Schönheit von neulich gemacht habe.« Heini wußte genau, was mir im »Tausendjährigen

Reich« der Lüge mehr als alles andere verhaßt war. Also fügte ich mich in mein Schicksal.

Am Abend fuhr ich mit dem Rad in das Westend und fand unter der angegebenen Adresse zu meinem Entsetzen eine prunkvolle Villa vor. Heini erwartete mich vor der Gartentür und redete beruhigend auf mich ein. Ich solle jetzt nur keinen Rückzieher machen.

Etwa dreißig elegant gekleidete Gäste betrachteten uns neugierig, als wir in das große Wohnzimmer traten. Ich begegnete den Blicken möglichst gelassen und sah mich in den Räumen um. Die Villa war geschmackvoll eingerichtet, und zu anderen Zeiten hätte ich das der Hausherrin auch gern gesagt.

Ich schwieg, weil einige der Gäste Uniform trugen. Und meine Empörung konnte ich kaum zügeln, als ich die von Köstlichkeiten überquellenden Tische erblickte. Hummer, Pasteten, Schinken, erlesene Salate, ausgefallene Käsesorten standen im Überfluß bereit, während in den Läden immer mehr Lebensmittel nur noch auf Karten zu erhalten waren. Was steckte dahinter? Heini ergriff meine Hände, sah mir fest in die Augen und gestand, daß die Gastgeberin die Tochter von Arthur Seyß-Inquart sei, dem einstigen Kopf der österreichischen Nazis und jetzigen Reichskommissar der Niederlande. Ich war fassungslos. Er hatte mich in die Höhle des Löwen geschleppt!

Heini hielt meine Hände noch immer fest, und während er mich zu der verschwenderisch gedeckten Tafel zog, erzählte er mit leiser Stimme, Seyß-Inquart habe einen ganzen Waggon voll erlesener Speisen geschickt, daher falle das Buffett so üppig aus. Bei diesen Worten ließ er meine Hände los, aber nur, um mir einen Teller zu reichen, den er sofort zu füllen begann. Betäubt ließ ich alles mit mir geschehen und blickte erstaunt auf Heini herunter. Der kleine Mann hatte sich anscheinend mit vielem abgefunden.

Die Gastgeberin flog in bester Laune auf uns zu und entschuldigte sich wortreich, daß sie mir Heini kurz entführen müsse. Alle Anwesenden standen in kleinen Grüppchen beieinander und kannten sich offenbar gut. Ich mochte mir nicht ausmalen, woher, ging in eine Ecke des Saales und setzte mich dort auf ein Sofa. Allein und ziemlich verloren blickte ich auf den von Heini gut gefüllten Teller, drehte mein Glas in den Händen und wußte nicht wohin mit meiner Empörung und Angst.

Ein Mann setzte sich zu mir und versuchte mich in ein Gespräch zu verwickeln. Er war mir gleich zu Beginn wegen seiner leuchtend blauen Augen aufgefallen. Ich ließ ihn nicht lange gewähren, sondern fragte ihn unvermittelt, ob er die Erzählung »Die Maske des roten Todes« von Edgar Allan Poe kenne. Als er den Kopf schüttelte, erzählte ich sie ihm: König Prospero, dessen Land die Pest bereits zur Hälfte entvölkert hat, verschanzt sich in seinem Schloß, um mit tausend gesunden, fröhlichen Rittern und Damen ungestört rauschende Feste zu feiern. Nach einigen Monaten erreicht die Pest draußen ihren Höhepunkt, und drinnen im Schloß das Gelage. Auf dem grandiosen Maskenball erscheint Schlag Mitternacht der rote Tod, die Pest selbst, und rafft alle Anwesenden dahin.

Wir schwiegen einen Augenblick. Mein Zuhörer musterte mich mit einer Mischung aus Überraschung und Respekt, dann stellte er sich vor: Heino Gaze. Er sei Pianist und engagiert, um nach dem Essen leichte Musik auf dem Flügel zu spielen. Mit der Hausherrin sei er nicht bekannt und wolle es auch nicht werden. »Mein Herz gehört allein der Musik«, sagte er ganz ohne Pathos.

Nach dem Essen spielte Heino Gaze Gershwin, Rodgers und Hammerstein, Cole Porter und Duke Ellington. Obwohl ich mit klassischer Musik groß geworden war, kannte und schätzte ich die populären Amerikaner. Heino Gaze spielte sie leicht und spritzig und suchte fortwährend meinen Blick, so, als würde er nur für mich spielen. Dabei zwinkerte er mir mit seinen humorvollen blauen Augen immer wieder aufmunternd zu.

Nach einer Weile klappte er den Flügel zu und gesellte sich wieder zu mir. Ich sagte ihm, daß ich das Haus längst hätte verlassen wollen und nur der Musik wegen geblieben sei; jetzt müsse ich wirklich gehen. Daraufhin erhob er sich sofort, verbeugte sich leicht und sagte lächelnd: »Wenn das die einzige Möglichkeit ist, Sie hierzubehalten, dann werde ich wohl weiterspielen müssen.« Er machte allen Ernstes Anstalten, wieder zum Flügel zu gehen.

Erschrocken hielt ich ihn zurück. Er setzte sich und bot mir ein silbernes Zigarettenetui an. »Die erste Zigarette«, schmunzelte er spitzbübisch und steckte sich eine an. Ich sah wieder das Lachen in seinen Augen. »Die letzte!« versetzte ich mit Leichenbittermiene. »Danach muß ich wirklich gehen.« Er nahm meine Worte und meine Miene offenbar ernst und bat gleich um meine Telefonnummer.

Als ich auf mein Fahrrad stieg, winkte mir Heino Gaze von der Tür aus nach. Ich radelte beschwingt davon, das Fahrrad flog nur so dahin. Die warme Luft schmeichelte der Haut, aber niemand außer mir schien den Spätsommer 1942 genießen zu wollen. Die Stadt steckte voller Angst vor Bombenangriffen. Kein Licht fiel aus den verdunkelten Häusern, die Straßen lagen finster und leer da. Nur bläulich erleuchtete Busse überholten mich hin und wieder.

Schon am nächsten Tag rief Heino Gaze an und fragte höflich, aber mit Nachdruck, ob er mich wiedersehen dürfe. Ich bemerkte, wie sehr ich mich über seinen Anruf freute. Bei mir könne ich ihn leider nicht empfangen, sagte ich vorsichtig. Daraufhin lud er mich in seine Wohnung ein. Auf seinem Blüthner werde er mir vorspielen, Jazz und eigene Kompositionen. Morgen abend?

Die Duisburger Straße lag auf halber Höhe des Kurfüstendamms südlich vom Olivaer Platz. Sie war eine grüne Oase in der großen Stadt, baumbestanden und mit vielen Geranien auf allen Balkons – nur nicht auf jenem von Heino Gazes Parterrewohnung. Ich lehnte mein Rad in der Eingangshalle des Jugendstilbaus unter hübschen Ornamenten an und sah beim Blick in die großen Spiegel an den Wänden, wie rot meine Wangen geworden waren. Heino Gaze stand schon in der Tür und bat mich hinein.

Es war eine typische Junggesellenwohnung, weitgehend leer bis auf ein Zimmer, in dem zwischen abgestoßenen Sesseln ein prachtvoller Blüthner-Flügel dominierte. Aber ich wandte ohnehin keinen Blick von Heino Gazes blauen Augen. Er war ein wenig größer als ich, dunkelblond und hätte mit seinen hohen Wangenknochen auch ein Russe sein können. Besonders gefiel mir sein Lachen. Es tat gut, wieder zu lachen, und wir lachten viel. Und schließlich küßten wir uns auch. Ich hatte es geahnt.

Das Ende vom Swing

Heino stammte aus Halle. Sein Vater war Notar und Musikliebhaber. Als Vorsitzender eines Vereins, der die Hallesche Philharmonie unterstützte, beherbergte sein gastfreundliches Haus oft bedeutende Musiker. Der Vater komponierte erfolglos Operetten, für deren Aufführungen er sein ganzes Vermögen opferte. Den drei Söhne wollte er dieses Schicksal ersparen, sie sollten einen Brotberuf erlernen.

Heino saß schon mit zehn Jahren stundenlang am Klavier und brachte sich selbst Noten bei. Daß ihn eine Klavierlehrerin für ganz und gar unmusikalisch hielt, entmutigte ihn nicht. Er entdeckte den Jazz und gründete mit Freunden eine Combo. Für den Vater, einen Liebhaber klassischer Musik, müssen die Töne, die der Sohn dem Klavier entlockte, eine Qual gewesen sein.

Dennoch ließ er Heino gewähren und einmal sogar in seinem Haus aufspielen. Als Notar genoß der Vater in Halle hohes Ansehen, und so war alles, was in der Stadt Rang und Namen besaß, bei dem Konzert seines Sohnes zugegen. Heino lächelte in sich hinein, als er sich an seinen ersten Erfolg erinnerte: »Danach ließ er mir freie Hand und bezahlte die neuesten Swingschellackplatten.«

Nach dem Abitur bestand der Vater jedoch auf einer ordentlichen Ausbildung. Schweren Herzens fügte sich Heino und studierte in Genf Rechtswissenschaften. Doch zu einer Promotion konnte er sich nicht durchringen, und er weigerte sich auch, in die väterliche Kanzlei einzutreten. Die Gründe dafür zeigten mir, daß ich mich in ihm nicht getäuscht hatte: Zu Recht wollte er mit Nazideutschland nichts zu tun haben. In einem Unrechtsstaat gäbe es kein Recht.

Das konnte der Vater, bitter enttäuscht, nicht akzeptieren. Also packte Heino seine Koffer und zog nach Berlin. Auf eine Annonce hin bewarb er sich beim Kayser Hüttenwerk in Oberschöneweide für den Personalbereich. Der Direktor des Werkes, Dr. Noelle, fragte ihn im Bewerbungsgespräch, ob er in der Partei sei. Heino sah ihn an und verneinte, wohl wissend, daß er damit eine Absage riskierte. Aber Dr. Noelle lehnte sich entspannt zurück und sagte sichtlich erleichtert: »Das ist gut, dann können Sie sich ja ganz auf die Arbeit im Hüttenwerk konzentrieren.«

Heino vertraute mir auch an, daß er in Halle mit einer schönen jungen Frau aus gutem Hause verlobt gewesen war. Irgendwann hatte sie nebenbei hingeworfen: »Ach, laß doch dein dummes Klavierspiel.« Das war das Ende von Heinos Verlobung.

Ich verschwieg Heino meinerseits nicht, daß ich so gut wie verlobt gewesen war, Fritz jedoch vor Jahren aus Deutschland hatte fliehen müssen. Auch daß ich in Schutzhaft gesessen hatte und Halbjüdin war, mußte er wissen, denn eine Beziehung mit mir war für ihn gefährlich. Als ich widerstrebend das Wort »Rassenschande« aussprach, umarmte mich Heino nur und sagte, die Nazigesetze seien unmenschlich, vollkommen absurd. »Wenn man sich Hitler, Göring und Goebbels ansieht, kommt einem doch eine ganz andere Rasselehre in den Sinn«, feixte er auf seine spitzbübische Art.

Erst spätabends fuhr ich in mein kleines Turmzimmer zurück. Den ganzen Weg über trällerte ich glücklich vor mich hin. Heino hatte mir einige seiner Kompositionen vorgespielt, auch seine erste aus seligen Friedenszeiten mit dem Titel »Schlaf ein«, und eine war mir schöner als die andere erschienen. Das lustige »Lied vom Hund« gefiel mir natürlich besonders, zumal es mir zeigte, daß auch Heino ein Tierliebhaber war. Und »Ich mach aus meiner Liebe kein Geheimnis« oder »Ich bin verrückt nach Liebe« schrieben sich mir sofort ins Herz. Ich sang sie alle, so, wie sie mir in den Sinn kamen, die ganzen entvölkerten Straßen entlang.

Wir sahen uns täglich, und bald stand fest, daß wir zusammenbleiben würden. Heino gab mir den Schlüssel seiner Wohnung, und so erwartete ich ihn abends, wenn er von der Arbeit kam, schon mit Tee. Danach setzte er sich an den Flügel und spielte stundenlang für uns. Immer wieder mündeten diese Improvisationen in eine Melodie, die er schließlich aufschrieb und zu einem Lied ausbaute. »Wie gefällt es Dir?« wollte er stets wissen. Nicht einen Augenblick durfte ich meine Augen von ihm wenden. Er bemerkte es sofort und machte einen Triller oder etwas ähnliches, um mich zu ihm und an den Flügel zurückzuholen. Es waren schöne, unbeschwerte Stunden.

Nach wenigen Tagen bat mich Heino, bei ihm einzuziehen. Überglücklich packte ich meine Koffer. Tagsüber sorgte ich nun, soweit es in meinen Kräften stand, für den Haushalt. An eine Haushälterin war nicht zu denken. Zum Glück mußte in den leeren Räumen nicht geputzt werden, und weil ich nicht kochen konnte, gab es Salat, Bratkartoffeln, Spaghetti oder Eierspeisen. Heino mundete alles.

Sein Gehalt von 300 Mark und mein monatlicher Scheck von Fritz' Bank reichten kaum für das Nötigste. Daher begann Heino, in einer Künstlerbar am Wittenbergplatz als Pianist zu arbeiten. Bei »Johnny« hob niemand den Arm zum Hitlergruß, und Heino konnte nach Herzenslust den von den Nazis bekämpften Swing spielen. Leider sahen wir uns nun seltener. Wenn Heino um halb zehn in der Nacht die Wohnung verließ, ging ich zu Bett. Meist kam er erst frühmorgens wieder.

Einmal erzählte er mir mittags beim Frühstück, daß eine exotisch aussehende Frau an das Klavier getreten sei und sich interessiert erkundigt habe, was er gerade gespielt hätte. »Du kennst es«, sagte Heino, »ich habe die Melodie erst vor zwei Tagen gefunden. Ich spielte ihr dann noch zwei weitere Stücke vor, die ihr ebenfalls gut gefielen. Daraufhin stellte sie sich vor: Es war Rosita Serrano! Zu gern hätte ich sie gebeten zu singen.«

Rosita Serrano war damals eine ausgesprochen populäre Schlagersängerin, sie feierte große Erfolge mit lateinamerikanischen Rhythmen. Sie hatte Heino für den nächsten Abend zu einer Party im Westend eingeladen. Heino nahm eine Mappe voller Noten mit und spielte der Chilenin und ihren Gästen den halben Abend vor. »O Manuela« und »Eine kleine Mondscheinfahrt« hatten es Rosita Serrano besonders angetan, und sie bat, die Stücke mit Kurt Hohenberger aufnehmen zu dürfen. Heino fühlte sich geehrt und sagte natürlich nicht nein. Bisher hatte nur die Nachwuchssängerin Iska Geri einige seiner Lieder gesungen.

Eine zweite Begegnung im »Johnny« begann unerfreulicher, nahm aber ein ebenso glückliches Ende. Heino spielte gerade Gershwins »Long Ago and Far Away«, als

Dr. Noelle in der Tür erschien und am Tresen ein Bier bestellte. Heino beendete das Stück abrupt und schlich mit abgewandtem Gesicht in die Küche. Er beschwor Johnny, ihn gehen zu lassen, sein Vorgesetzter sei aufgetaucht und dürfe nicht wissen, daß er nachts noch Geld verdiene. »Vertrag ist Vertrag«, schüttelte Johnny den Kopf und schickte ihn zurück ans Klavier. Heino spielte weiter, so tief wie möglich über die Tasten gebeugt.

Am nächsten Morgen rief ihn Dr. Noelle in sein Büro. Heino trat mit bangen Gefühlen ein. Doch statt ihn zu entlassen, machte Dr. Noelle ihm ein Angebot. »Wenn Sie nicht mehr bei ›Johnny‹ spielen«, sagte er, »verdopple ich Ihnen das Gehalt.« Als Heino an diesem Abend nach Hause kam, sah ich ihn strahlen. Endlich konnte er bis in die Nacht hinein komponieren. Wegen der Bechterewschen Krankheit, die die Rückenwirbel deformierte und ihm unerträgliche Schmerzen verursachte, schlief Heino ohnehin sehr wenig. Gegen die Qual halfen nur Alkohol und Nikotin. Deshalb freuten wir uns jedesmal über die Flasche Wein, mit der Dr. Noelle uns öfter besuchte, um Heinos Klavierspiel zu lauschen. Aus solchen losen Treffen entwickelte sich mit der Zeit eine Freundschaft.

Manchmal fand er bereits einige Freunde vor, Jazzmusiker wie Heino, die gern zum Plaudern und Musizieren zusammenkamen. Ihre Musik galt im »Dritten Reich« als undeutsch und war nicht erwünscht. Als der »Niggerjazz« 1935 im deutschen Rundfunk verboten wurde, hörten sie eben BBC oder andere ausländische Sender. Ein Jahr später, erzählten mir Heinos Freunde, waren in den Tanzlokalen Schilder mit der Aufschrift »Swingtanzen verboten, Reichskulturkammer« aufgehängt worden.

162

Die Jazzer scherten sich nicht darum. Sie swingten trotz der Verbote und Repressalien weiter. Viele Musiker aus den besetzten oder verbündeten Ländern waren unter ihnen, Italiener, Bulgaren, Franzosen, Holländer. Manchmal stand ein Student am Eingang des »Gong«, des »Allotria«, des »Groschenkellers« oder des »Uhland-Ecks« Schmiere und pfiff, sobald SA-Männer oder Kontrolleure von der Reichsmusikkammer anrückten. Die Nazis bemühten sich nicht sonderlich um Tarnung, so daß die Kapellen immer genügend Zeit hatten, den »Tiger Rag« mitten im Takt zum lustigen Volkslied umzustimmen oder den St. Louis Blues kurzerhand als »Blauen Ludwig« anzukündigen. Heino konnte wunderbar komisch die dummen Gesichter der Nazis nachmachen, die anstelle der erwarteten »Negermusik« bekannte Weisen zu hören bekamen und nach kurzem Warten ergebnislos abzogen. Regelmäßig endeten diese Erzählungen in großem Gelächter.

Einer unserer Freunde war der Leiter der Big Band vom »Café Leon« am Lehniner Platz, die nachmittags zum Tee und abends zum Tanz aufspielte. Heino gab ihm Noten seiner Kompositionen mit, und bald darauf wurden wir zum Konzert geladen. Für Heino war es ein großer Tag. Unser Tisch stand in der ersten Reihe vor den Blasmusikern, die den Komponisten mit einem Tusch begrüßten. Ich hielt mir erschrocken die Ohren zu, während Heino gutgelaunt die Ehrung entgegennahm.

Als die Big Band dann zu spielen begann, ließ mich die gewaltige Lautstärke der Bläser fast ohnmächtig werden. Wie leise waren die Sessions in unserer Wohnung mit Klavier, Geige und manchmal einer Trompete doch immer gewesen! Heino amüsierte sich königlich über mich und wurde in den nächsten Wochen nicht müde, den Freunden den buchstäblich überwältigenden Eindruck zu beschreiben, den sein Swing auf mich gemacht hatte.

Durch solche Konzerte, die ersten Einspielungen und natürlich durch Hinweise aus der Musikszene, in der jeder jeden kannte, wurde der Musikverleger Albert Bennefeld auf Heino aufmerksam. Er besuchte uns ein paarmal in der Duisburger Straße und ließ sich von Heino Kompositionen vorspielen. Bennefeld war ein Phänomen: Er behauptete, nach wenigen Takten sagen zu können, ob der Titel Erfolg haben würde oder nicht. An Heinos Stücken gefielen ihm die einprägsamen Melodiebögen und der swingende Rhythmus, der sowohl vom Jazz wie von der lateinamerikanischen Musik inspiriert war.

Bennefeld beauftragte Heino, zu einer Komödie von Wulf Rittscher einige Lieder zu schreiben. Für die Texte tat sich Heino mit Sigrid Kara zusammen. Das quirlige Stück handelt von einem Schlagerkomponisten, der an einem abgelegenen Ort eine schöne Frau treffen will und in einen Wirbel von Ereignissen gerät. Am Ende findet er sich in Vertragsverhandlungen mit eben der Bühne wieder, auf deren Brettern er bereits seit Beginn des Stückes steht.

»Die letzten Fünf« wurde vom Albert Bennefeld Verlag 1942 verlegt und zwei Jahre später von Victor de Kowa in der »Komödie« am Kurfürstendamm, dem einstigen Theater Max Reinhardts, mit Grethe Weiser in der Hauptrolle inszeniert. Die Premierengäste jubelten, die nächsten Aufführungen waren ausverkauft, und dann kam das Ende: Goebbels verbot die leichte Unterhaltung wegen der ernsten Lage an den Fronten.

Damit war auch das Schicksal von »Ich und Du« besiegelt. Dieses »Lustspiel in vier Bildern« hatte Heino ganz alleine geschrieben, ermutigt von seinem Verleger und durch den Erfolg von »Die letzten Fünf«. Albert Bennefeld verschickte Heinos erstes Stück an die Bühnen und hoffte, durch Victor de Kowas Inszenierung der zündenden Lieder würde es sich leicht durchsetzen lassen. Nun blieb das Stück über einen jungen, noch unbekannten Schlagerkomponisten und seine Zufallsbekanntschaft, die sich als große und künstlerisch inspirierende Liebe erweist, ungespielt. Wie schade! Hatte ich es doch als eine schöne Huldigung verstanden.

Inzwischen war Heino kein gänzlich Unbekannter mehr. Der Kreis unserer Freunde und Bekannten wurde immer größer. Zahlreiche Musiker und Texter lernten wir in Bennefelds schöner Wohnung am Kurfürstendamm kennen. Den immer jugendlich keck wirkenden Bully Buhlan etwa, der in einem Swingtrio am Klavier saß und erst später zu singen begann. Oder Helmut Zacharias und seine Freundin Hella. Der jungenhafte und virtuose Jazzgeiger war in das niederländische Hilversum abkommandiert und spielte dort im Wehrmachts-Musikkorps für Soldaten und Fans. Wann immer er zu Konzerten oder auf Besuch in Berlin weilte, kam er mit Hella in die Duisburger Straße. Seine wilde Geige ergänzte Heinos Klavierspiel kongenial, die beiden verstanden sich auf Anhieb. Helmut war ein fröhlicher Mensch, der ebenso gern lachte wie Heino. Aber anders als Heino wurde er im größeren Kreis eher zurückhaltend.

Abende in kleiner Runde oder zu zweit waren selten geworden. Die unglaublich schlagfertige Grethe Weiser schaute des öfteren vorbei, der umtriebige, von Goebbels auch schon mal mit einem Bann belegte Victor de Kowa.

Oder Willi Schaeffers, der immer eine Flasche mitbrachte, weil er wußte, daß ich meist nicht mehr als Tee offerieren konnte. Als Leiter des »Kabarett der Komiker«, das von allen nur Kadeko genannt wurde, war er in Berlin bekannt wie ein bunter Hund. Mit seiner umfänglichen Gestalt und der Gabe, aus dem Stand stundenlang druckreif und pointenreich zu sprechen, war er ein Kleinkabarett für sich.

Schaeffers konnte gut mit Künstlern umgehen und verpflichtete sie für sein Kabarett. Bei ihm hatte Lale Andersen »Lili Marleen« gesungen, bevor das Lied zum Weltschlager wurde. »Wenn alles gut geht und der Krieg endlich zu Ende ist«, versprach er Heino, »dann wirst du mein Hauskomponist.« Nichts wünschte Heino sich sehnlicher, als endlich die Arbeit im Hüttenwerk an den Nagel zu hängen und ganz für die Musik zu leben.

Zu den Gästen, die fast täglich bei uns waren, gehörte eine Zeitlang auch Oberleutnant Peter Holm, der auf einem dreißig Kilometer von Berlin entfernten Fliegerhorst stationiert war. Holm flog eines der gefürchteten Sturzkampfflugzeuge, Stuka genannt. Außerdem hatte er einige Erfolge als Texter. Er war jung, sah fabelhaft aus und war leider von den Nazis verhetzt. Heino konnte dennoch ausgezeichnet mit ihm arbeiten und trieb ihm bei diesen Gelegenheiten die völkischen Flausen aus.

Damals gab es nur wenige gute Komponisten und Texter in Deutschland. Die Nazis hatten die besten von ihnen – viele waren Juden – ins Exil getrieben. Allein Theo Mackeben, Franz Grothe und Michael Jary blieben im »Dritten Reich«. Ähnlich sah es bei den Schlagersängern aus. Die großen Stars der Schlagermusik waren Ausländer: Rosita Serrano Chilenin, Zarah Leander Schwedin,

Marika Rökk Ungarin und Johannes Heesters Holländer. Ihre Popularität konnte sie jedoch nicht vor allem feien. Zumindest Rosita Serrano und Zarah Leander litten nach 1940 unter nationalistischem Fremdenhaß.

Die Musik, in der Heino sich heimisch fühlte und mit der er die ersten Erfolge feierte, war ein Refugium, und sie erleichterte uns das Leben unter dem Hakenkreuz. Dennoch ignorierten wir die Ereignisse um uns herum nicht. Als die BBC im Januar 1943 von General Paulus' Kapitulation in Stalingrad berichtete, schöpften wir zum ersten Mal Hoffnung, ohne allerdings an einen Wendepunkt des Krieges zu glauben. Es war nur nach so vielen Blitzerfolgen endlich ein einschneidender Rückschlag an der Front.

Scheinheilig ordnete Hitler drei Tage Trauer an. Goebbels rief den »totalen Krieg« aus und mobilisierte die letzten Kräfte. Einige Gaststätten und Vergnügungslokale wurden geschlossen, die Männer an die Front geschickt. Glücklicherweise konnte Heino wegen seiner Rückenschmerzen nicht zur Wehrmacht eingezogen werden.

Der rumänische Paß

Unser Spaniel litt wie die Menschen unter den Bombenangriffen, die nach Stalingrad an Zahl und Intensität
zunahmen. Nur ich spürte jedesmal Genugtuung, wenn
im Radio »Einflug Hannover-Braunschweig« gemeldet
wurde. Bei Fliegeralarm hasteten wir mit den Luftschutz-
koffern, in denen die wichtigsten Habseligkeiten lagen,
in den Keller. Ich erlaubte Heino nicht, auch nur einen
von ihnen zu tragen. Seine empfindlichen Hände mußten für das Klavierspiel geschont werden.

In diesen Nächten fiel Berlin in tiefe Finsternis. Die
Verdunkelung sollte es den feindlichen Fliegern erschweren, ihre Ziele zu erkennen. Zitternd vor Angst hockten
wir mucksmäuschenstill in dem Holzverschlag zwischen
den Kohlen. Heino hatte keine Kartoffeln eingelagert,
so daß Platz für uns war. Im Licht der Kellerlampe sahen
die Gesichter grau aus. Das durchdringende Heulen der
Sirenen war selbst dort unten noch zu hören. Dann folgte
das dumpfe Dröhnen der Bombergeschwader und das Ab-
wehrfeuer der Flak, dazu die Reihe der Detonationen.
Hinter den Bretterwänden schluchzte jemand auf, die
Kinder von Schulzens weinten. Wenn in der Nähe eine
Bombe einschlug, wurde das Haus in seinen Grundfesten
erschüttert. Die Wänden knackten. Wir konnten nur
hoffen, nicht bei lebendigem Leib begraben zu werden.

Irgendwann war der Spuk dann vorbei, und nach der
Entwarnung gingen wir wieder nach oben – Bewohner

von Kellerlöchern im 20. Jahrhundert. Ängstlich schauten wir nach, ob das Haus oder unsere Wohnung beschädigt worden waren. Hatten die Fensterscheiben gehalten, war Putz von der Decke gefallen oder die Wasserleitung geplatzt?

Die Luftangriffe verschärften die Versorgungslage, und die wöchentlichen Lebensmittelrationen für »Normalverbraucher«, wie die Nazis unsereins nannten, wurden immer wieder verringert. Trotz der angespannten Lage kamen weiterhin Freunde in die Duisburger Straße, und jeder von ihnen brachte etwas zu trinken, zu essen und den persönlichen Galgenhumor mit, der die lebensgefährlichen Umstände und die traurigen Ereignisse zu ertragen erlaubte. Gerade weil es jeden im nächsten Augenblick treffen konnte, ging es an diesen Abenden oft ausgelassen zu.

Diese Stimmung lockte auch Peter Holm aus seinem Fliegerhorst, und manchmal brachte er noch ein paar Kameraden mit, die wie er dem Krieg für ein paar Stunden den Rücken kehren wollten. Eines Nachts – Heino saß gerade am Flügel – wurde im leise gestellten Radio gemeldet, ein großes Bombengeschwader sei im Anflug auf Berlin. Kurz darauf ertönten die Sirenen. Wir gingen in den Keller hinunter und drängten uns in den Bretterverschlag. Bald hörten wir das allzu vertraute Dröhnen. Die Einschläge kamen näher und näher, und dann krachte es direkt über uns. Das Haus war getroffen. Putz fiel herunter, jemand schrie entsetzt auf. Hoffentlich hielt die Kellerdecke stand! Noch vor der Entwarnung stürzten wir hinauf und sahen das Dachgeschoß lichterloh brennen.

Auf die Feuerwehr war damals kein Verlaß, besonders

nicht bei großflächigen Luftangriffen. Wir mußten uns selbst helfen, bildeten rasch eine Kette im Treppenhaus und reichten Wasser- und Sandeimer nach oben, um den Dachstuhl zu retten. Der Besuch der Fliegeroffiziere in dieser Nacht erwies sich als Segen. Sie kannten sich mit dem Phosphor aus, der unberechenbar war. Er entzündete sich immer wieder von selbst, sprühte zischend in alle Richtungen und verbreitete die Flammen in Windeseile.

Als wir das Feuer endlich gelöscht hatten, war die Wohnung in der vierten Etage bis auf zwei Zimmer unbewohnbar geworden. Dort lebte ein älteres Ehepaar, das während der Bombenangriffe kein einziges Mal in den Keller ging. Die Frau war Jüdin, und ihr Mann, ein wohlhabender älterer Herr mit angenehmen Umgangsformen, hatte sie bisher vor dem KZ bewahrt. Sie trug auch keinen Judenstern. Den Einschlag hatten sie mit viel Glück und einem Schock überlebt. Die meisten ihrer wunderschönen antiken Möbel waren leider ein Opfer des Feuers und des Wassers geworden.

Müde und zerschlagen gingen wir wieder nach unten. Das Löschwasser war bis zum Erdgeschoß durchgesickert. Auf dem Flügel glitzerten zahlreiche Tropfen. Als Heino das sah, trocknete er das Instrument gleich mit einem Handtuch ab, schlug einige Töne an und drehte sich strahlend zu uns um. Der Blüthner hatte den Angriff offenbar ohne Schaden überstanden. Das mußte natürlich gefeiert werden. Peter Holm holte eine Flasche Sekt aus seinem Armeewagen, der unversehrt auf der Straße stand. Mit dem Überschwang der Davongekommenen feierten wir das glückliche Ende des Schreckens.

Trotz des Bombardements wollten und konnten wir

Berlin nicht verlassen. Aber Heino erhielt Urlaub, und so fuhren wir im Sommer 1943 mit dem Spaniel einige Wochen an die Ostsee zu Hede, einer Freundin von Heinos Eltern. Ihr konnten wir vertrauen. Der Strand vor dem kleinen Haus bei Stralsund war nur für uns da, es gab lang entbehrte Köstlichkeiten wie Eier und frische Milch, und die sternenklaren Nächte waren ruhig.

Es wäre eine rundum schöne, sorglose Zeit gewesen, wenn nicht Peenemünde in der Nähe gelegen hätte. Dort entwickelten Ingenieure unter der Leitung von Wernher von Braun mit KZ-Häftlingen und Zwangsarbeitern Flugbomben, die London in Schutt und Asche legen sollten. Hede hatte mehr als einmal eine der langgestreckten Versuchsraketen mit einem roten Feuerschweif über das Meer fliegen sehen. Die Wirkung der neuartigen Waffen sollte verheerend sein, genaues wußte jedoch niemand.

Bei einem Strandspaziergang machte mir Heino den ersten Heiratsantrag. Ich fiel ihm um den Hals und dachte einen Augenblick nicht an seine Rückenschmerzen. Dann versuchte ich ihm schonend beizubringen, daß ich ihn zwar liebte, mich aber noch an Fritz gebunden fühlte. Ich wollte auf jeden Fall zuerst mit ihm sprechen. Dabei war ich eigentlich sicher, daß Fritz schon ein anderes Glück gefunden hatte. Heino dachte ähnlich und verstand meine Zurückhaltung nicht. Er kam in den nächsten Tagen immer wieder auf seinen Hochzeitswunsch zurück, bis ich ihn daran erinnerte, daß ich Halbjüdin war. Er nahm mich wieder nur in seine Arme und sagte, was für ein Dummerchen ich doch sei.

Viel zu schnell war Heinos Urlaub vorbei, und wir fuhren nach Berlin zurück. Die Zahl und Schwere der Luftangriffe nahm zu. Immer öfter mußten wir in den Kellerverschlag fliehen, wo Heino die Zeit nur auf einer Matratze liegend durchhielt. Die Luftschutzkoffer packte ich mittlerweile gar nicht mehr aus, so daß die Wäsche muffig und dumpf roch. Hoffentlich mußten wir sie niemals benutzen. Die Koffer waren Symbole des Unglücks, aber sie verwandelten sich, je öfter wir voller Angst die Wohnung verlassen hatten und die Treppe hinuntergerannt waren, zusehends in Talismänner. Ohne sie wollte ich nicht mehr gehen. Erst wenn wir sie stehenließen, würden wir wirklich in Not geraten. Davon war ich merkwürdigerweise fest überzeugt.

Im August 1943 ordneten die Nazis an, daß Frauen, Kinder und alte Menschen die unter den Bomben wankende, zerfallende und brennende Stadt verlassen sollten – ein ermutigendes Eingeständnis der Nazis, daß die Alliierten ihnen tatsächlich schwer zusetzten. In langen Schlangen standen die Berliner vor den Bahnhöfen an. Die Stadt wurde noch leerer.

Den bis dahin schwersten Luftangriffen am 22. und 23. November fielen Wahrzeichen Berlins zum Opfer. Die Kaiser-Wilhelm-Gedächtniskirche und der Zoo, das Romanische Café und die Scala wurden getroffen und brannten aus. Das Zentrum lag in Trümmern, doch erst mit der völligen Zerstörung Berlins, so glaubten wir, würde alles ein Ende haben.

Nach jedem Luftangriff gab es gespenstische Szenen. Gegen den Rauch, der über der Stadt lag und in den Kehlen kratzte, trugen die Menschen feuchte Tücher vor dem Gesicht. Aus geplatzten Wasserleitungen schossen wie aus Geysiren gewaltige Strahlen. Funkenregen erhellten gespenstisch Ruinen, rauchende Trümmer versperrten die Straßen, Tote lagen halbverbrannt auf dem Asphalt oder wurden bei den Aufräumarbeiten säuberlich in Reih und Glied auf den Bürgersteig gelegt – die furchtbare Auslage des Todes. Ich dankte Gott, daß wir die endlosen Reihen nicht entlangschreiten mußten, um Verwandte oder Bekannte zu identifizieren.

In anderen deutschen Städten war es noch schlimmer. Hamburg verbrannte in einem Feuersturm, die Menschen erstickten in den Kellern. Wir hofften, daß es uns nicht auch so ergehen würde.

Im Januar 1944 erhielt ich einen Brief von der Gestapo mit der Aufforderung, mich im Jüdischen Krankenhaus in der Iranischen Straße zu melden. Wir wußten, was das bedeutete: Deportation in ein Arbeitslager. Heino und ich überlegten fieberhaft, was wir tun könnten. Als Bürgerin eines befreundeten Staates würde ich der Deportation entgehen. Endlich, dachte ich, sollte mir mein Vater einmal von Nutzen sein. Da er verschollen war, konnte ich mich als Rumänin ausgeben. Heino schüttelte sorgenvoll den Kopf, aber wir hatten keine Wahl.

Am nächsten Tag gingen wir zur rumänischen Botschaft, und es gelang mir tatsächlich mit Hilfe einiger feuriger Blicke, den Angestellten und künftigen Landsmann davon zu überzeugen, daß mein Vater in Kischinew geboren und also Rumäne sei. Er zog einen rumänischen Paß aus der Schublade, beschriftete ihn, setzte mein Foto ein und stempelte, während ich das Gespräch in Gang hielt. Überglücklich verließen Heino und ich die Botschaft.

Dann war der furchterregende Tag gekommen. Die Gestapo hatte das Jüdische Krankenhaus als Sammellager beschlagnahmt. Wir mußten in einem leergeräumten Krankensaal warten und sahen in den Innenhof hinab, wo in drangvoller Enge Menschen mit Koffern standen.

Als wir endlich an die Reihe kamen, reichte Heino dem Gestapooffizier meinen rumänischen Paß und erklärte mit ruhiger Stimme, es müsse wohl ein Fehler vorliegen, schließlich sei ich Rumänin. Der Gestapomann lief rot an, sprang auf und schrie mich an: »Sie sind Jüdin, das sehe ich sofort.« Ich zog die Augenbrauen hoch und schüttelte den Kopf. Heino wiederholte bestimmt, es läge wohl ein bedauerlicher Irrtum vor. Der Gestapomann studierte mißtrauisch den Paß, beriet sich mit einem zweiten Offizier und gab schließlich klein bei. Wir verließen das Krankenhaus unbehelligt, die Augen niedergeschlagen, um all die zum Tode verurteilten Menschen nicht ansehen zu müssen.

Von nun an lebten wir zurückgezogen, trafen nur noch wenige Freunde und gingen selten gemeinsam aus der Wohnung. Das Risiko war zu groß. Mein Leben hing an einem seidenen Faden. Heinos bestem Freund erging es genauso. Er war ebenfalls Halbjude und lebte mit seiner Freundin vis-à-vis in der Duisburger Straße. Heino hatte ihn im Hüttenwerk untergebracht. Wie lang schien es nun her, daß sich die beiden auf dem Kurfürstendamm noch mit lauten Heil-Hitler-Rufen über die neue Zeit lustig gemacht hatten. Solche Scherze waren ihnen inzwischen gründlich vergangen. Die Henker hatten uns im Visier.

Längst waren Nachrichten ein unentbehrliches Lebenselixier geworden. Jeden Abend hörten wir im Radio die BBC. Die deutschen Truppen wurden im Osten und im Süden, auf Sizilien und in Afrika, zurückgedrängt. Tausend Jahre würden sie wohl nicht mehr standhalten. Aber doch quälend und gefährlich lange. Außerdem brüstete sich die Propaganda mit der Wunderwaffe, die Hede be-

reits fliegen gesehen hatte: die in Peenemünde herge-
stellte V 1 sollte das Kriegsglück wenden. Tatsächlich zer-
störte sie im Juni 1944 London. Es war ein schwarzer Tag
für uns.

Dann machten Gerüchte über ein Attentat auf Hitler
die Runde. Wir wagten es nicht zu glauben. War endlich
das Notwendige geschehen? Sollten sich die Willfähri-
gen gegen den Führer erhoben haben? Genaueres war nicht
zu erfahren. Schließlich sprach Hitler im Rundfunk, gei-
fernd vor Haß. Das war unnachahmbar. Er lebte also – was
für eine bittere Enttäuschung. Warum nur hatte sich der
Verschwörer vom Führer entfernt, bevor seine Bombe
explodiert war? Hätte er nicht bei ihm stehenbleiben
können, um sicherzugehen, daß das Attentat gelingt? Auf
diese Weise hätte ein Leben unzählige andere gerettet.
Wer in solch einem Moment vor der letzten Konsequenz
zurückschreckt, war in unseren Augen ein Feigling.

In diesen aufreibenden Tagen traf wieder ein Gestapo-
Brief in der Duisburger Straße ein. Ohne Angabe von
Gründen wurde ich aufgefordert, in das Logenhaus in
der Kurfürstenstraße zu kommen. Wir verlebten bange
Tage. Ob der rumänische Paß, den ich Tag und Nacht bei
mir trug, mich noch einmal retten würde?

Zum genannten Termin gingen Heino und ich durch
die gezeichnete und entleerte Stadt. Der strömende Regen,
die Häuser ohne Dächer, die Fassaden ohne Häuser, die
Bombentrichter mit ihren Abgründen – all das steigerte
nur unsere Hoffnungslosigkeit. Ich mußte an die Reichskristallnacht denken und das perfide Verhalten der Deutschen, die zugeschaut hatten, als die Läden ihrer jüdischen
Mitbürger zerstört und geplündert worden waren. Nun
erhielten sie die Quittung für Gleichmut und Haß, aber

sie begriffen es nicht einmal. Längst zerstörten die Nazis nicht nur tausende Geschäfte, sondern ganze Länder. Millionen von Menschen starben dabei, und immer noch jubelten die Deutschen ihnen zu und taten, wie ihnen befohlen wurde.

Das große dunkle Tor des Logenhauses stand offen. Die Eingangshalle lag unbeleuchtet im Halbdunkel. Ihre Totenstille verströmte verblaßte Eleganz. Dann kam mit weithin hallenden Schritten ein SS-Mann herbei. Er führte uns durch einen engen Korridor zu einer Tür. Dahinter saßen in einem kleinen dunklen Zimmer ein Schreiber und eine fette Kröte in Gestapouniform. Riesige hervorquellende Augen richteten sich auf uns. Wurstfinger wurden aneinander gerieben. Mich durchlief ein Schauder, als die Kröte den Kopf nach hinten schob. Glupschaugen tasteten mich ab. Dann öffneten sich wulstige Lippen. Als Untermensch müsse ich doch wissen, daß ich nicht mit einem Arier zusammenleben dürfe. »Rassenschande«, quiekte die Kröte. Wir müßten uns sofort trennen, sonst würde ich abgeholt.

Niemand hatte uns gebeten, Platz zu nehmen. Heino machte einen Schritt auf den Schreibtisch zu und erwiderte, das sei unmenschlich. Die Kröte lief rot an. Eine feiste Faust platschte auf den Tisch. »Das Wort unmenschlich existiert nicht für Untermenschen! Heil Hitler!«

Ein kurzer dicker Arm wies an uns vorbei zur Tür. Wir verließen das Zimmer wortlos und so schnell wie möglich. Auf dem langen Korridor, noch in der Halle hatten wir das Gefühl, jeden Augenblick verhaftet zu werden. Doch niemand trat aus dem Halbdunkel auf uns zu.

Den ganzen Weg in die Duisburger Straße mußte ich

weinen. Mit Heino hatte mein Leben endlich einen Sinn gefunden. Nun sollte ich auf ihn verzichten. Die Nazis hatten mir meine Freunde genommen, meinen Beruf, den ersten Geliebten. Jetzt nahmen sie mir den zweiten und zwangen mich erneut in die Einsamkeit. Uns tröstete allein, daß das Ende des Krieges und die Niederlage der Deutschen nicht mehr fern schien und wir hoffentlich bald wieder zusammen sein würden. Für immer.

Mondlandschaft Berlin

Ich telefonierte mit meiner Mutter in Konstanz und kündigte ihr mein Kommen an. Sie und ihr Mann waren wegen der Bombenangriffe vom Main zurück an den Bodensee gezogen.

Bevor ich reiste, brachten wir einige Möbel zu einem Bekannten nach Oranienburg. Bei einem weiteren Bombentreffer hätten wir alles verloren. Ich bestand jedoch darauf, daß das Zimmer mit dem Flügel, dem Barocksekretär und einigen Sesseln unverändert blieb. Während wir in Oranienburg die Möbel ausluden, fielen in Berlin Bomben. Auf dem Rückweg stand ich draußen auf dem Trittbrett des Autos und hielt nach Flugzeugen Ausschau. Die Duisburger Straße wurde danach nicht mehr getroffen, wohl aber das Haus des Oranienburger Bekannten. Es brannte mitsamt Heinos Möbeln vollkommen aus.

Tragischer war das Schicksal eines Freundes, der sich rühmte, klüger vorgegangen zu sein. Er hatte seine Wertsachen in einem Wäldchen bei Berlin vergraben und den Baum markiert. Als er nach dem Krieg Schmuck, Diamanten und Bargeld ausgraben wollte, fand er das Wäldchen nicht mehr – alle Bäume waren abgesägt worden.

Auf dem Potsdamer Bahnhof herrschte ein entsetzliches Gedränge. Wer nicht aus beruflichen Gründen in Berlin bleiben mußte, floh vor den Bombardements. Zahlreiche Züge waren gestrichen, sie wurden für militärische Zwecke eingesetzt. Die zweite Klasse im Zug nach Konstanz war ausgebucht, selbst auf den Gängen standen die Menschen dicht an dicht.

Nur in der ersten Klasse war noch ein Sitzplatz frei. Auf den Fensterplätzen meines Abteils saß ein älteres Paar mit edlen Gesichtszügen. Er hielt sich aufrecht wie ein langgedienter Offizier. Beide waren leichenblaß und wechselten kaum ein Wort miteinander; die Frau wischte sich manchmal eine Träne aus dem Gesicht. Ich vermutete, daß die beiden mit dem mißglückten Attentat auf Hitler in Verbindung standen und über Konstanz in die Schweiz fliehen wollten.

Niemand im Abteil sprach. Ein dickleibiger Mann, der im Auftrag eines Unternehmens nach Frankfurt fuhr, gab es bald auf, mit mir ein Gespräch anzufangen. Ich dachte an Heino oder las in den »Buddenbrooks«. Die Reise war beschwerlich und langwierig. Immer wenn Flugzeuge am Himmel erschienen, hielten wir auf freier Strecke.

Konstanz wirkte nach den verheerenden Zerstörungen in Berlin und den Städten, die der Zug durchquert hatte, wie ein Urlaubsort. Die kleine Stadt an der Grenze war bisher von Bombenangriffen verschont worden. Die Konstanzer verdunkelten nachts nicht, um die Alliierten glauben zu machen, es handele sich bereits um Schweizer Gebiet. Am Bodensee schien die Sonne, die Versorgungslage war gut, der See lag unbeeindruckt von den Nazis da und lockte flimmernd. Kein stickiger Keller wartete auf mich. Nach und nach fielen Unruhe und Anspannung von mir ab.

Günter Bugge war schwerkrank. Er verzehrte sich innerlich vor Haß auf das Hitlerregime, vielleicht ein Grund mehr für sein Krebsleiden. Für den Untergang des »Dritten Reiches«, sagte er mir, würde er selbst seine über alles geliebte Bibliothek opfern. Er gab mir Ernst Jüngers »Marmorklippen« zu lesen. Ich verschlang das Buch voller Erregung. Auch mir stand der »Sinn nach einem Leben, das von Gewalt gereinigt war«. Lange saß ich am Bett meines Stiefvaters, und wir sprachen über Jünger und seinen Versuch, durch die Macht des Geistes dem Ungeist der Zeiten zu widerstehen.

Jede Nacht hörten wir in der BBC die Nachrichten von den Niederlagen im Osten und den massiven Bombenangriffen auf deutsche Städte, die nun auch bei Tag geflogen wurden.

Günter Bugge wußte von einer großen Zahl Zwangsarbeiter, die in Frankfurt am Main und in Konstanz von der Deutschen Gold- und Silberscheideanstalt beschäftigt wurden. Sie verrichteten die Arbeit der jungen und alten Männer, die die Nazis für den »Endsieg« mobilisiert hatten. Die meisten von ihnen trugen Jacken mit einem aufgenähten »P« für Pole. Sie lebten in Lagern und erhielten einen Hungerlohn. Jeder Kontakt war strengstens verboten. Doch mein Stiefvater hatte ihnen hin und wieder heimlich ein Stück Brot oder eine Schachtel Zigaretten zugesteckt.

Auch Heino hatte in einem Oranienburger Werksteil Zwangsarbeiter gesehen. Eine Frau war dort einmal gehängt worden, weil sie in ihrer Not ein Kaninchen gestohlen hatte.

Günter Bugge wurde bald nach meiner Ankunft ins Krankenhaus eingeliefert und magerte in kürzester Zeit zum Skelett ab. Ich besuchte ihn jeden Tag bis zu seinem Tod und versuchte, meiner Mutter eine Stütze zu sein.

Sie war jetzt allein, Detlef und Gerd kämpften an der Ostfront. Doch ihre Selbstbeherrschung war erstaunlich. Sie ließ sich nichts anmerken.

Im Herbst mietete ich für uns zwei Zimmer in einem kleinen Hotel in Maurach am See. Wir brauchten ein wenig Ablenkung, das Herumsitzen und Warten quälte mich. Unser Hotel war ziemlich heruntergekommen, seit Kriegsbeginn waren die Gäste ausgeblieben. Deshalb stand uns das ganze Haus zur Verfügung. Bei Sonnenschein stellten wir unsere Liegestühle am Seeufer auf.

Mein täglicher Spaziergang führte mich den Hügel zur Wallfahrtskirche Birnau hinauf, wo ich auf den Stufen der Zisterzienserkirche den Sonnenuntergang genoß. Kein Mensch ließ sich dort oben blicken. Die Mönche waren verschwunden, die Kirchentüren verschlossen. Ich versuchte, durch die Fenster einen Blick auf die wunderbaren Fresken zu erhaschen, und sah erstaunt, daß der Innenraum bis zur Decke mit Heu gefüllt war. Aus der Klosterkirche war eine Scheune geworden.

Die Mönche seien in ein KZ verschleppt worden, sagte man mir in Maurach. Mich schauderte. Der Zauber des geliebten Ortes wich. Ich saß auf den Stufen und fröstelte im Rot der untergehenden Sonne. Da marschierten zwei Gestapomänner auf dem Feldweg vorbei und herrschten mich an, was ich mich hier müßig herumtreibe, ehrbare Deutsche kämpften für den Endsieg. Mit zitternden Knien stand ich auf, ging um die Kirche herum und hinunter ins Hotel. Am nächsten Tag verließen wir Maurach.

Erst nach 1945 besuchte ich Birnau wieder. Die Kirche war noch immer geschlossen. Unter dem Siegel der Verschwiegenheit wurde mir von einem Massenmord erzählt, der kurz vor Kriegsende wenige Schritte oberhalb der Kirche an Zwangsarbeitern aus Überlingen verübt worden war, die unter schrecklichen Bedingungen an der Produktion von V-Waffen mitgearbeitet hatten. In Überlingen und Maurach hatte jeder davon gewußt und geschwiegen. Ein Eisenzaun neben der Kirche umsäumte ein unkrautbewachsenes Fleckchen Erde, unter dem angeblich ihre Gebeine lagen. Erst Jahre später legten die zurückgekehrten Mönche dort einen Friedhof an. Als er von Neonazis 1993 verwüstet wurde, waren die Überlinger und Mauracher natürlich zutiefst empört.

In Konstanz quälte mich wieder das Warten. Die Wehrmacht wurde unaufhaltsam zurückgedrängt. Die Bombenangriffe der Alliierten wurden immer verheerender und legten ganze Städte in Schutt und Asche. Doch weder in der Wehrmacht noch in der Bevölkerung regte sich Widerstand gegen die Verantwortlichen, und Hitler gab nicht auf. Goebbels propagierte weiter den »totalen Krieg« für den »Endsieg« und berief das letzte Aufgebot ein, den »Volkssturm« der Jugendlichen, Alten und Gebrechlichen. Und noch immer fanden sich genug Menschen, die den Nazis folgten und »unserem Führer« dafür dankten, daß sie jubelnd in den Tod ziehen durften.

Alles mochte wanken in Deutschland, nur nicht die Post. Mit militärischer Präzision nahm sie Briefe und Päckchen an und stellte sie zuverlässig zu. Darüber war ich froh, denn Heino schrieb mir mehrere Male in der Woche. Er vermißte mich so sehr wie ich ihn. Bei Luftangriffen am Tage konnte er oft nicht zur Arbeit gehen, sondern lag in unserem stickigen, dunklen und kalten Kellerverschlag auf der Matratze. Ich dagegen saß in einem geheizten Haus und spielte mit meiner Mutter Karten, um die Zeit totzuschlagen!

Je näher die Front auf Deutschland und Berlin zurückte, desto größer wurde meine Angst, für immer von Heino getrennt zu werden. In den schweren und gefährlichen Stunden, die auf uns zukamen, wollte ich bei ihm sein. Aber wie lange würden noch Züge nach Berlin fahren? Ich beschloß zurückzukehren. Meine Mutter versuchte einen ganzen Abend lang, mich von der riskanten Reise abzuhalten. Ich solle das Ende des Krieges in Konstanz abwarten. In Berlin seien harte Kämpfe zu erwarten, die Nazis würden sich nicht einfach ergeben, sondern lieber sterben wollen und viele mit in den Tod reißen.

Hinter den sorgenvollen Worten hörte ich die Angst vor der Einsamkeit heraus. Das verstand ich sehr gut, denn die Einsamkeit kannte ich besser als meine Mutter, seit sie mich als Dreijährige in München verlassen hatte. Doch eben diese Angst ließ mir keine Wahl: Ich mußte zu Heino fahren, ihn wollte ich nicht verlieren. Meine Mutter brachte mich zum Bahnhof, und wie einst, als ich auf meine große Reise zu Isadora und Elizabeth Duncan ging, blickte ich vom Waggon auf sie hinunter, eine klein gewordene Gestalt, die mir traurig zuwinkte.

Der Zug kroch dahin. Er hielt an fast jeder Station und auf offener Strecke, sobald Flugzeuge am Horizont erschienen. Ich saß am Fenster, während sich die Abteile füllten und bis Berlin nicht mehr leerten. Grau und erschöpft waren die Gesichter der meisten, die ich von meinem Sitzplatz aus sehen konnte.

Nach drei langen Tagen fuhren wir in den beschädigten Potsdamer Bahnhof ein. Eine unübersehbare Menschenmenge strömte aus dem Zug auf den Bahnsteig, der vor

Flüchtlingen mit großen Koffern barst, und von dort aus zur U-Bahn, um noch vor den Treppen wieder umzukehren. Die U-Bahn fuhr nicht mehr. Ihre Tunnel boten Tausenden, deren Häuser ausgebrannt waren, Zuflucht. Tag und nacht hausten sie dort. Berlin war auf dem besten Weg, als Hauptstadt der Maulwürfe in die Geschichte einzugehen.

Also lief ich zu Fuß in die Duisburger Straße. Es war dunkel, die Straßenbeleuchtung funktionierte nicht mehr, und darüber war ich nach wenigen Schritten froh. Denn die Stadt existierte kaum noch. Es gab nur Steine und noch mehr Steine. Manche lagen zwar übereinander und erinnerten aus der Ferne an Häuser. Kam ich aber näher, entpuppten sie sich als Fassaden, durch deren leere Fensterhöhlen flüsternd der kalte Wind zog. Hinter ihnen gähnte das Nichts. Zuweilen hingen noch Reste der Wohnungseinrichtung an den aufragenden Wänden, ein Kachelofen, ein gemauerter Herd, ein Sessel mit Stehlampe. Ein kalter Mond beschien diese trostlose Szenerie.

Ich war allein. Die Menschen waren, wenige Schritte vom Bahnhof entfernt, wie vom Trümmerboden verschluckt worden. Im friedlichen Konstanz hatte ich das grauenhafte Ausmaß der Zerstörungen vergessen, auch wenn Heino in seinen Briefen von den Flugzeugen berichtet hatte, die mehrmals am Tag ihre tödliche Ladung über Berlin abwarfen.

Am Landwehrkanal bog ich von der Potsdamer Straße in das Lützowufer ein. Das ehemalige Künstlerviertel mit Peters Verlag war von den Bomben nicht verschont worden. Wie mochte es ihm wohl gehen? Voll trauriger Gedanken ging ich weiter. In der Budapester Straße begannen die Sirenen zu heulen. Ich suchte eine Ruine, die nicht gleich bei den ersten Erschütterungen in sich zusammenfallen würde, und tastete mich in einen Kellerraum hinab. Ein unbestimmbarer Geruch schlug mir entgegen, Ratten raschelten.

Der Angriff war relativ kurz, und die Bomben detonierten in größerer Entfernung. Ich kletterte aus dem Keller empor, vorbei an den Inschriften und Zetteln, auf denen ehemalige Bewohner ihre neue Bleibe mitteilten, klopfte mir den Staub von den Kleidern und ging an der schwarzen Ruine der Kaiser-Wilhelm-Gedächtniskirche vorbei auf den halb zerstörten Bahnhof Zoo zu. Im Zoologischen Garten brüllten die Löwen, kreischten die Vögel und Affen. Die Tiere waren von den Bomben verschreckt und hungerten. Ich floh das grausige Konzert.

Auf dem Kurfürstendamm herrschte angespannte Stille. Links und rechts säumten schwarze Ruinen den Boulevard, und manchmal mußte ich noch in seiner Mitte den Trümmern ausweichen. Von den schönen alten Bäumen war nichts mehr zu sehen. Nirgends brannte ein Licht. Zerbeulte und ausgebrannte Autos und Straßenbahnwagen ragten dunkel in die Nacht.

Nach ungefähr drei Stunden beschwerlicher Kletterei bog ich endlich in die Duisburger Straße ein. Die Häuser sahen glücklicherweise alle weitgehend unversehrt aus, und von weitem hörte ich schon Klavierspiel. Es drang durch die Pappen, die die gesprungenen Fensterscheiben ersetzten. Erst jetzt wurde mir bewußt, was meine größte Sorge gewesen war: Heino sei ausgebombt worden, und ich müsse im zerstörten Berlin nach ihm suchen.

Ich klopfte an das Pappfenster. Mikel bellte, und Heino öffnete vorsichtig die Tür. Ich hatte ihm nicht geschrieben, daß ich kommen würde. Er sollte gar nicht erst versuchen, mich davon abzuhalten. Nun konnte er es nicht fassen und wollte mich nicht mehr loslassen.

Niemand durfte von meiner Rückkehr erfahren. Wir zweifelten nicht daran, daß die Nazis trotz der für sie ernsten Lage ihre Drohung wahr machen und mich abtransportieren würden. Ich versteckte mich im hinteren Zimmer der Wohnung, das neben Küche und Bad lag. Das Hoffenster war wie alle anderen mit Pappe zugeklebt. Sehen konnte mich daher niemand.

Bei Luftangriffen, die nun tags wie nachts mehrmals für etliche Stunden jedes Leben ersterben ließen, durfte ich nicht in den Hauskeller gehen. Ich wartete, bis die Nachbarn unten waren, und lief dann zu einem öffentlichen Bunker am Olivaer Platz. Er faßte einhundert Menschen, unter denen ich nicht auffiel. Acht Minuten dauerte der Weg durch die menschenleeren Straßen. An den klaren Frühlingstagen sah ich, noch bevor ich den Bunker erreicht hatte, die Geschwader oft stählern am blauen Himmel glitzern. Die dröhnenden Orgeln der hundert und mehr Motoren, die Unabwendbarkeit, mit der sie sich Berlin näherten, wirkten wie eine beglückende Droge auf mich. Manchmal mußte ich mich von dem majestätischen Anblick losreißen und in den Bunker eilen, um nicht vor verriegelter Tür zu stehen.

An den eigenen Tod oder den anderer Menschen dachte ich noch immer nicht. Ich wollte, daß die Alliierten den Deutschen ihre millionenfachen Mordtaten und die Verwüstung Europas heimzahlten. Daß sie zerstörten, was zerstörerisch über Deutschland herrschte. Der »Luftterror«, wie die Nazis es nannten, verhieß mir die Freiheit.

Dann kam Anfang Februar der gewaltige Feuersturm. Hunderte von Flugzeugen legten Phosphorbombenteppiche über die Stadtmitte. Der Wind trieb die Flammen voran. Die Stadt brannte tagelang und lichterloh. Mehr als hunderttausend Berliner wurden obdachlos, Tausende verbrannten oder wurden unter den Trümmern ihres Hauses begraben. Endlose Reihen von Toten säumten die Straßen. Überlebende mit verhärmten Gesichtern suchten unter den Leichen nach Verwandten und Freunden.

Fettige Rußflöckchen trieben durch die graue Luft. Die Menschen hielten sich feuchte Tücher vor das Gesicht. Die Sonne war verschwunden, nachts leuchtete der Himmel rot. Die Tiere aus dem Zoologischen Garten irrten verstört in den Straßen umher, weil ihre Käfige zerbombt waren. Ein Löwe wurde auf dem Tauentzien erschossen.

Danach wurde es ruhiger am Himmel. Die Russen stießen in die Vorstädte vor, und es fielen keine Bomben mehr. Von einer »Festung Europa« hatten die Nazis vor der Landung der Alliierten in Dünkirchen gesprochen. Nun wurde die »Festung Berlin« genommen. Noch immer gaben die Berliner nicht auf. Sie ließen sich aufhetzen, schickten Kinder und Alte in den »Volkssturm«, bauten Panzersperren aus Straßenbahnen und Trümmern, hoben Gräben aus.

Ich ging wieder in den Keller unseres Hauses. Eine Festnahme befürchtete ich nicht mehr. Nach draußen trauten wir uns ohnehin kaum noch. Mit einigen Kissen polsterten wir die Matratze im Kellerverschlag aus, um Heinos Rückenschmerzen zu lindern. Gegen den muffigen Geruch des Bettzeugs, gegen den Schmutz in Kleidern und Töpfen ließ sich nichts ausrichten. Man mußte es ertragen wie Hunger und Dunkelheit.

Selbst unten im Keller war das Donnern der Stalinorgeln, das dumpfe Krachen der Granaten und das Rasseln von Panzerketten zu hören. Der Straßenkampf hatte begonnen. Straße für Straße, Haus um Haus mußten die Russen befreien. Kamen die Bewohner nicht mit erhobenen Händen aus den Kellern, zerstörten die Russen das Haus.

Die Frontlinie kam so langsam näher, daß wir es nicht länger im Keller aushielten. Wir zogen wieder in die Parterrewohnung. Heinos Schmerzen waren zu groß, und im Notfall lag der Keller nah.

Anfang Mai suchte uns der Blockwart auf. Er war ein alter preußischer Offizier und leistete nach einer schweren Verwundung Heimatdienst. Bisher hatten wir keinen Kontakt mit ihm gehabt, er hatte uns weder drangsaliert noch bespitzelt. Nun war ihm die Aufgabe übertragen worden, die restlichen Männer in den Kampf gegen die Russen zu schicken. Er verhehlte uns nicht, daß er die Gelegenheit nutzen werde, alle Nazis, die sich kriegsunfähig hatten schreiben lassen, aus ihren sicheren Verstecken zu holen. Ich solle gut auf Heino aufpassen, sagte er, als er ging.

Endlich standen die russischen Panzer in Charlottenburg, und wir zogen wieder in den Keller. Trotz des Geschützfeuers von allen Seiten wagte ich mich einmal nach draußen, um beim Bäcker an der Ecke Brandenburgische Straße ein Brot zu holen. Das Radio sendete unablässig Durchhalteparolen. Dann kam die Nachricht vom »Heldentod« des »Führers«. Hitler beging feige Selbstmord, nachdem er das eigene Volk auf die Barrikaden und in den Tod gehetzt hatte! Und damit die teuflische Seele ihre Ruhe hat, verspricht sie in letzter Minute Fräulein Braun vor dem Traualtar noch ewige Liebe! Heino und ich konnten uns nur mühsam beherrschen, als einige Frauen im Keller zu schluchzen begannen und den Männern Tränen in den Augen standen. Diesen Menschen also hatten wir uns in der Todesangst nahe gefühlt.

Die Stunden im Keller zogen sich hin. Haus um Haus rückten die Russen näher. Rund um unsere kleine Straße krachten die Panzergranaten, ratterten die Stalinorgeln, rasselten die Panzerketten. Das stählerne Gewitter setzte unserem Spaniel Mikel zu. Während wir immerhin schnell hinauf in die Wohnung gehen und das Bad benutzen konnten, war an Auslauf für ihn nicht zu denken; in Gefechtspausen ließen wir Mikel in den Hinterhof, wo er sich allerdings nur ungern aufhielt. Nachts schliefen wir alle tief und fest. Bald würde alles überstanden sein.

Eines Morgens wachten wir dann auf, und es herrschte Totenstille. Nicht ein Schuß war mehr zu hören. Die Welt draußen schien untergegangen zu sein. Der Krieg war zu Ende. Wir hatten endlich Frieden in der Duisburger Straße. Es war der 8. Mai 1945.

Die Nachbarn schliefen noch. Heino zog sich an und ging zur Kellertür. Es dauerte lange, bis er zurückkam. Ich machte mir schon Sorgen. Doch er strahlte über das ganze staubige Gesicht. »Die Russen sind doch reizende Menschen«, erzählte er begeistert. »Ich stand vor der Kellertür und lugte vorsichtig um die Ecke. Da ging ein kleiner Soldat mit schrägen Augen und hohen Wangenknochen an mir vorüber, nickte mir freundlich zu und wünschte einen ›Guttten Morrrgen‹. Ich erwiderte seinen Gruß, und in diesem Augenblick begriff ich: Der Krieg ist vorbei. Endgültig.«

Wir umarmten uns lachend. Die Nazis waren besiegt,

die Verfolgung hatte ein Ende. Wir waren frei, und niemand konnte uns mehr trennen. Die Nachbarn steckten verwundert die Köpfe aus ihren Verschlägen, und wir wünschten ihnen strahlend und laut plärrend einen »Guttten Morrrgen«.

III

Berlin kommt wieder

Die neue Zeit begann, wie die alte geendet hatte. Wir waren Kellerkinder gewesen, und Kellerkinder blieben wir. Es war nicht daran zu denken, nach oben in die Wohnung zu gehen, aufzuräumen und endlich ein menschenwürdiges Leben zu führen. Die Lage war undurchsichtig, die Atmosphäre gespannt, die Gerüchteküche brodelte.

Es gab Plünderungen, willkürliche Verhaftungen, Erschießungen auf offener Straße. Wie alle Frauen schwärzte ich mir mit Ruß das Gesicht, um häßlich zu erscheinen. Vergewaltigungen durch die Russen sollten an der Tagesordnung sein. »Frau, komm« hießen die zwei Worte, die uns schaudern ließen.

Wir hungerten. Ich weiß nicht mehr, wie wir den bohrenden Schmerz in unseren Magengruben aushielten. Einmal fanden sich wider Erwarten noch einige Büchsen Fleisch in der Speisekammer. Nachts im Keller träumten wir von Schwarzwälder Kirschtorten und fetten Schinken, die beim Erwachen leider spurlos verschwunden waren.

Der Hunger raubte Heino und mir jedoch nicht die Würde. Wir beteiligten uns nicht an dem widerlichen Schlachtfest vor der zerstörten Barrikade, wo sich die Nachbarn unmittelbar nach Kriegsende über den Kadavern der toten Pferde um die besten Stücke stritten. Wahrscheinlich waren es jene, die am wenigsten stanken.

Heino sah, wie sich die Abdecker mit dem bloßen

Messer bedrohten, und ging weiter. Mehr als der Hunger quälte ihn die Ungewißheit, und er hatte den Keller verlassen, um die Lage zu sondieren. Auf der Brandenburgischen Straße herrschte ein reges Kommen und Gehen von russischen Soldaten, Panzern, Pferden und Geländewagen.

Plötzlich stürzte ein Russe mit vorgehaltener Kalaschnikow auf ihn zu. Heino riß beide Arme hoch und glaubte, sein letztes Stündlein habe geschlagen. Doch der Soldat schien ihn nicht weiter zu beachten und drehte sich suchend um. Also ließ Heino die Arme sinken und machte vorsichtig einen Schritt nach hinten. »Stoi!« rief der Soldat wütend. Er hatte sich schnell wieder umgewandt und stieß die Kalaschnikow in Heinos Richtung, der es nun doch für das Beste hielt, die Arme erneut hochzuheben.

»Du bleiben hier!« befahl der Soldat mit grimmiger Miene, ging zu einem Pferdewagen auf der anderen Straßenseite, zog einen Sack heraus und warf ihn meinem von Rückenschmerzen gepeinigten Pianisten in die blitzschnell aufgehaltenen Arme. Der Aufforderung »Geh Frau!« kam Heino, den seine Schlagfertigkeit sonst selten verließ, etwas unzivilisiert ohne jedes Dankeswort sofort nach.

Wir öffneten den Sack und stellten zu unserer größten Freude fest, daß er braunen Zucker enthielt. Ein wertvoller Schatz, der uns vor dem Hunger bewahren würde. Heino schleppte ihn in die hintere Ecke unseres Verschlages und meinte, wenn das so sei, gehe er gleich noch einmal zur Barrikade. Tatsächlich bekam er dort Pferd und Wagen geschenkt, diesmal sogar ohne vorgehaltene Kalaschnikow. Heino stand noch unschlüssig vor dem müden Tier mit dem Gefährt, als ihn ein Mann fragte, ob er ihm beides leihen würde. Heino reichte ihm die Zügel. Was sollte er schon mit einem Pferdewagen anfangen? Der Beschenkte fuhr rasch davon und wurde der größte Schwarzmarkthändler Berlins.

Der Frühling kam und mit ihm mein Geburtstag, der 22. Mai. Ich habe nie Wert darauf gelegt, aus diesem Anlaß ein Fest auszurichten. Heino wußte daher nichts von meinem Geburtstag. Doch dieses Mal wollte ich ihn nicht einfach übergehen, sondern zeigen, daß ich lebte und an der Seite von Heino das »Tausendjährige Reich« überstanden hatte. Eine rauschende Feier würde es nach Lage der Dinge wohl nicht werden. Aber ein wenig Luxus sollte schon einkehren: Ich wollte die Nacht – die erste seit dem Ende des Krieges – in meinem Bett verbringen. Heino schüttelte den Kopf über soviel Unvernunft, gab aber schließlich meinem Drängen nach. Er bestand nur darauf, daß wir uns angezogen in das Bett legten, um im Fall eines Falles schnell in den Keller fliehen zu können.

Mit einer flackernden Laterne tasteten wir uns leise die Treppe hinauf in den Hausflur. Ein süßlicher Geruch schlug uns entgegen. Im Hof und auf der Straße verfaulten unter den Trümmern die Leichen. Die Nacht war ruhig, unsere Wohnung unverändert. Endlich wieder zu Hause! Die Luft war etwas abgestanden, aber angenehm, verglichen mit der im Keller und auf dem Hof.

Kaum hatten wir uns angekleidet auf das Bett gelegt und die Laterne gelöscht, hielt ein Auto vor dem Haus. Russische Männerstimmen waren zu hören, dann mit starkem Akzent, jedoch unverkennbar: »Heino Gaze! Heino Gaze!«

Wir lagen wie erstarrt da. Dann schlugen sie mit Fäusten gegen die dünne Fensterpappe. Zu Tode erschrocken standen wir in der dunklen Wohnung, riefen etwas Beschwichtigendes, entzündeten mit zitternden Händen die Laterne und öffneten vorsichtig die Tür. Drei Soldaten polterten mit schweren Stiefeln in die Wohnung, drei Taschenlampen leuchteten umher, eine Stimme befahl Heino ungeduldig, mitzukommen.

Heino umarmte mich und gratulierte mir zum Geburtstag, sofern es schon null Uhr sei. Unsere kleine Feier müsse er leider verlassen, sagte er mit einem verunglückten Lächeln, ihn ziehe es nämlich in das schöne Sibirien. Fünf Jahre später sollte es in einem seiner schönsten Lieder heißen: »Es war sehr schön, ich muß jetzt gehn.«

Einer der Russen griff nach Heinos Arm und zog ihn zur Tür. Ich ließ den anderen Arm aber nicht los. Sollten sie mich doch mitnehmen. »Njet«, schüttelte einer der Russen den Kopf und versuchte, meine Hand zu lösen. »Doch«, sagte ich auf russisch, »ich habe Geburtstag, und an meinem ersten Geburtstag, den ich in Freiheit feiere, können Sie mir meinen Mann nicht nehmen.« Die Soldaten blickten mich erstaunt an. Dann nickte der offenbar Ranghöchste. Schon waren wir vor der Tür, bestiegen einen Wagen und brausten in halsbrecherischem Tempo durch die Trümmer.

Die Fahrt dauerte nur kurz. Der Wagen bremste nicht vor einem Gefangenenlager oder der Kommandantura, sondern auf dem Lehniner Platz vor dem Kino, das Erich Mendelsohn in den Zwanziger Jahren gebaut hatte. Es schien unbeschädigt, und von innen scholl uns ein unbeschreiblicher Lärm entgegen. Aus voller Kehle sangen Soldaten zu den kaum vernehmbaren Klängen nur weniger Instrumente »Otschi Tschjornij«, »Schwarze Augen«. Der Saal war brechend voll, die Luft zum Schneiden.

Wer von den Soldaten nicht lauthals und angetrunken sang, tanzte mit einem der zahlreichen hübschen deutschen Mädchen. Während wir zu einem erhöht stehenden, langen Tisch geführt wurden, erkannte ich einige Sternchen des deutschen Films. Selig lagen sie in den Armen der Rotarmisten.

Heino wurde zu einem Klavier geführt, das in der Ecke des Saales stand. Er war geholt worden, um zum Tanz aufzuspielen! Drei Musiker, die das Publikum bisher mit einer Ziehharmonika, einer Balalaika und einer Trommel unterhalten hatten, nickten ihm erleichtert zu.

Noch bevor ich mich über dieses unverhofft glückliche Ende des Albtraums freuen konnte, saß ich schon am Tisch zwischen russischen Offizieren und mußte dem Kommandanten neben mir mit Wodka zuprosten. Kaum hatten wir die Gläser geleert, füllte ein Soldat sie wieder randvoll, und dann hob der Kommandant das seine erneut, lachte mir aufmunternd zu und kippte den Wodka hinunter. Besonders stolz schien er auf seine blitzenden Zähne zu sein – sie waren allesamt aus Silber, und ich starrte die ganze Zeit gebannt auf sie. Der Alkohol stieg mir sofort in den Kopf. Seit Wochen hatte ich kaum etwas Richtiges gegessen.

Heino traktierte wie ein Berserker das Klavier. Er improvisierte zu der russischen Tanzmusik seiner Begleiter in größtmöglicher Lautstärke, um in dem riesigen Saal gehört zu werden. Dem Kommandanten gefiel die Musik, und plötzlich setzte er über den Tisch, um vor meinen Augen einen wilden Krakowiak zu tanzen. Ich nutzte die tosende Begeisterung um mich herum, um Tisch und Saal unbemerkt zu verlassen. An küssenden Paaren vorbei ging ich in die Dunkelheit.

Der Leichengeruch war mein einziger Begleiter. Angst verspürte ich trotz der nächtlichen Ausgangssperre keine. Die Soldaten hatten zu tun, der Weg war nicht weit, und alle Welt versteckte sich ängstlich in den Kellern. Nur die Sieger feierten. In der Wohnung zog ich mich aus, wusch mich seit langer Zeit mal wieder gründlich – mit dem kostbaren Wasser, das wir wegen der Versorgungsengpässe vor Tagen in Schüssel und Eimer gefüllt hatten – und zog ein frisches Nachthemd an, bevor ich mich endlich ins Bett legte. Heino kam erst gegen vier Uhr morgens zurück. Seine Finger waren wund, der Rücken schmerzte. Aber erfroren war er in Sibirien nicht.

Von nun an lebten wir in der Wohnung – »komme, was da wolle«, sagte Heino. Es kamen drei Offiziere, gleich am nächsten Tag. Wir hörten den Wagen abrupt bremsen und einige russische Befehle. Heino stürzte sofort zum Flügel und begann zu spielen. Er hatte sich für klassische Improvisationen entschieden, die an Tschaikowski erinnerten, und den Geschmack der Herren glücklicherweise getroffen. Leise betraten sie, nachdem ich ihnen die Tür geöffnet hatte, die Wohnung und setzten sich hin.

Heino spielte ungefähr eine Stunde vor dem kleinen, andächtig lauschenden Konzertpublikum. Dann drehte er sich auf dem Schemel um und begrüßte seine Gäste. Bewegt erhoben sie sich, küßten ihn dankbar und förderten aus ihren Taschen Zigaretten und eine Uhr zu Tage, die sie zu »Doswidanje, spassiba« auf das Klavier legten, bevor sie die Wohnung verließen. »Wenn es meinen Eltern nur auch so ergeht«, seufzte Heino. Aus Halle hatten wir seit der Befreiung keine Nachricht mehr erhalten.

Wenige Stunden nach den unbekannten Musikliebhabern klopfte Willi Schaeffers in Begleitung eines russischen Offiziers an die Tür. Wir hatten ihn seit Monaten nicht gesehen. »Ihr werdet kaum glauben, warum ich hier bin«, sagte Schaeffers augenzwinkernd. »Ich eröffne das Kabarett der Komiker wieder, und du, Heino, wirst mein musikalischer Leiter.« Heino mußte sich erst einmal setzen und staunte Schaeffers an.

Dessen Begleiter lächelte und erklärte in perfektem Deutsch, daß die Russen die deutsche Kultur schätzten: Goethe, Schiller, Thomas Mann, Bach und Beethoven. Theater und Konzertsäle sollten so bald wie möglich eröffnet werden, um mit Hilfe der Kultur den Geist der Nazis auszutreiben. Und mit Kabaretts, ergänzte er, den Blick auf Schaeffers gerichtet.

Heino müsse etwas Aufmunterndes für die Berliner komponieren, meinte Schaeffers, und jeden Abend mit ihm auf der Bühne stehen. Georg Thomalla, die Schauspielerin und Jazzsängerin Evelyn Künneke, Nina Consta und einige andere alte Bekannte habe er in den Trümmern schon ausfindig gemacht und zum Mitmachen bewogen. Heino solle am Klavier, gemeinsam mit einem Schlagzeuger, die Aufführungen begleiten.

Heino mußte nicht erst überredet werden. Er war begeistert, und mit einem Mal fiel die Anspannung der letzten Wochen von ihm ab. Das Ende des Krieges verschaffte ihm endlich die Möglichkeit, seine Herzenssache zum Beruf zu machen. Statt wieder in das Hüttenwerk zu gehen, konnte er den lieben langen Tag – und nicht nur am Abend – improvisieren, komponieren, texten. Ein Lebenstraum erfüllte sich, und es hätte nicht viel gefehlt, daß er seinem alten Freund um den Hals gefallen wäre.

Schon für den nächsten Morgen hatte Schaeffers die ersten Proben in Friedenau angesetzt, und kaum waren die Besucher gegangen, setzte sich Heino an den Flügel. Nach kurzer Zeit hatte er den Titel des Liedes gefunden, das die Berliner aufmuntern sollte: »Berlin kommt wieder«. Bis spät in die Nacht feilte er an der fröhlichen, kecken Melodie und am Text.

Am nächsten Morgen verließ er früh die Wohnung und kehrte erst abends erschöpft zurück. Der Weg nach Friedenau war mühsam und voller Schrecken gewesen, gesäumt von Bomben, toten Pferden und Leichen, die noch niemand begraben hatte. Am Fehrbelliner Platz waren alle Bäume abgesägt worden. Ein russischer Soldat hatte Heino und zwei andere Fußgänger beiseite gewunken und ihnen befohlen, einen in der Straße steckenden Blindgänger auszugraben. Als der Soldat kurz darauf verschwand, ging auch Heino. Aber das Kabarettensemble sei großartig, erzählte er mir, und die Energie, mit der alle den Neuanfang wagten, mitreißend.

Als ich das hörte, war ich aufgebracht. Neuanfang! Der mußte doch erst einmal von den Berlinern selbst gemacht werden! Das konnte man nur, indem die Parteigenossen und die Denunzianten aus ihren Löchern geholt und vor die Gerichte gestellt wurden! Indem die Verantwortlichen gefragt wurden, warum sie die Juden vergast, die Kommunisten und Sozialdemokraten verschleppt, die Zerstörung fremder Städte angeordnet und die der eigenen hingenommen hatten!

Nichts dergleichen geschah, und das ging über meinen Verstand. Wieviel leichter hätten es die Deutschen gehabt, wenn sie die großen und kleinen Nazis exekutiert oder wenigstens inhaftiert hätten, statt alles den Al-

liierten zu überlassen. Welch vertane Chance, ein bißchen Würde zurückzuerlangen, ein wenig von dem gut-
zumachen, was zwölf lange Jahre versäumt worden war.

Statt dessen gingen alle zur Tagesordnung über und
fühlten sich sogar als die eigentlichen Leidtragenden.
Wer hatte das »Dritte Reich« aushalten müssen, fragten
sie, wer hatte gehungert, die Alliierten und die Emigranten oder wir Deutschen? Na also, nickten sie sich selbst-
gerecht zu. Die Deutschen waren die Opfer der Nazis.
Wenn ich weiter fragte, stieß ich auf eine Mauer des
Schweigens.

Das blieb die nächsten Jahre so. Und was noch schlimmer war: In vielen wichtigen Funktionen blieben die alt-
gedienten Parteigenossen auf ihren Stühlen sitzen. Kaum
jemand wurde entlassen, jedenfalls nicht in den Zonen
der Westalliierten; nur die Russen gingen unnachsichti-
ger gegen Nazis vor.

Allmählich verstand ich: Die Deutschen hatten ja alle
gesehen, wie in ihrer Stadt, in ihrem Dorf, in ihrer Straße
die Juden abgeholt wurden. Wie sollten sie mit den Nazis
abrechnen? Sie waren selbst welche gewesen, ganz, halb
oder ein bißchen. Und jetzt legten sie die Vergangenheit
ab wie ein abgetragenes Kleid.

Diejenigen, die etwas zu befürchten hatten, waren wieder einmal schneller. Denunziationen häuften sich, und
es waren nicht etwa Nazis, die angeschwärzt wurden, sondern jene, die keine gewesen waren. Als ich auf dem be-
helfsmäßig eingerichteten Bezirksamt meinen Ausweis
für die »Opfer des Faschismus« abholte, hörte ich zwei
Angestellte darüber sprechen, daß unser ehemaliger Blockwart als Nazi verhaftet worden war.

Ich glaubte, mich verhört zu haben, und mischte mich

in die Unterhaltung ein. Es handelte sich tatsächlich um den verwundeten Wehrmachtsoffizier, der bei seinem ersten und einzigen Besuch in unserer Wohnung kurz vor der Befreiung versprochen hatte, die Nazifunktionäre auf die Barrikaden zu stellen. Offenbar war er das Opfer einer dreisten Denunziation geworden. Ich stellte mich als »Opfer des Faschismus« vor und sagte, für den vermeintlichen Nazi könne ich die Hand ins Feuer legen.

Der Leiter des Bezirksamts eilte herbei und versprach, die Anzeige zu prüfen. Kurz darauf kam der Mann frei. So schnell, wie man in diesen unsicheren Tagen verhaftet und in ein Lager transportiert werden konnte, wurde man manchmal auch wieder entlassen.

Es gab erneut Lebensmittelkarten, aber das, was uns »Normalverbrauchern« zustand, reichte weder zum Leben noch zum Sterben. Oft, etwa im Juli, waren die zugesicherten täglichen 7 g Fett oder 20 g Fleisch nicht zu erhalten. Unsere Nachbarn fuhren wie viele andere in überfüllten Zügen, manchmal gar auf deren Dächern ins Umland, um bei den Bauern Zigaretten, Kleider, Wäsche, Geschirr und Schmuck gegen Lebensmittel zu tauschen. Solche Hamsterfahrten wollte ich mir nicht zumuten. Ich ging auf den Schwarzmarkt und bezahlte mehr als hundert Mark für ein halbes Pfund Butter oder eine Schachtel Zigaretten, die Heino dringend brauchte.

Unser Hund Mikel hatte es schwerer. Wir teilten unsere kleine Brotration mit ihm, aber an Fleisch war schon in den letzten Kriegswochen nicht zu denken gewesen. Mikel wäre ein Vegetarier geworden, wenn nicht hin und wieder Nachbarn Knochen vor die Tür gelegt hätten, die Reste ihrer Hamstertouren. Ich kochte die Geschenke stundenlang aus, so daß nicht nur Mikel ein Festessen hatte.

Heino schrieb und komponierte frühmorgens, bevor er zu den Proben ging, und danach bis in die Nacht hinein. Die kabarettistische Bilderfolge war kaum ausgedacht, komponiert und getextet, da wurde sie schon auf den löchrigen Brettern geprobt. Bereits am 2. Juni hatte »Rosen auf den Weg gestreut« Premiere im Café Leon am Lehniner Platz. Obwohl die Bestuhlung etwas uneinheitlich ausgefallen war und man durch das Dach den Himmel sehen konnte, war Willi Schaeffers stolz, wieder an dem Ort aufzutreten, an dem das Kadeko bis zum August 1944 gespielt hatte, als Goebbels den »totalen Krieg« verkündete und die meisten Unterhaltungsbetriebe schließen ließ.

»Wir haben weder Kosten noch Mühe gescheut«, sagte Willi Schaeffers in seiner Conférence. »Die Kostüme, die Sie hier sehen, haben wir aus den Kellern der umliegenden Häuser geholt, und damit der Geist weht, wo er will, haben wir das Dach aufgerollt. Heute abend sitzen wir dann alle wieder gemeinsam auf dem Trockenen, und wenn uns ein Licht aufgeht, dann verdanken wir das der Einsicht von Herrn Bersarin, der seit ein paar Tagen erkannt hat, daß man die Dunklen ganz schnell ans Licht holen muß.«

Weiß der Himmel wie und unter welchen Trümmern Willi Schaeffers seine Kabarettisten gefunden hatte, aber sie machten ihre Sache glänzend. Evelyn Künneke, Brigitte Mira, Nina Consta, Georg Thomalla und all die anderen wurden bejubelt. Auch den russischen Offizieren, die in den ersten zwei Stuhlreihen saßen, gefiel das Programm offenbar gut. Der Applaus wollte kein Ende nehmen, und so sang das ganze Ensemble als Zugabe Heinos »Berlin kommt wieder«.

Die Vorstellung lief jeden Abend vor ausverkauftem Haus. Aufmunterung konnten alle brauchen. Wir waren lange auf Trümmern gebettet gewesen und ließen nichts lieber geschehen, als daß man uns, und sei es auch nur für zwei Stunden, »Rosen auf den Weg« streute.

Das Kabarett der Komiker war nur ein kleiner Teil des Aufbauwunders, das die Russen vollbrachten, bevor die Westalliierten in die Stadt kamen. Sie unternahmen alle Anstrengungen, um in den Trümmern ein blühendes kulturelles Leben entstehen zu lassen. Schon im Mai hatte der Rundfunk wieder zu senden begonnen, Zeitungen erschienen, Opernhäuser öffneten. Die Philharmoniker spielten im Titania-Palast in Steglitz, das Deutsche Theater im alten, von Bomben verschont gebliebenen Haus. Jeder halbwegs erhaltene Saal wurde für Vorträge, Theater-, Kabarett- und Kinovorführungen genutzt, und jeder dieser Säle war bis auf den letzten Platz besetzt. Die Menschen hungerten nach Brot, und noch mehr hungerten sie nach Kultur.

Die Russen befriedigten diesen Hunger, obwohl ihr Land unter den Nazis am grausamsten gelitten und Millionen Tote zu beklagen hatte. Über ihre Motive schwiegen sie nicht. Auf großen Tafeln, die an Plätzen, auch neben dem Brandenburger Tor, aufgestellt wurden, hieß es: »Die Hitlers vergehen, aber das deutsche Volk bleibt bestehen.« Die Deutschen sollten von den Nazis genesen, indem sie ihre Kultur wiederentdeckten.

Im Juli kamen die Westalliierten nach Berlin und übernahmen ihre Sektoren. Die Duisburger Straße fiel den Engländern zu. Der französische Besatzungsteil umfaßte Berlins Norden, der amerikanische den Westen und der russische den Osten. Für die Berliner aber änderte sich vorerst nichts. Trümmer beherrschten das Straßenbild, nicht die Alliierten – Trümmer und die Trümmerfrauen, die unermüdlich, in langen Reihen, in ganz Berlin Steine schleppten, säuberten, stapelten und wegfuhren.

Nach dem Eintreffen der Westalliierten wurde das Kulturleben noch reicher, denn sie förderten das bereits Entstandene und setzten neue Akzente. Als Leonard Bernstein mit den New Yorker Philharmonikern nach Berlin kam und in einem sehr provisorisch wieder hergerichteten Saal spielte, hatten Heino und ich das Glück, ihn zu sehen und zu hören. Als Zugabe wurde der »Bolero« von Ravel gegeben, der in Nazi-Deutschland verboten gewesen war. Es riß die Menschen von den Stühlen. Mit »standing ovations« feierten wir Bernstein.

Das Kabarett der Komiker spielte weiter vor vollem Haus, und ich begleitete Heino jeden Abend zur Vorstellung. Er verdiente gerade so viel, daß wir eine junge Haushälterin anstellen konnten. Ilse stammte vom Land und war froh, bei uns unterzukommen. Unser Leben und das in der Stadt begann sich zu normalisieren.

Dank Ilse saß ich jetzt neben Heino, wenn er komponierte. Er brauchte mich bei seiner Arbeit. Manchmal suchte er tagelang improvisierend nach einer Melodie, dann wieder strömten die Melodien so schnell aus ihm heraus, daß er kaum noch mitschreiben konnte. Ich hörte zu und mußte im rechten Augenblick mein Urteil abgeben. Meine Anwesenheit inspirierte ihn.

Die Vorstellungen im Kabarett der Komiker und die rastlosen Vorbereitungen für neue Stücke hätten schon einen ausgeruhten, gut ernährten Menschen in Friedenszeiten voll beansprucht. Doch Heino war, obwohl von den Entbehrungen der Kriegszeit gezeichnet und aufgrund der Lebensmittelknappheit ausgehungert, mit diesen beiden Tätigkeiten keineswegs ausgelastet. In fast jeder Nacht war er unterwegs. Nach der Vorstellung im Kabarett der Komiker wurde er meist von einem Jeep in einen der zahlreichen amerikanischen Nachtclubs gefahren, um dort bis in die frühen Morgenstunden hinein Klavier zu spielen. Die amerikanischen Soldaten vergnügten sich, anders als die englischen und französischen, nach Kräften bei guter Jazzmusik, mit hochprozentigem Alkohol und lebenslustigen Berliner »Fräuleins«.

Ich lag wach, bis Heino nach Hause kam. Nicht etwa, weil ich mir Sorgen machte. Die Amerikaner holten ihn ja mit dem Jeep von der Kabarettvorstellung ab und fuhren ihn nachts zurück. Nein, ich lag wach, weil ich hoffte, er würde etwas Eßbares mitbringen: Brot, Corned Beef, vielleicht ein Stück Kuchen.

Aber oft entlohnten die Soldaten das stundenlange Klavierspiel nur mit einer Schachtel Lucky Strike, der heimlichen Währung. Heino war eben keines der Berliner »Fräuleins«, die von ihren Freunden mit Lebensmitteln und Kleidung beschenkt wurden, damit sie weiterhin proper aussahen. Immerhin ließ das Nikotin ihn für kurze Zeit seine Rückenschmerzen vergessen. Einige Zigaretten hielt er für den Schwarzmarkt und unsere dringendsten Einkäufe zurück.

Eines Nachts stellte Heino amerikanische Soldatenstiefel vor dem Bett ab. Ich verkaufte die ungewöhnliche Sonderzulage am nächsten Tag und suchte nach Lebensmitteln, als ich am Kurfürstendamm einem Antiquariat nicht widerstehen konnte. Heino kam abends vom Kadeko zurück und fragte, was ich für die Stiefel bekommen habe. Stolz zeigte ich ihm vier Bücher. Er sah mich fassungslos an und begann zu lachen. »Ach ja, wir leben nicht von fehlendem Brot allein.«

Heinos Talent hatte sich offenbar langsam herumgesprochen. Eines Nachmittags erschien der Adjutant General Eisenhowers in unserer bescheidenen Wohnung und bat Heino, am nächsten Tag im Grunewald für den amerikanischen Oberbefehlshaber zu spielen. Er möge zwei, drei Freunde, möglichst auch eine Sängerin mitbringen. Heino hatte schon ein Engagement in einem Soldatenclub verabredet, aber der Adjutant versprach, sich darum zu kümmern.

Ein Jeep fuhr ihn, unsere Freundin Rosel Rauch und die junge Harmoniumspielerin Mitjew am Abend zu einer Villa im Grunewald. Die Oberkommandierenden der Sowjets und Engländer, Shukow und Montgomery, waren bei Eisenhower zu Gast und hörten nach dem Abendessen Songs von George Gershwin, Richard Rogers, Cole Porter und Irving Berlin. Besondere Freude bereiteten Eisenhower offenbar Wiener Lieder, die Rosel Rauch wunderbar schmelzend zu singen verstand. Heino erzählte mir, der General habe die Augen nicht von ihr abwenden können.

Nach dem Konzert dankte man den Musikern, und ein Adjutant bat sie, ihm zu folgen. Als er die Küchentür öffnete, blieb Heino entsetzt stehen und fragte den Adjutanten, ob sie tatsächlich in der Küche essen sollten. Achselzuckend ging der Adjutant hinein. Heino beschwor die beiden Frauen, sich nicht beleidigen zu lassen. Beide waren jedoch so ausgehungert, daß sie dem Anblick lang entbehrter Köstlichkeiten nicht widerstehen konnten.

Heino zündete sich eine Zigarette an und ging allein vor der Küche auf und ab. Als Eisenhower durch die Halle auf ihn zukam und freundlich fragte, ob er denn schon gegessen habe, sagte er mit fester Stimme, er sei es nicht gewohnt, in der Küche zu essen. Eisenhower entschuldigte sich betreten, blickte zu seinen hohen Gästen hinüber und bat Heino, noch etwas zu bleiben. Bald seien sie unter sich, und dann könne er sich ihnen ungehindert widmen.

Es wurde eine lange, rauschende Nacht. Eisenhower ließ die Tafel neu decken und trank und aß noch einmal mit. Nach und nach verschwand sein Stab. Heino saß wieder am Klavier, Mitjew spielte Harmonium, und Rosel Rauch sang, beflügelt von der fürstlichen Bewirtung und all den Genüssen, nun nur noch, was Eisenhower wünschte: Wiener Lieder.

Eisenhower setzte sich zu Heino an das Klavier, und beide spielten vierhändig den Flohwalzer und »When The Saints Go Marching In«. Dann tanzte er mit Rosel Rauch in die Halle hinein und schlug ihr im Halbdunkel vor, in eine requirierte Villa ganz in der Nähe zu ziehen. Rosel Rauch lehnte freundlich, aber bestimmt ab. Sie war mit dem Prinzen Schönaich-Carolath verheiratet, einem Sohn Wilhelm II., und ihm treu ergeben.

Nun wurde das Trio öfter in den Grunewald eingeladen. Eisenhower tanzte mit Rosel, und Rosel versuchte, den General für ihre Schwiegermutter, Kaiserin Hermine, einzunehmen, die von den Russen festgehalten wurde. Heino versuchte vergeblich, sie von den diplomatischen Demarchen abzuhalten. Aber Eisenhower wie Rosel hatten bei dem jeweils anderen ohnehin kein Glück.

Das nicht ungefährliche Geturtel endete abrupt, als Frau Eisenhower nach Berlin kam, um bei ihrem Ehemann nach dem Rechten zu sehen. Das kleine Ensemble war auf einmal entbehrlich und mußte auf die lustigen

Abende und die exquisite Verpflegung verzichten. Es konnte sich allerdings damit brüsten, einmal mit einem späteren Präsidenten musiziert zu haben.

Rosel Rauch und ihr Prinz sind 1947 übrigens einem Trickbetrüger aufgesessen, der ihnen die Befreiung der Kaiserin mit einem Panzer versprach. So verloren sie ihre letzte Habe, einen Koffer voll wertvollem Schmuck.

Obwohl Heino in Arbeit erstickte, fand er noch Zeit, auf eine Heirat zu drängen. Ich fühlte mich mit dem Ende des Krieges von der Verpflichtung gegenüber Fritz entbunden, hätte ihn aber gern noch einmal persönlich gesprochen. Die Amerikaner hatten gerade ihr Büro im Grunewald eröffnet, und so machte ich mich zu Fuß auf den Weg. Ein fließend deutsch sprechender Offizier nahm mir sofort jede Hoffnung. Auf Jahre hinaus sei eine Reise für Deutsche in die USA völlig ausgeschlossen. Er könne jedoch einen Brief befördern.

Bedrückt trat ich den Rückweg an. Zu Hause setzte ich mich sofort an den Tisch und schrieb Fritz, daß ich einen Mann heiraten wolle, an dessen Seite ich die Nazizeit überstanden hätte. Er möge bitte Verständnis haben. Schließlich habe ich, seit unsere Liebe ein so abruptes Ende gefunden hatte, kaum mehr von ihm gehört.

Mit dem Brief in der Tasche fuhr ich deutlich beschwingter noch einmal in den Grunewald und übergab ihn dem Offizer. Nun fühlte ich mich innerlich frei für die Hochzeit. Heino war überglücklich, fischte einen goldenen Ring aus den Tiefen seiner um den Bauch schlotternden Hose, streifte ihn mir feierlich über und deklamierte: »Willst du diesen kräftigen Mann zu deinem Verlobten nehmen und ihn möglichst bald heiraten, so erkläre dich mit einem deutlichen Ja.« Noch am selben

Tag bestellte ich im Standesamt des Rathauses Schmargendorf das Aufgebot.

In dieser Nacht träumte ich noch einmal den Abschiedstraum meiner Kindheit. Meine Mutter stand wie immer in ihrem weißen Kleid auf dem Bahnsteig, diesmal aber lehnte ich mich winkend aus dem Fenster. Bevor der Zug zu fahren begann, kam Mutter, die nun auch winkte, mir so nahe, daß ich ihre sonnenwarme Wange küssen konnte. Dann pfiff die Lokomotive, und wir entfernten uns sachte voneinander. Ich bin selten so glücklich aufgewacht wie am Morgen nach der Verlobung.

Unsere Wohnung war wie schon im Krieg zum Treffpunkt von Musikern, Kabarettisten, Textern und Sängern geworden. Mit Rosel Rauch, Willi Schaeffers, seinem Sohn Peter Schaeffers, Brigitte Mira und anderen saßen wir oft bei Muckefuck, der »Schmunzelbrühe«, oder bei russischem Tee zusammen, der pfundweise zu eckigen Klumpen gepreßt war.

Waren der Geiger Helmut Zacharias und Hella da, dann konnte man sicher sein, daß die beiden Männer sich bald vom Tisch erheben und zum Flügel hinübergehen würden. Klavier und Geige jagten sich voller Begeisterung durch Jazzstandards, und die Gesichter über beiden Instrumenten freuten sich diebisch, wenn ihnen eine Improvisation besonders gelungen war.

Eines Tages schauten zwei amerikanische Journalisten vorbei. Die Korrespondenten der Nachrichtenagenturen Associated Press und United Press hatten eine Vorstellung des Kabaretts besucht und sich über »Berlin kommt wieder« gewundert. Sie fragten geradeheraus, ob der Titel der Hoffnung Ausdruck gebe, die Nazis kehrten zurück.

So war das Lied auch von Offizieren im Dahlemer Har-

nackhaus mißverstanden worden; als es am Ende einer
Vorstellung vom Kabarett der Komiker angestimmt worden war, hatte sich zu meinem Entsetzen die Hälfte der
Zuschauer erhoben und den Saal verlassen. Alarmiert
erzählte ich daher den Gästen auf Englisch, daß das Lied
auf Bitten der Russen entstanden sei, die etwas Lustiges
verlangt hätten.

Der Hinweis auf die kommunistischen Alliierten machte
die Sache nicht besser, soviel konnte ich an ihren Gesichtern sehen. Also setzte ich nach: »>Berlin kommt wieder‹ macht Hoffnung auf die Zukunft, nicht auf die Vergangenheit.« Und dann übersetzte ich den ersten Vers
und den Refrain des Liedes:

>»Berlin kommt wieder,
so schön wie's früher einmal war,
ist Deutschlands Hauptstadt,
ist frei nach langen, dunklen Jahrn.
Jawohl mein Schatz am Alexanderplatz,
Kurfürstendamm und Spree,
der spürt auf's neue diese Harmonie,
und wer sie einmal fühlt,
der vergißt sie dann nie.
Berlin kommt wieder,
so frei wie's früher einmal war,
ist Deutschlands Hauptstadt,
gewiss es geht nicht über Nacht,
doch ganz genauso wie nach dunkler Nacht
die Sonne wieder lacht,
so werden untern Linden
Linden blühen.
Berlin bleibt doch Berlin.«

Heino begleitete mich am Klavier und drehte sich dann gespannt zu den Korrespondenten um. Unser beider Vortrag schien sie überzeugt zu haben. Sie wollten noch mehr hören, und so begann ein längeres Gespräch mit viel Musik.

Mit Dan de Luce, dem Korrespondenten von Associated Press, freundete sich Heino an. Dan war ein Jazzliebhaber und fachsimpelte ganze Abende mit ihm über die neuesten Stücke, die im Radio zu hören waren.

Einmal brachte er einen Kollegen und eine korpulente ältere Offizierin mit. Sie maß mich voller Verachtung, als sie an mir vorbei in die Wohnung trat. Dan de Luce hatte ihr den Vortritt gelassen und flüsterte mir hinter ihrem Rücken die Warnung zu, sie sei eine »very important person«. Die Bezeichnung weckte eine unangenehme Erinnerung.

Die Offizierin verhielt sich, als ob sie die Reichskanzlei betreten hätte. Unser Mikel himmelte sie leider schamlos an, und als sie grinsend eine Schachtel Pralinen aus ihrer Handtasche zog, wußten wir auch, warum. Sie blickte auf Heino, dann auf mich, schien nachzudenken und entschloß sich schließlich, Praline für Praline Mikel zu geben.

Wir bissen uns auf die Zungen, um uns keine Blöße zu geben. Der schlimmste Hunger war vorbei, aber satt wurden wir selten. Schokolade jedenfalls hatten wir seit Monaten nicht einmal gesehen, und Mikel hatte es wirklich nicht schlecht bei uns. Jedenfalls sah er nicht verhungerter aus als wir.

Der Nachmittag verging in eisiger Stimmung. Heino unterhielt sich mit Dan und machte keine Anstalten, den Klavierdeckel hochzuklappen. Ich dachte nicht daran, Tee anzubieten, sondern unterhielt mich ausgiebig mit Ilse über langweiligste Haushaltsangelegenheiten und streichelte dabei Mikel, damit er uns nicht wieder verriet. Die Offizierin saß in unserem besten Sessel, schien alles sehr interessant zu finden und rührte sich eine geschlagene Stunde nicht vom Fleck. Dan de Luce, dem ihr Verhalten peinlich war, versuchte erfolglos, schon vorher aufzubrechen.

All das war vergessen, als Anfang August der Hochzeitstag heranrückte. Mit unseren Trauzeugen, dem Schlagzeuger des Kabaretts und Peter Schaeffers, der Heinos neuer Verleger geworden war, machten wir uns auf den weiten Weg nach Schmargendorf. Heino und ich litten an der grassierenden Ruhr und waren vom Arzt mit fiebersenkenden Mitteln versehen worden, um die ersehnte Amtshandlung mit einigermaßen klarem Kopf zu überstehen. Gegen die eigentlichen peinlichen Krankheitssymptome ließ sich freilich nichts ausrichten.

Die hochsommerliche Hitze strengte furchtbar an, und die Unterhaltung fiel uns schwer. Ich hatte mich fast schon an den Anblick der zerstörten Stadt gewöhnt. Doch der Gegensatz zwischen den vom Feuer geschwärzten Ruinen und der gleißenden Sonne am blauen Himmel schmerzte. Die Straßen, in deren Mitte man manchmal nur einen schmalen Streifen trümmerfrei geräumt hatte, waren leer. Kaum jemand kam uns entgegen.

Heino und ich waren darüber durchaus nicht traurig. Wir mußten mehr als einmal in einer Ruine verschwinden, nachdem wir sie routiniert gemustert hatten, um festzustellen, ob sie dieser neuerlichen Belastung standhalten oder zusammenstürzen würde. Unsere Trauzeugen bewahrten während der zahlreichen Unterbrechungen Fassung. Bei einer der Verrichtungen stieß ich im verwilderten Garten einer Villa auf einige Blumen. So hatte die Braut immerhin einen Hochzeitsstrauß, wenn der Bräutigam schon keine neuen Ringe, sondern nur die am Morgen eingezogenen Verlobungsringe präsentieren konnte.

Selbst die heilige Zeremonie mußte mehrere Male wegen unaufschiebbarer profaner Bedürfnisse unterbrochen werden. Als wir gerade das Jawort gesprochen hatten und einmal mehr kurz davor standen, das gewisse Örtchen aufzusuchen, kamen dem Standesbeamten offenbar gewisse Zweifel an unserer Heiratsfähigkeit: »Sind Sie denn auch wirklich Arier?« Wir sahen ihn so entsetzt an, daß er sich auf die Lippen biß und uns eilig mit einem Wink entließ.

Unser Hochzeitsmahl war eine Mehlsuppe, gesüßt mit braunem Zucker aus dem Sack, den Heino vor Monaten zugeworfen bekommen hatte. Der Bräutigam und die Trauzeugen rauchten die letzten Zigaretten. Am Abend besuchte ich die Vorstellung des Kabaretts der Komiker, bei der mein Ehemann wie üblich am Klavier saß. Willi Schaeffers war der Conférencier und ließ es sich nicht nehmen, unsere Hochzeit auf der Bühne zu verkünden.

Nach der Vorstellung feierten wir ausgelassen in einem winzigen Kellercafé, und Willi Schaeffers sang einen kleinen Text zur Melodie von »Berlin kommt wieder«, in dem die Namen Heino und Sonja beinahe alle anderen Worte verdrängt hatten. Diese Version hätte sicher auf der ganzen Welt keinen Argwohn erregt.

Das kommt davon

Im Frühherbst 1945 klopfte ein Mann an unsere Tür, der endlich Nachrichten aus Halle brachte. Sie waren höchst beunruhigend. Zwar waren Heinos Eltern wohlauf, doch der Vater hatte das Notariat verloren. Er hatte, ohne Nazi zu sein, im »Dritten Reich« Mitglied der NSDAP werden müssen, um weiterhin als Notar arbeiten zu können. Als Parteigenosse war er verdächtig. Die Russen und die von ihnen eingesetzte Verwaltung schenkten seinen Beteuerungen, nur aus beruflichen Gründen zur Parteimitgliedschaft gezwungen gewesen zu sein, keinen Glauben und hatten die Kanzlei geschlossen.

Wir hielten den Atem an. Die finanziellen Einbußen waren noch am wenigsten gravierend. Heinos Eltern verfügten sicher über Rücklagen und konnten notfalls, da sie nicht ausgebombt worden waren, Wertsachen verkaufen. Daß dem Vater jedoch die Einlieferung in ein russisches Lager für Parteigenossen drohte, war eine Katastrophe.

Heino war beim Kabarett der Komiker unabkömmlich, wo er neben der musikalischen Leitung der Vorstellungen die Musik für das nächste Stück »Himmeldonnerwetter« komponierte, eine »verteufelte Reportage in 10 Kapiteln« über einen Journalisten, der im Himmel Persönlichkeiten der Menschheitsgeschichte befragt. Sie sollte am 1. Oktober in der »Kaskade« uraufgeführt werden. Heinos Zusammenarbeit mit dem Autor Günther Schwenn verlief freundschaftlich, und beide arbeiteten in den kommenden Jahren oft und gern zusammen.

Ich mußte also alleine nach Halle fahren. Als »Opfer des Faschismus« könnte ich Erfolg haben. Wie nützlich der Ausweis war, hatte ich ja schon bei der Denunziation durch unseren ehemaligen Blockwart feststellen können.

Ich wußte, daß die Verhandlungen mit den Behörden oder den Russen kein Zuckerschlecken werden würden. Aber die Schwierigkeiten begannen schon in Berlin. Es verkehrten nämlich noch keine Züge nach Halle. Ich ging zum Heidelberger Platz, von wo aus Lastwagen nahe gelegene Städte ansteuerten und alles mögliche beförderten: Lebensmittel, Möbel, Menschen.

Zwei Tage wartete ich vergeblich, erst am dritten fuhr endlich ein Wagen nach Halle. Die Bänke auf der Ladefläche waren im Nu besetzt. Wir nahmen die Autobahn und sahen links und rechts ausgebrannte deutsche Panzer und Geländewagen liegen. An ihnen zogen endlose Trecks mit hochbepackten Pferdewagen vorbei. Menschen in Lumpen schritten, den Blick auf den Boden geheftet, nebenher. Sie hatten in Ostpreußen, Schlesien oder Pommern ihren ganzen Besitz und die Heimat verloren – ein erschütterndes Bild.

Einmal mußte der Lastwagen fast in den Graben ausweichen, um einen Trauerzug passieren zu lassen. Begleitet von einer kleinen Kapelle fuhr ein Panzer vorbei, auf dem ein Offizier in Paradeuniform auf einer roten Sowjetfahne lag. An die hundert Soldaten gaben dem Toten das letzte Geleit. Wenig später setzten wir auf einer hölzernen Pontonbrücke, die die Russen gebaut hatten, über die Elbe; die Autobahnbrücke war von der Wehrmacht gesprengt worden.

Halle war stark zerstört, und die umherliegenden, geschwärzten Trümmer boten einen schmerzhaft vertrauten Anblick. Was aber auf dem Bürgersteig zu sehen war, ließ mich an meinen Augen zweifeln: Dort stapelten sich überquellende Obst- und Gemüsekisten. Versorgungsprobleme schien es hier nicht zu geben, Hunger mußten die Hallenser nicht leiden.

Die Schwiegereltern öffneten vorsichtig die Tür und schlossen mich überrascht in die Arme. Die Hochzeitsglückwünsche wollten kein Ende nehmen, und einige Geschenke hatten sie auch schon bereit gelegt. Meine Ankunft heiterte die Stimmung jedoch nur kurzzeitig auf. Es lastete schwer auf beiden, als Nazis gebrandmarkt zu sein.

Bei einem reichlichen Abendessen überlegten wir, wie ich vorgehen sollte. Die Russen hatten die Schlüsselstellungen in der Stadt mit deutschen Kommunisten besetzt, die aus den Lagern oder dem Exil kamen. Sie kannten weder die Hallenser Verhältnisse noch die Menschen und verließen sich nur auf die Akten. Heinos Vater hielt sie für dogmatisch und fürchtete, ich würde bei ihnen keinen Erfolg haben. Besonders in der für Juristen zuständigen Kammer säßen nur hundertfünfzigprozentige Kommunisten, die von der Rechtsprechung keinen blassen Schimmer hätten. »Ich habe Kaufverträge und Testamente beurkundet, nicht Sozialdemokraten oder Kommunisten ins KZ gebracht!«

Er sah verzweifelt aus, und einen Augenblick verlor ich die Zuversicht, in einer fremden Stadt bei fremden Menschen etwas ausrichten zu können. Doch was blieb mir anderes übrig? Tatsächlich hörte ich am nächsten Tag in der Kammer in immer neuen Variationen den Spruch

»Nazi bleibt Nazi«. Als ich dennoch nicht klein beigab, fuhr der hagere Mann hinter dem Schreibtisch auf und warnte mich: Einen Nazi seiner gerechten Strafe entgehen zu lassen, sei Verrat am Volk. Er frage sich, ob ich meinen Ausweis als »Opfer des Faschismus« womöglich mißbrauche.

Empört verließ ich den Raum und begab mich umgehend zum Büro des Bürgermeisters. In der rechten Hand hielt ich meinen Ausweis hoch. Der Posten trat beiseite, das Vorzimmer war schnell durchschritten, und dann stand ich vor dem verdutzten Bürgermeister. Ich muß wie eine Furie ausgesehen haben, denn er rührte sich nicht und ließ meine Brandrede gegen vorschnelle Verurteilungen und neue Ungerechtigkeiten kommentarlos über sich ergehen.

Als ich zum ersten Mal nach Luft schnappte, bot er mir freundlich einen Stuhl an. Ich hatte gewonnen. Das weitere Gespräch verlief ruhig und konzentriert. Er machte sich Notizen und versprach, die Angelegenheit zu prüfen sowie Zeugen zu befragen, die über die Untadeligkeit von Heinos Vater Auskunft geben könnten.

Ich blieb in Halle, um abzuwarten, ob den Worten Taten folgen würden. Tatsächlich erhielt Heinos Vater nach zehn Tagen die erfreuliche Nachricht, er könne das Notariat wieder eröffnen. Bis dahin aß ich schon morgens begeistert Spinat, Tomaten und andere lang entbehrte Köstlichkeiten oder besuchte die Ausstellung in der Moritzburg, in der die von den Nazis als entartet verfemte Kunst der Expressionisten und Bauhäusler ausgestellt wurde. Ich war ganz allein mit den Werken von Ernst Barlach, Käthe Kollwitz und Lyonel Feininger, die den Krieg in Verstecken überstanden hatten. Vor dem großformatigen

Ölgemälde »Der Krieg« von Otto Dix blieb ich eine ganze Weile erschüttert stehen. So hatte ich mir das Elend der Schützengräben nicht vorgestellt.

Als ich abends bei meinen Schwiegereltern davon erzählte, winkte Hanna, eine entfernte Verwandte der Gazes, ab. Sie hatte bei Heinos Eltern Unterschlupf gefunden und führte ihnen den Haushalt. Hannchen war unter entsetzlichen Umständen aus Schlesien geflohen und erzählte mir unter vier Augen, daß sie sich einmal kurz vom Treck entfernt habe und gleich von mehreren russischen Soldaten vergewaltigt worden sei. Ihr Unterleib schmerze noch immer.

Nach wie vor zogen jeden Tag Flüchtlinge durch die Stadt. Auch auf der Rückfahrt nach Berlin sah ich die beklagenswerten, kilometerlangen Trecks, die sich in der kälter und regnerischer werdenden Witterung voranschleppten, und war froh, in der Duisburger Straße die Tür hinter mir schließen zu können. Heino küßte mich, als ich ihm von der Rehabilitierung seines Vaters erzählte und einen Brief seiner Eltern überreichte. Er hatte in meiner Abwesenheit die Kompositionen für »Himmeldonnerwetter« abgeschlossen.

Gleich am nächsten Tag fuhr ich mit dem Rad zum Johannaplatz. Heinos Vater hatte nämlich vermutet, daß sich das Nazi-Ehepaar wahrscheinlich Hals über Kopf abgesetzt hatte. Tatsächlich waren sie wie ein böser Spuk verschwunden, ohne meine Sachen mitzunehmen.

Mit großer Mühe fand ich den Besitzer eines Pferdewagens, der meinen verspäteten Umzug in die Duisburger Straße durchführte. Endlich konnte ich Heinos Wohnung wieder möblieren. Sie hatte ja weitgehend leergestanden, seit die meisten Möbel in Oranienburg verbrannt waren.

Über die politischen Entwicklungen hielt uns Dan de Luce, der Korrespondent von Associated Press, auf dem laufenden. Er wußte als erster, daß die Oder-Neiße-Linie neue deutsch-polnische Grenze werden sollte. Ich konnte es nicht glauben, obwohl mir schon Hanna in Halle von solchen Gerüchten berichtet hatte. Pommern, Danzig, Königsberg, Memel waren seit Jahrhunderten deutsch, und Schlesien liebte ich seit meinem Aufenthalt bei Graf Hojos. Polen waren in den meisten dieser Landstriche in der Minderheit.

Dan de Luce erläuterte den Kuhhandel, der sich dahinter verbarg: Polen erhielt Pommern und Schlesien, weil Stalin seine polnische Beute, die er noch gemeinsam mit Hitler geraubt hatte, nicht wieder hergeben wollte. Vielleicht war Polens Lage noch schmerzlicher als die Deutschlands.

Im November 1945 fuhr Dan de Luce nach Nürnberg, um über den Prozeß vor dem Internationalen Militärtribunal gegen Göring, Gestapo-Chef Kaltenbrunner, Seyß-Inquart, Rosenberg und andere Hauptkriegsverbrecher zu berichten. Ich verfolgte die Artikel in den deutschen Zeitungen mit großer Aufmerksamkeit und las Heino oft daraus vor. Von vielen unvorstellbaren Abscheulichkeiten erfuhren wir zum ersten Mal, obwohl wir während des Krieges regelmäßig BBC gehört hatten. Mich erfüllte ein Gefühl der Schmach, daß sich die Deutschen nicht von den Nazis befreit hatten, nicht einmal in den letzten Kriegstagen. Endlich zogen die Alliierten die Nazis und ihre willigen Henkersknechte zur Rechenschaft.

Der Prozeß zog sich fast ein Jahr hin. Natürlich taktierten die Verteidiger, natürlich redeten ihre vierundzwanzig Mandanten die Verbrechen klein und stellten sich als bloßes Rädchen dar. Doch wer auf kaum erträgliche Zeugenaussagen und Filme aus den KZs antwortete: »Ich habe nur meine Pflicht getan« oder »Hitler hatte es angeordnet«, der hatte in meinen Augen das letzte Recht auf Achtung verspielt. Daß das Gericht schließlich nur zwölf, nicht vierundzwanzig Todesurteile verhängte und drei Verbrecher sogar freisprach, hielt ich für eine grausige Verhöhnung der Opfer.

Als Dan de Luce aus Nürnberg zurückkehrte, war auch er voller Empörung. Er hatte die Winkelzüge nicht ertragen, mit denen die Verteidiger sich die Tricks der Prozeßordnung zunutze machten, um erwiesenermaßen verbrecherische Mandanten vor der verdienten Todesstrafe zu bewahren. Außerdem seien manche der Ankläger, insbesondere die amerikanischen, unverzeihlicherweise schlecht informiert gewesen.

Der Winter 1945/46 war eisig. Spät nachts zogen wir unsere Mäntel nicht mehr aus. Heino und ich bewohnten nur noch ein Zimmer, dessen Fenster mit Pappe verkleidet war. Morgens schoben wir die Matratze unter den Flügel. Da es nur zwei Stunden täglich elektrisches Licht gab, spielte Heino mit klammen Fingern bei Kerzenlicht. Die wöchentlichen Zuteilungen an Kerzen und Briketts paßten mühelos in ein kleines Einkaufsnetz. Wir hielten ununterbrochen nach Brennbarem Ausschau.

Heino legte die Handschuhe mit den abgeschnittenen Fingern gar nicht mehr ab. Hin und wieder stand er vom Flügel auf und rieb sich summend die Hände über dem kleinen, eisernen Ofen, mit dem wir heizten und kochten. Er zog nicht gut. Ilse oder ich mußten ständig mit dem Schürhaken im Feuer herumrühren, damit es nicht ausging. Vielleicht war das Ofenrohr zu lang. Es schwebte über unseren Köpfen durch das Zimmer zur Fensterpappe, um dort durch ein Loch ins Freie zu treten.

An einem der kältesten Wintertage sah Ilse, unser Hausmädchen, plötzlich leichenblaß aus und krümmte sich vor Schmerzen. Ich wollte einen Arzt rufen, aber sie hielt mich zurück. Sie habe ihre Periode, die Monatsschmerzen seien immer stark. Abends gingen Heino und ich, nachdem ich noch einmal bei Ilse ins Zimmer geschaut hatte, zu Freunden. Wir kamen bald zurück. Während Heino sofort vollkommen erschöpft ins Bett fiel, säuberte ich den Ofen. Dann klopfte ich voller Unruhe bei Ilse an. Mir scholl Babygeschrei entgegen.

Es war bitterkalt im Zimmer, und Ilse lag erschöpft und freudestrahlend zwischen den klammen Kissen. Das krebsrote Baby strampelte mit Ärmchen und Beinchen und hing noch an der Nabelschnur. »Gnädige Frau, jetzt können Sie den Arzt rufen«, empfing mich Ilse.

Ich war perplex. Ilses mollige Figur hatte die Schwangerschaft vollständig verborgen. Das Kind mußte in der Duisburger Straße gezeugt worden sein, wahrscheinlich in der Phase, als Ilse sich abends verdächtig oft aus dem Haus gestohlen hatte. Einige Male hatte ich sie in Begleitung von Männern gesehen und ein ernstes Wort mit ihr geredet. Ohne Erfolg, wie man sah.

Aber für solche Überlegungen war jetzt keine Zeit. Das Kind mußte dringend versorgt werden. Heino schlief schon, und so lief ich zu den Nachbarn über uns. Die Mutter zweier Kinder öffnete mir und beschimpfte mich, sobald sie begriffen hatte, daß ein Kind geboren worden war. »Das kommt davon«, sagte sie und schlug die Tür zu.

Nun weckte ich Heino doch und sagte ihm, das Kind sei da. »Welches denn?« Er schüttelte unwirsch den Kopf. »Schick es weg und laß mich schlafen.« Ich ließ nicht locker und zog ihn in Ilses Zimmer. Wir versorgten die junge Mutter, so gut es ging, und beschlossen, den Morgen abzuwarten und Ilse dann in das Krankenhaus zu bringen.

Wir benachrichtigten ihre Mutter und baten sie zu kommen. Heino schreckte davor zurück, sie über den Fehltritt ihrer Tochter zu unterrichten. Also mußte ich es tun und besorgte mit einiger Mühe Streuselkuchen und ein wenig echtes Kaffeepulver. Als die einfache Frau vom Land in ihrem wahrscheinlich besten Kleid am Tisch saß und sich arglos an Kaffee und Kuchen erfreute, eröffnete ich ihr die gute Nachricht.

Sie starrte mich an, schluckte dreimal, warf dann die Arme in die Höhe und rief immerfort: »Was sollen die Leute denken? Aber der Kaffee und der Kuchen sind gut!« Die widerstreitenden Gefühle tobten so lange in ihr, bis auch der letzte Krümel verzehrt war. Dann beruhigte sie sich. Sie war damit einverstanden, Tochter und Enkel für eine Weile zu sich zu nehmen. Nach einigen Monaten würde Ilse wieder bei uns arbeiten können, ohne ihre Tochter natürlich. Auch damit war die gute Frau einverstanden. In den nächsten Monaten meisterte ich den Haushalt allein.

»Das kommt davon« – diesem Ausspruch meiner scheinheiligen Nachbarin bin ich noch einmal begegnet. Dan hatte sich in Joan, eine junge Korrespondentin von United Press, verliebt und bezog mit ihr eine requirierte Villa in Dahlem. Doch die erste Euphorie verging rasch. Eines Tages erschien Joan verweint und angetrunken in der Duisburger Straße. Schon in der Tür sank sie mir in die Arme und klagte, Dan sei verschwunden und wolle zurück zu seiner ersten Frau. Ich tröstete sie die halbe Nacht.

Am nächsten Tag lud sie mich zum Abendessen nach Dahlem ein. Ich schützte vor, daß Heino nach der Vorstellung sein warmes Essen bekommen müsse, woraufhin Joan versprach, ihn mit einem Auto abholen zu lassen. Den ganzen Abend sprach Joan verbittert über Dan, weil er sie sitzengelassen hatte. Als Heino endlich erschöpft und müde erschien, war sie schon betrunken. Er sah es, hielt sich nicht lange bei uns auf und ging in das Gästezimmer.

Ich bugsierte Joan in ihr Bett und setzte mich auf den Rand, damit sie gut einschlief. Mit zitternden Händen nahm sie eine kleine Dose mit zehn Schlaftabletten aus dem Nachttisch, die ich ihr vor einigen Tagen mit der scherzhaften Bemerkung gegeben hatte, für einen Selbstmord würden sie wohl kaum reichen. Bevor ich eingreifen konnte, stopfte sie sich alle auf einmal in den Mund. »Wenn Dan nicht zurückkommt, sterbe ich eben«, sagte sie, schloß die Augen und wurde bewußtlos.

Ich war mit einem Schlag hellwach. Waren die Tabletten wirklich ungefährlich? Heino mochte ich nicht stören, er schlief so selten wegen seiner Rückenschmerzen. Also klingelte ich unseren Hausarzt aus dem Schlaf, der mich barsch anfuhr, als Deutscher dürfe er keinen Angehörigen einer Besatzungsmacht behandeln. Ich solle sofort das amerikanische Krankenhaus anrufen, denn in Verbindung mit Alhokol könnten auch leichte Schlaftabletten zum Tod führen.

Die Amerikaner kamen sofort. Als ich neben der Bahre zum Krankenwagen ging, standen Joans deutsche Angestelle an der Haustür und sagten halblaut, das käme davon, wenn man sich mit dem Feind anfreunde.

Ich wurde in der Aufnahme verhaftet und die ganze Nacht hindurch von einem Offizier verhört, der keinen Zweifel hegte, daß ich die Mörderin einer amerikanischen Staatsbürgerin sei. Schließlich sagte ich ihm ins Gesicht, daß er sich wie die Gestapo verhalte. Wütend prophezeite er mir ein trauriges Leben in amerikanischen Gefängnissen. Einen kleinen Vorgeschmack könne ich gleich bekommen.

Er ließ mich in eine große Zelle mit ungefähr fünfzig Gefangenen führen, die wenig vertrauenswürdig aussahen, wahrscheinlich Diebe, Plünderer, Schwarzhändler und Prostituierte. Wir saßen oder lagen auf dem kalten Boden, und wer nicht schlafen konnte, wich den Blicken der anderen sorgsam aus.

Am nächsten Tag erschien Heino in der Tür und rief mir ein paar beruhigende Worte zu. Doch erst am Abend wurde ich auf freien Fuß gesetzt und ging in tiefer Dunkelheit bei schneidender Kälte vier Stunden durch die Ruinen nach Hause. Joan war im Laufe des Tages zu sich gekommen, und Dan hatte alle Hebel für mich in Bewegung gesetzt. Er entschuldigte sich bei mir für Joans verantwortungsloses Verhalten, das den Bruch zwischen ihnen endgültig besiegelt habe.

Heino war in Zehlendorf von acht Amerikanern begrüßt worden, die bei seinem Eintreten die Füße auf den Schreibtisch legten und lauthals »Berlin kommt wieder« sangen. Sie kannten das Lied aus dem Rundfunk, Heino arbeitete längst an anderen Revuen und Liedern. Wie ihm dafür neben den Vorstellungen im Kabarett der Komiker und den Verpflichtungen in amerikanischen Soldatenclubs noch Zeit blieb, ist mir heute ein Rätsel. Damals war es selbstverständlich. Wir standen zwar erst spät auf, wenn er in der Nacht hatte spielen müssen. Doch kaum war Heino wach, saß er auch schon am Flügel.

Das Kabarett der Komiker zeigte in der Neuen Scala die von Heino mitverfaßte Revue »Berlin 45 – Als alles vorüber war«, in der ein kleiner Parteigenosse, ein PG aus »Stölpchensee«, zu Klängen des Badenweiler Marsches behauptet: »Ich will mich auch gar nicht mal besser machen: Na – PG – meinetwegen – Aber mehr ein PGchen.« Im Dezember 1946 erlebte dann am selben Ort die Revue »Ach, du liebe Zeit« ihre Uraufführung, deren Musik von Heino stammte.

Der größte Erfolg aber war in diesen Jahren der »Melodie der Straße« beschieden. »Wir gehen alle die gleiche Straße«, hatte Bruno Balz, der viele Lieder für Zarah Leander geschrieben hatte, getextet, »doch wir gehen sie leider allein, wir versteh'n uns nicht und wir seh'n uns nicht, denn der Schatten uns'rer Häuser hüllt uns ein!«

Noch Jahre später pfiffen Leute auf der Straße das Lied »Joachimsthalerstraße Ecke Augsburgerstraße« über die Damen mit den langen Stiefeln und den kurzen Röcken. Für die frechen Texte über das Leben in Berlin war neben Bruno Balz Curth Flatow verantwortlich, der 1946 auch im literarischen Kabarett »Die Außenseiter« unter anderem mit Hubert von Meyerink aufgetreten war.

Zu den nächtlichen Verpflichtungen Heinos in Soldatenclubs, der musikalischen Leitung im Kabarett der Komiker und den Kompositionen für die Revuen kam bald die Arbeit für den Rundfunk. Längst gab es nicht mehr nur den Berliner Rundfunk, der unmittelbar nach Kriegsende unter russischer Regie seine Sendungen wieder aufgenommen hatte. Ein amerikanischer und ein englischer Sender machten ihm Konkurrenz, der Rundfunk im amerikanischen Sektor (RIAS) und der Nordwestdeutsche Rundfunk (NWDR).

Günter Krenz, ein Berliner Mitarbeiter des NWDR, bat Heino um Kompositionen, die Michael Jary mit dem Berliner Radiotanzorchester des NWDR einstudieren sollte. Jary war mit Evelyn Künneke befreundet, die im Kabarett der Komiker sang und spielte. Er hatte im Berliner Rundfunk das Radio Berlin Tanzorchester geleitet, war dort jedoch nach Streitigkeiten entlassen worden.

Heino war begeistert, denn er schätzte und bewunderte Jary. Als Komponisten moderner Musik hatten ihn die Nazis gehaßt, so daß sich Jary auf populäre Musik verlegte und damit äußerst erfolgreich wurde. Heinz Rühmann sang sein »Lauter Lügen«, Gustav Gründgens schrieb er »Zwei Welten« auf den Leib, Rosita Serrano »Roter Mohn« und Zarah Leander »Waldemar«. Einer seiner größten Erfolge war ein Stück, das ich aus guten Gründen niemals vergessen werde: »Das kann doch einen Seemann nicht erschüttern«.

Heino spielte Günter Krenz den ganzen Nachmittag vor, wobei sich beide Männer bestens unterhielten. Von da an kam er einmal die Woche, trank Tee, fachsimpelte mit Heino, hörte sich neue Kompositionen an und wählte einige davon aus. Die Stücke liefen kurz darauf im NWDR.

Sie wurden auch von anderen Kapellen eingespielt. Walter Dobschinsky begleitete mit seiner Tanzkapelle des Berliner Rundfunks Rita Paul bei »Picke, packe, puck«, das auch vom Orchester des Mitteldeutschen Rundfunks produziert wurde. Das Helmut-Zacharias-Quintett walzte mit »Tut mir leid«, Lubo D'Orio spielte Heinos »Opapa«, das schon im Krieg ein Erfolg gewesen war. 1943 hatte es eine unbekannte deutsche Sängerin in Mailand gesungen. Weil der englische Soldatensender West es sendete, verbot Goebbels das Lied für Deutschland. Er konnte aber nicht verhindern, daß es in Italien zu einer Art Volkslied wurde und nach dem Krieg seinen Siegeszug bis nach Amerika fortsetzte.

Was Heino in Tagen und Nächten am Klavier komponiert hatte, wurde ihm nun aus den Händen gerissen. Der Bedarf an leichter Muse war nach dem Krieg groß. Die berühmten Komponisten dieses Genres wie Friedrich Hollaender, Werner Richard Heymann und Rudolf Nelson hatten nach 1933 emigrieren müssen und waren noch nicht zurückgekehrt. Wer aber wie Norbert Schultze und einige andere in Deutschland geblieben war, hatte sich allzuoft als williger Propagandist der Nazis kompromittiert.

Bald meldeten sich auch die Schallplattenfirmen bei Heino. Dr. Haertel und Kurt Richter von der Deutschen Grammophon und der Elektrola fanden sich wie Günter Krenz und oft gemeinsam mit ihm einmal in der Woche bei uns ein. Heino plauderte, spielte und sang, und was gefiel, wurde per Handschlag gekauft und bald darauf gepreßt.

Meine Favoriten unter den Kompositionen Heinos fanden allerdings selten Anklang bei den Herren der Tanzorchester und Studios. Oft schüttelten sie, wenn ich helle Begeisterung erwartet hatte, den Kopf und fällten ein befremdliches Urteil: »Zu gut«. Mir konnte es nicht gut genug sein, und wenn mich Heino fragte, wie mir diese oder jene Melodie gefalle, dachte ich nicht an den Erfolg.

Daß manche seiner schönsten Kompositionen nie produziert worden sind und im Nachlaß vergilben, ist ein Jammer.

Die Honorare der Rundfunkanstalten und Schallplattenfirmen waren uns hochwillkommen. Da die Tantiemen jedoch erst nach der Sendung oder der Einspielung flossen, ließ die Inflation die vereinbarte Summe bis zur Auszahlung drastisch im Wert schrumpfen. Heino drängte die Produzenten und Rundfunkredakteure immer wieder, die Lieder sofort zu honorieren. Manchmal erhielt er immerhin einen Teilbetrag, mit dem Ilse oder ich sofort in den nächsten Laden liefen.

In diesen Zeiten wurde der Rundfunk für viele Musiker zum Rettungsanker, so auch für Helmut Zacharias. Er erhielt im September 1948 einen Vertrag beim NWDR und ging mit seinem Quintett nach Hamburg, um Sendungen zu produzieren und einzelne Titel aufzunehmen. Den Abschied feierten wir mit Gisela Trowe.

Die junge Schauspielerin hatten wir im Frühjahr 1948 bei Helmut und Hella kennengelernt. Neben Rita Paul, Bully Buhlan und Nina Consta fiel eine kleine Frau mit einem großen roten Mund auf. Heino meinte sie zu kennen und forderte sie zum Tanzen auf. »Mein Gott, Frau Thormann«, plauderte er galant, »waren Sie gut in der ›Claudia‹.« Sie trat einen Schritt zurück, sah ihn mit blitzenden Augen an und sagte mit Grabesstimme: »Das war Gundel Thormann. Ich heiße Gisela Trowe.«

Heino fing sich schnell und erzählte lachend, daß er wenige Tage zuvor demnach von Gundel Thormann stehengelassen worden war. Zu ihr hatte er nämlich gesagt: »Mein Gott, Frau Trowe, waren Sie gut in der ›Claudia‹.« Beide kamen strahlend an meinen Tisch, und ich hatte die drei Köpfe kleinere, energiegeladene Schauspielerin sofort gern. Denn als Helmut mit seiner Geige auf Heino zutrat, beide plaudernd zum Klavier gingen und aufspielten, sagte jemand am Tisch: »Bei Hitler wär das nicht möglich gewesen.«

Ich glaubte, nicht richtig gehört zu haben: »Was sagen Sie da?« Gisela Trowe war direkter: »Sagen Sie mal, sind Sie bekloppt?« Dem Mann war die Aufmerksamkeit unangenehm, und er murmelte mit einer wegwerfenden Handbewegung etwas von »Negermusik«, mit der die Amerikaner die besiegten Deutschen vergifteten. Der Unverbesserliche bekam es mit uns beiden zu tun und schließlich auch mit Heino, der an den Tisch kam, um zu sehen, was los war. Helmut hielt sich als Gastgeber zurück.

Der Mann ging bald, und mit ihm einige andere, die wir nie wiedersahen. Die Nazis waren unter uns, nur hielten sie meist den Mund. Wir feierten bis morgens weiter und gingen mit Gisela Trowe noch den Kurfürstendamm hinunter bis zum Olivaer Platz. Seit diesem Abend sind wir befreundet.

Rosinenbomber

Ende Juni 1948 glaubte Heino, seinen Augen nicht zu trauen. Er hatte beim Bayerischen Rundfunk in München einige Stücke eingespielt und stand an der Kasse, um sich das Honorar auszahlen zu lassen. Doch auf dem Kassazettel stand eine recht bescheidene Summe. Es handelte sich um die neue Deutsche Mark.

Wieviel sie wert war, bemerkte Heino beim ersten Blick in eines der plötzlich randvollen Schaufenster. In einem wahren Kaufrausch erstand er Käse, Schokolade, Zucker, Kaffee, Tee und kam mit einer großen Kiste nach Berlin. Schon an einem der nächsten Tage mußte er wegen weiterer Studiotermine nach München zurückkehren. Die Trennung fiel uns leicht, nun schien es aufwärts zu gehen.

Diesmal sollten wir sie jedoch bitter bereuen. Die Russen reagierten auf die Währungsreform, indem sie eine Blockade über Berlin verhängten. Der Straßen- und Schienenverkehr zwischen den Westzonen und Berlin wurde unterbrochen. Durch Deutschland zog sich eine Grenze. Die ehemalige Hauptstadt sollte ausgehungert und der russischen Zone einverleibt werden.

Heino war in München von der Blockade überrascht worden und konnte nicht mehr nach Berlin zurückkommen. Ich war viel allein und fuhr oft mit dem Rad durch das einst vertraute Berlin. Trotz der Drohgebärden Stalins hatte ich keine Angst. Nur die gerade überwunden geglaubte Mühsal kehrte zurück, die Sorge um das tägliche Brot, bald auch die Kohle. Obwohl die »Rosinenbomber« der von General Lucius Clay eingerichteten Luftbrücke pausenlos starteten und landeten, gelangten zuwenig Güter in die Stadt. Das Leben wurde so karg wie in der unmittelbaren Nachkriegszeit. Der Hunger kehrte wieder und im Winter die Kälte.

In dieser Bedrängnis begann unser Freund Günter Neumann politisch zu werden. Sein erstes Kabarett »Alles Theater« hatte Gustav Gründgens im Februar 1947 inszeniert, und es war ein sehr theatralischer Abend voller Ibsen, Shakespeare und Schiller über Stromsperren und andere Unbill des Alltags. Während der Blockade hatte Neumann im RIAS eine eigene »Insulaner«-Sendung, in der er – ebenso wie in den Vorstellungen der »Insulaner« – heftig gegen die Russen vom Leder zog. Neumanns Kabarett verschrieb sich dem Kalten Krieg, und obwohl die Blockade der Russen eine Unverschämtheit war, gefiel mir Neumanns Politsatire nicht. Schließlich hatten die Deutschen den Russen ihre Befreiung zu verdanken.

Die Blockade war nicht umfassend, der Ostteil Berlins frei zugänglich. Im August sah ich eine georgische Tanzgruppe im Lustgarten vor dem Alten Museum Schinkels, vis à vis vom beschädigten Schloß und dem Dom mit der eingestürzten Kuppel. Nach der Aufführung fuhr ich mit dem Rad Unter den Linden hinunter. Die Linden gab es freilich nicht mehr, die frierenden Berliner hatten sie abgeholzt.

Das Brandenburger Tor sah arg mitgenommen aus. Dahinter reckte sich die stählerne Kuppelkonstruktion des ausgebrannten Reichstags in den Himmel. Vom Sowjetischen Ehrenmal blickte die riesige Statue des Rotarmisten herüber und streckte besitzergreifend den Arm aus. Mich fröstelte. Es wurde schon früh kalt.

Mit Trauer erfüllten mich die zerstörten Villen im Tiergartenviertel und im Alten Westen. Über die steinernen Prachttreppen der ausgebrannten Botschaften aus dem »Dritten Reich« stieg ich in die oberen Stockwerke hinauf. Die großen, hohen Räume hatten einst zu den glanzvollsten in ganz Berlin gehört. Jetzt waren sie düster, leer und von Ruß geschwärzt. Durch gähnende Fensterhöhlen fiel der Blick auf den Tiergarten: eine Brache mit verstreuten Denkmalen, durchzogen von absurd breiten Wegen. Kein Baum, kein Strauch, kein Grashalm war verschont worden. In den harten Wintern hatten die Berliner auch die Bäume des Tiergartens der Reihe nach abgeholzt und noch die Stümpfe ausgegraben. Der Tiergarten war ein Trümmerfeld des Friedens.

Ein freundlicheres Bild bot der Charlottenburger Schloßpark dank des eifrigen Efeus und einiger Büsche, die unverdrossen austrieben. In dem Grün verbrachte ich oft den ganzen Tag mit einem Buch. Einmal sah ich eine Aufführung von Hofmannsthals »Jedermann« mit Ernst Schröder und Lil Dagover vor der Ruine des Schlosses. Wir saßen auf einfachen Holzbänken, und als der Abend hereinbrach, wurde bei Fackellicht weitergespielt. In der reichen und machtbesessenen Hauptperson erblickten wir noch einmal Hitler und fühlten uns am Ende alle wie Entkommene.

Willi Schaeffers überzeugte die Engländer, die überaus erfolgreiche Revue »Die Melodie der Straße« zu einer so genannten Luftbrückentournee aus Berlin auszufliegen. Heino, der immer noch im Westen weilte, konnte sich dem Kadeko wieder anschließen.

Dann gastierte das Kabarett für längere Zeit in Hamburg, und Heino schickte mir Geld und die Adresse eines Mannes, der Menschen über die Zonengrenze schmuggelte. Er wollte nicht länger von mir getrennt sein.

Ich zögerte keinen Augenblick, die riskante Reise anzutreten. Es war November und schon sehr kalt, als ich in der Nähe des Zoologischen Gartens zu der kleinen schweigenden Gruppe stieß. Gegen zehn Uhr abends nahmen wir einen Zug, der unweit der Grenze zwischen der amerikanisch-englischen und der russischen Zone hielt.

In dichtem Nebel folgten wir unserem Führer im Gänsemarsch über Wiesen und Felder. Endlich gelangten wir an einen kleinen Fluß. Vor der Holzbrücke gingen jedoch die Schemen einer russischen Patrouille auf und ab. Vorsichtig schlichen wir am Fluß entlang und wateten an einer Furt hindurch, bis zur Brust im eisigen Wasser, das Gepäck auf dem Kopf.

Am jenseitigen Ufer wrang ich die triefenden Unterkleider aus, zog den trockenen Mantel darüber, schlang ihn fest um mich und blickte schaudernd auf. Ich war allein, die anderen waren im Nebel verschwunden. Vielleicht kannten sie sich aus. Ich ging aufs Geratewohl durch das Unterholz, stieß endlich auf eine Straße und folgte ihr bis in ein Dorf. Es besaß sogar einen Gasthof, dessen Tür jedoch verschlossen war. Zitternd drückte ich den Klingelknopf, aber nichts rührte sich. »Kommen Sie doch hier herüber«, rief plötzlich eine freundliche Stimme.

In der Tür des gegenüberliegenden Bauernhauses stand ein älteres Paar. Sie sahen mir voller Mitgefühl entgegen, stellten einen Stuhl vor den bollernden Ofen und wickelten mich in eine Wolldecke. Etwas unzusammenhängend erzählte ich von der Grenzüberquerung, während die Frau Kaffee aufgoß. Dazu bekam ich ein Stück Rührkuchen, von dem ich jahrelang nur hatte träumen können. Als der Gasthof um zehn Uhr öffnete, ging ich aufgewärmt und gesättigt hinüber. Ich schlief einen ganzen Tag und eine Nacht.

Am nächsten Morgen trat der Bürgermeister auf mich zu, begrüßte mich als eine tapfere Frau, die den Russen entkommen sei, und erbot sich, mich mit seinem Auto nach Hamburg zu fahren. Das Angebot nahm ich gern an. In Hamburg fand ich nach einer mühevollen Suche im Hafen, der wie ein Schiffsfriedhof aussah, das Wrack, auf dem das Kadeko-Ensemble hauste. Der Feuersturm hatte alle Hotels in Hamburg zerstört.

»Die Blockadebrecherin«, rief Heino und schloß mich in seine Arme. Willi Schaeffers und all die anderen umringten mich und wollten wissen, wie es in Berlin zugehe. Ich konnte gar nicht so schnell antworten, wie ihre Fragen auf mich niederprasselten.

Heinos Kabine war winzig. Wir schliefen in Etagenbetten übereinander, und wenn sich der eine anzog, mußte der andere sich auf die Pritsche legen. Dafür hatten wir es warm.

Am Tag saß ich oft auf Deck in einer windgeschützten Ecke und las. Die trübe Wintersonne ließ den Hafen noch trostloser erscheinen. Riesige verrostete Kräne ragten schwarz in den Himmel. Es herrschte Totenstille. Kein Schiff fuhr den Hafen an, weil unter der Wasseroberfläche Wracks lauerten.

Heino ging schon mittags nach Altona in den kleinen Saal, in dem das Kabarett der Komiker seine Vorstellung gab, um am Flügel zu improvisieren. »Die Melodie der

Straße« war schlecht besucht. Seit es die DM und wieder volle Schaufenster gab, hatten die Menschen kein Geld mehr für die Kunst. Das Ensemble wurde aus den Abendeinnahmen bezahlt und erhielt entsprechend wenig Honorar.

Davon sprach Heino, als er mich nach einigen ruhigen Tagen, die ich an seiner Seite genoß, mit dem Gedanken vertraut machte, daß ich nach Berlin zurückkehren müßte. Von seinem Honorar könnten wir beide nicht leben, und Lebensmittelkarten erhielten wir in Hamburg nicht. Heino sah meinen angstvollen Blick, nahm mich in den Arm und sagte, er sei nicht Fritz und dies sei keine Trennung auf ewig. In ein, zwei Wochen würde auch er nach Berlin kommen. Das Engagement ginge ohnehin zu Ende.

Schweren Herzens suchte ich einen der englischen Militärlastwagen, die als einzige noch nach Berlin fahren durften, und bestach den Fahrer. Wie üblich wurde der Lastwagen an der Zonengrenze von den Russen durchsucht, und natürlich entdeckten sie mich.

Man sperrte mich in einen großen Raum voller Gefangener. Offenbar scheiterten viele bei dem Versuch, nach Berlin zu kommen. Ich verlangte mit Nachdruck, den Kommandanten zu sprechen, und zeigte ihm meinen Ausweis für die »Opfer des Faschismus«. »Nitschewo«, antwortete er, ich sei eine Deutsche, habe versucht, die Anordnungen der Roten Armee zu unterlaufen und werde meine gerechte Strafe bekommen. Ich widersprach energisch, und nach längerem Streit ließ er mich gereizt gehen.

Stundenlang wartete ich auf dem nahe gelegenen Bahnhof auf einen Zug nach Berlin. Dort holte mich noch einmal die Einsamkeit und die Trübsal ein. Als Heino

dann aus Hamburg zurückkam, strahlte er über das ganze
Gesicht. Die letzten Wochen hatten ihn in seinem Ent-
schluß bestätigt: Die Zeit des Kabaretts war vorüber, die
Zeit der leichten Muse brach an. Von nun an wollte er nur
noch komponieren.

IV

»Sei lieb zu mir«

Es war natürlich Zufall, daß das Ende der Blockade fast mit Heinos Entscheidung zusammenfiel, Komponist zu werden. Doch das Gefühl des Aufbruchs und Neubeginns, das beide Ereignisse zur Folge hatten, verband sie für mich untrennbar miteinander. Gelöst und voller Energie war Heino nach Berlin zurückgekommen und beendete endgültig die Einsamkeit, in die mein Leben für kurze Zeit noch einmal zurückgefallen war.

Auch Berlin fand in den Monaten nach der Blockade zu neuer Lebensfreude. Endlich konnte die Stadt an den Segnungen der Währungsreform teilhaben, und das Selbstbewußtsein ihrer Bewohner hatte auch nicht gelitten. Im Gegenteil, man hatte die Blockade überstanden und wußte, daß mit der Führung der anderen Seite nicht zu spaßen war. Also besann man sich auf die eigenen Stärken – so wie Heino.

Er hatte in Hamburg schon wieder unzählige Zettel mit Melodien übersät, die ich ihm aufarbeiten und ordnen half. So saßen wir lange Nachmittage vor und neben dem Blüthner. Heino gewöhnte sich bereits damals feste Arbeitszeiten an, die er sklavisch einhielt: »Sonst fehlt mir was«, brummte er, wollte ich ihn bei schönem Wetter zu einem außerplanmäßigen Spaziergang überreden.

Bis Mittag schlief er, weil er die Nacht meist durcharbeitete und ihn seine Rückenschmerzen selbst dann oft nicht schlafen ließen, wenn er endlich in das Bett kam, in dem ich schon lange selig schlummerte. Endlich aufgestanden, liebte Heino ein ausgiebiges Frühstück. Er saß lange vor seinem schwarzen Kaffee, blätterte in den Zeitungen und hörte eine seiner Jazzplatten. In diesen ruhigen Stunden setzte ich mich zu ihm, um etwas zu plaudern.

Danach ging Heino mit unserem jeweiligen Hund um den Block. Mit der Zigarette in der Hand summte er vor sich hin und konnte es kaum erwarten, an seinem Blüthner zu sitzen.

Manchmal lag die Tagesarbeit klar vor ihm: Drei, vier Einfälle aus den Vortagen mußten auf ihre Tauglichkeit geprüft werden. Überzeugten sie ihn noch wie in dem Augenblick, als sie aus dem Nichts unter seinen Fingern entstanden waren? Diese kritischen Prüfungen mochte ich am liebsten. Heino umspielte das Thema, fügte hier etwas hinzu, nahm dort etwas weg, erweiterte die paar Noten um einige neue, variierte das Tempo. Später nahm er für diese Arbeiten ein Tonbandgerät zu Hilfe, ein Grundig TK 9, dessen magisches Auge verheißungsvoll glühte, während er aufnahm, abspielte und wieder löschte.

Manchmal schien mir, als erstünde vor meinem inneren Ohr das Lied. Und oft vermochte ich mir vorzustellen, wie es in der Orchesterfassung klingen würde, obwohl ich es natürlich nicht notieren konnte. Wenn ich gerade bemerken wollte, wie gelungen die letzten Takte klängen, schrieb Heino immer schon gehetzt die Noten auf.

An anderen Tagen improvisierte Heino scheinbar ziellos vor sich hin. Die Musik erfüllte die gesamte Wohnung, sie war überall, und Ilse und ich bewegten uns in und zu ihren Klängen durch die wenigen Räume. Selbst den Nachbarn schien es zu gefallen, daß täglich Musik zu hören war. Jedenfalls hat nie jemand geklagt. In gewisser

Weise saßen sie ja auch in der ersten Reihe eines Konzertsaals. Die Arbeit darin endete oft spät, wenn Heino wieder mit dem Hund nach draußen ging.

An ein, zwei festen Tagen in der Woche kamen am späteren Nachmittag – um nur die wichtigsten zu nennen – Günter Krenz vom NWDR, Fred Ignor vom RIAS, Dr. Haertel und Kurt Richter von der Deutschen Grammophon und der Elektrola. Rundfunksender und Schallplattenfirmen arbeiteten damals Hand in Hand und umwarben Heino kollegial. Heino spielte den Redakteuren und Produzenten wie schon vor der Währungsreform vor und schloß die Geschäfte per Handschlag ab.

In der Mitte der Fünfziger Jahre leisteten sich viele Haushalte neben einem Kofferradio auch einen Plattenspieler, und Heinos Schlager wurden von zahlreichen Interpreten eingespielt und dann gepreßt. Die Schallplattenfirmen wurden für ihn nun wichtiger als der Rundfunk, und die Tantiemen aus Plattenverkäufen nahmen rasant zu. Zugleich stiegen die Ansprüche der Firmen. Sie forderten, daß die Lieder weiter ausgearbeitet wurden und einige zündende Textzeilen, manchmal gar Instrumentierungs- oder Besetzungsideen mitgeliefert werden sollten.

Heino fiel oft zu einer Melodie eine Zeile ein. Aber ihm fehlte die Übung, darauf einen längeren, sich reimenden Text zu dichten. Nur manchmal fiel es ihm leicht. Geradezu aus der Feder floß ihm ein Text für den ewig jugendlichen, ewig vorlaut wirkenden Bully Buhlan: »Hab'n Se nich, hab'n Se nich,/Hab'n Se nich 'ne Braut für mich?/Ja, ja, ja,/wir hab'n Verschied'nes da!/Eine, die mir gefällt,/mit 'nem großen Haufen Geld?/Ja, ja, ja, das hab'n wir alles da./Sie muß schick sein,/nicht zu dick sein,/mit viel

Zaster,/keine Laster,/schön solide,/nicht zu müde,/kurz und klein –/sie muß ein Engel sein.«

Doch im allgemeinen waren Heinos Fähigkeiten vor allem musikalischer Natur, und daher arbeitete er eng mit Textern zusammen, zuerst noch vor dem Krieg mit Ralph Maria Siegel, dessen Sohn Ralf Siegel noch heute eine Größe im Schlagergeschäft ist, und dann mit Peter Holm. Der junge Stukaflieger ist wahrscheinlich im Krieg umgekommen; wir haben ihn nicht wieder gesehen.

Vom Kabarett der Komiker kannte Heino Günther Schwenn, für dessen Revue »Himmeldonnerwetter« er die Musik komponiert hatte. Die beiden hatte seither eine intensive Arbeitsbeziehung verbunden. Es war wohl kurz nach der Gründung der Bundesrepublik, als er und Heino sich mit einer wunderschönen zärtlich-langsamen Musik herumquälten, zu der ihnen partout nichts einfallen wollte. Aus den Sofakissen und meiner Lektüre heraus sagte ich irgendwann eher zu mir als zu den beiden: »Sei lieb zu mir«. Die Männer sahen sich überrascht an, dann drückte Heino die Tasten und sang mit Günther die Zeile. Strahlend drehten sich beide zu mir um, und Günther sang weiter: »ich habe ja nur dich«. Der Gordische Knoten war durchschlagen. Heino erbot sich gleich, meiner Aufforderung Folge zu leisten, was ich ihm huldvoll erließ.

Nicht wenige Titel schrieb Heino mit Fred Ignor zusammen. Ignor, der erst vor kurzem gestorben ist, war ein umtriebiges Multitalent, nicht nur Texter, sondern auch Schauspieler und Moderator der ersten Disko-Sendung im deutschen Rundfunk, der »Schlager der Woche« im RIAS. Fred Ignor schrieb unter anderen den Text für Heinos Welterfolg »La Mezza Luna«.

Fritz Rotter zählte – wie der Komponist Werner Richard Heymann – zu den zahlreichen jüdischen Emigranten, die nach Deutschland zurückkamen und uns besuchten. Der Texter von »Ich küsse Ihre Hand, Madame« und »Wenn der weiße Flieder wieder blüht« saß Anfang der Fünfziger Jahre einige Male mit Heino am Klavier, und eines ihrer schönsten Lieder wurde ein Erfolg, das zärtliche »Ich hab' mich so an dich gewöhnt«.

Der weitaus bekannteste Textautor Heinos aber war neben Günther Schwenn, Fred Ignor, Fritz Rotter sowie Günter Neumann und Peter Igelhoff ein kleiner, ruhiger Mann, der breit und gemütlich sprach: Bruno Balz. Mit ihm, dessen Texte Zarah Leander zu Welterfolgen verhalfen, hatte Heino erstmals 1946 und dann für die Revue »Melodie der Straße« zusammengearbeitet.

Bruno war ein Wunder der Improvisation, Musik ließ in ihm Worte sprudeln. Mit Bruno geriet alles in Fluß, und er und Heino verstanden sich blind. Manchmal konnte er nicht zu uns kommen, und die beiden arbeiteten trotzdem gemeinsam: Heino rief ihn an, spielte ihm die Melodien am Telefon vor, und Bruno nahm sie am anderen Ende der Leitung mit dem Tonband auf. Stunden oder Tage später rief er zurück und sang einen entzückenden Text. »Kleine Kellnerin aus Heidelberg« ist so entstanden und »Die Bar von Johnny Miller«, 1956 in der Interpretation von Vico Torriani einer der ersten großen Erfolge von Heino.

Auch Heinos Welterfolg »Kalkutta liegt am Ganges« ist mit Brunos Namen verbunden, obwohl der Text nicht von ihm, sondern von Hans Bradtke stammt. Heino wartete nämlich auf Bruno und spielte seinen letzten musikalischen Einfall in ganzer Länge durch, lehnte sich zurück, schwieg eine Weile und sagte dann leise zu mir: »Ich habe einen Weltschlager. Ich habe einen Weltschlager.« Kein Wort mehr.

Mit Vico Torriani wurde »Kalkutta« tatsächlich ein Weltschlager. Im Jahr 1960 war das Lied fünfundzwanzig Wochen in der deutschen Hitparade und brachte Heino sogar eine Goldene Schallplatte ein. Danach stürmte es als »Calcutta« in einer Interpretation von Lawrence Welk und seinem Orchester die Charts in den USA und blieb dort ganze siebzehn Wochen.

Die Majorin von Lönö

Zarah Leander verdankte ihre Karriere als Schauspielerin und Sängerin im »Dritten Reich« vor allem den wunderbaren Texten von Bruno Balz zur Musik von Franz Grothe, Michael Jary oder Theo Mackeben. Der Kontakt zwischen beiden war nicht abgerissen, obwohl Zarah Leander sich 1943 den Nationalsozialisten entzogen und in ihre Heimat zurückgekehrt war.

Nach dem Krieg arbeitete sie an ihrem Comeback als Schauspielerin. 1950 hatte sie mit Geza von Cziffra »Gabriela« gedreht, zwei Jahre später sollte »Cuba Cubana« folgen. Darin spielte Zarah die Nachtklubsängerin Arabella, die sich in einen zu Unrecht als Mörder verfolgten Journalisten verliebt, gespielt von O. W. Fischer, und ihn vor der Polizei des Gouverneurs, ihres früheren Liebhabers, verbirgt – eine schöne Frau in einem exotischen Land zwischen zwei Männern.

Wie früher sollte Bruno Balz der Sängerin die Texte auf den Leib schreiben, Franz Grothe die Musik. Grothe erkrankte jedoch, und so schlug Balz vor, Heino als Komponisten hinzuzuziehen. Zarah war einverstanden und lud uns zur Jahreswende 1950/51 auf ihr schwedisches Gut Lönö ein.

Ein großer alter Mercedes Benz holte Bruno, Heino und mich vom Bahnhof ab. Über einen schmalen Damm fuhren wir im Morgengrauen durch die See auf die Halbinsel Lönö zu. In der Ferne erhob sich auf ihrem höchsten Punkt ein großer Gutshof. Jedes seiner Fenster grüßte freundlich gelb erleuchtet, dahinter lag grau in grau das Meer. Für Heino sollte es genau der richtige Ort sein, um heiße kubanische Rhythmen zu schreiben.

Zarah Leander stand, umgeben vom Personal, auf der Freitreppe und hieß uns wie eine Diva freudig und mit großer Geste willkommen. Ihr Gesicht war schön wie im Film, in den Hüften jedoch war sie etwas kräftig geworden.

Ein großer Kamin spendete im Salon wohlige Wärme, und eine lange Tafel bog sich unter schwedischen Köstlichkeiten. Während des langen und zünftigen Frühstücks tauschten Zarah und Bruno Balz Erinnerungen an frühere Zeiten aus. Die amüsanten Anekdoten klangen für meinen Geschmack etwas zu harmlos. Immerhin spielten sie fast alle im »Dritten Reich«, in dem Bruno Balz wegen seiner Homosexualität inhaftiert worden und Zarah bis zu ihrer Abreise nach Schweden eine von den Nazis umworbene Berühmtheit gewesen war.

Die wohl knapp vierzig Zimmer des Gutes waren geschmackvoll mit alten Möbeln eingerichtet. Daß wir im Gästeflügel untergebracht waren und jeden Abend ausdauernd und feucht gefeiert wurde, ließ mich an Selma Lagerlöfs Roman »Gösta Berling« denken. Zarah besaß zweifellos einige Ähnlichkeit mit der Majorin von Ekeby, und Heino und Bruno standen Lagerlöfs Kavalieren an Trinkfestigkeit in nichts nach.

Während Komponist und Texter arbeiteten, wanderte ich bei klirrender Kälte und im fahlen Sonnenlicht über die Halbinsel. Manchmal begleitete mich ein riesiger Bobtail, mit dem ich mich angefreundet hatte. Wir schlichen an den überall verstreuten, kleinen, morschen Holzhütten entlang, und ich blickte in jedes Fenster hinein, um Hitler oder Bormann aufzuspüren. Es gab Gerüchte, daß beide noch lebten, und Zarah war bekanntermaßen eine Freundin des »Führers« gewesen. Mich gruselte es ein wenig auf Zarahs Halbinsel.

Zum Sylvesterfest reisten einige Gäste aus Stockholm an, darunter Zarahs Tochter. Die Hausherrin saß der Abendgesellschaft vor wie eine englische Königin: in prachtvoller Robe mit tiefem Dekolleté. Nach dem ersten Gang erzählte sie mit maliziösem Lächeln, daß der eben mit einer scharfen Sauce genossene Fisch eine besondere Spezialität sei: vor einem Jahr hätte man ihn in der Erde verscharrt und erst vor wenigen Stunden für diesen Festtag wieder ausgegraben. Die Schweden lächelten wissend, während die übrigen Gäste etwas gequält auf ihre leeren Teller und einige Gräten blickten. Plötzlich erhob sich ein junger Mann, das Gesicht hochrot, warf mit Getöse seinen Stuhl um und lief würgend hinaus.

Sylvester wird in Schweden anders als bei uns begangen. Im Flüsterton unterhielten wir uns nach dem Diner im Salon, um dann Punkt Mitternacht mit Champagner anzustoßen, die Gläser in einem Zug auszutrinken und über die Schulter in das Kaminfeuer zu werfen. Dann gingen wir auf unsere Zimmer.

In den ersten Tagen des neuen Jahres spielten Heino und Bruno Balz Zarah und mir die neuen Lieder vor. Besonders gut gefiel mir das entsagungsvolle Lied der Nachtklubsängerin, die sich am Ende des Films durch eine Intrige ihres früheren Geliebten, des Gouverneurs, von dem Journalisten betrogen glaubt und den Männern, ja aller Liebe abschwört: »Sag mir nie wieder ›je t'aime‹«. Zarah sang es an diesem Abend mit fast noch stärkerer Bewegung als später im Film, und es ergriff mich, denn es schien mir der Abschied einer reifen Frau von der Jugend zu sein.

Ich hatte mich gründlich getäuscht. Nach dem großen Erfolg von »Cuba Cubana«, der Zarah ein triumphales Comeback bescherte, sandte sie mir das Drehbuch ihres nächsten Films zu, in dem sie eine junge Liebhaberin spielen sollte. Kurz darauf wollte sie bei einem Besuch in Berlin meine Meinung hören. Angesichts ihrer Leibesfülle nahm ich kein Blatt vor den Mund, riet von der Rolle ab und empfahl ihr eine zweite Schauspielkarriere als Mutter. Mit versteinerter Miene rauschte die übergewichtige Matrone aus dem Zimmer. Von da an hatten wir keinen Kontakt mehr.

Heino war über mein geschäftsschädigendes Verhalten nicht erzürnt. Die Produktionsgesellschaften rannten uns ohnehin die Tür ein, und er litt keinen Mangel an Aufträgen. Seit seinen ersten beiden Filmen, »Es geht nicht ohne Gisela« von 1951 und »Cuba Cubana« von 1952, ging es im Filmgeschäft nicht ohne Heino. Er schrieb fast jedes Jahr für zwei Filme die Musik und mußte aus Zeitgründen viele reizvolle Angebote ausschlagen. Die bekanntesten von den gut dreißig Filmen mit Heinos Musik sind wohl »Viktor und Viktoria«, »Scala – total verrückt«, »Pension Schoeller«, »Vater, Mutter und neun Kinder« mit Heinz Erhard und »Das kunstseidene Mädchen« mit Giulietta Masina.

In »Heimweh nach dir« treten Helmut Zacharias und Heino sogar auf, leider nicht in derselben Szene. Helmut gibt ein wunderbares Solo und spielt noch mit gerissenem Bogen weiter, Heino swingt in zwei kurzen Einstellungen am Klavier mit dem RIAS Tanzorchester unter der Leitung von Werner Müller, einem Freund von uns. In dem Film »Geld aus der Luft« ist Heino zusammen mit Lotar Olias zu sehen, mit dem er oft vierhändig spielte und dem ein einziger Erfolg genügte, um eine Villa in der Schweiz zu bauen: »So ein Tag so wunderschön wie heute«.

Anders als heute wurde Filmmusik damals nicht vornehmlich zur Stimmungsmalerei eingesetzt. Die Lieder waren ein vollwertiger Teil der Handlung. Die Schauspieler konnten singen und taten es auch, und wir sangen wohl auch im Alltag mehr, als es heute üblich ist. Heino war zwar unzufrieden mit den Honoraren der Produktionsgesellschaften, aber er wußte auch, daß für ihn als Komponist eine gelungene Filmmusik die beste Werbung war.

Eines seiner bekanntesten Lieder wurde dann auch durch einen Film berühmt. Im Jahre 1954 saß Heinz Rühmann bei uns, ein zutiefst trauriger Mensch, wie ich überrascht bemerkte, denn ich hatte ihn mir ganz anders vorgestellt. Heino und Heinz plauderten, und nebenbei wurde ein wenig geklimpert. Bei einer Melodie horchte Heinz Rühmann plötzlich auf, summte mit und bat Heino schließlich, sie in seinem neuen Film, in dem er die Rolle des gebrochenen Clowns Teddy spielte, seinem Adoptivsohn vorsingen zu dürfen. Es war wie manche der schönsten Melodien von Heino ein Wiegenlied und wurde mit dem Film ein Welterfolg. Das Lied hieß »La Le Lu, nur der Mann vom Mond schaut zu«, der Film »Wenn der Vater mit dem Sohne«.

Heino hätte gern auch für einen amerikanischen Film die Musik geschrieben. Zweimal war er nahe daran, doch beide Male sollte er kein Glück haben. Beim ersten Mal fanden die Kompositionen, die er den amerikanischen Produzenten vorspielte, kein Gefallen. Die Herren saßen auf unserem Sofa, nickten routiniert »very nice, very nice« und fragten, ob Heino noch etwas anderes hätte. Heino wurde nervös und ging kurz zum »bathroom«.

Als er wieder zurückkam, erhoben sich die Amerikaner und verabschiedeten sich eilig. Wie Heino nach und nach von seinem Assistenten erfuhr, hatte dieser den ausländischen Gästen eine eigene Komposition vorgespielt und einen Vertrag zugesichert bekommen. Uns ärgerte das dreiste Verhalten dieses jungen Mannes, dem wir vertraut hatten und der nichts Besseres zu tun hatte, als die Gunst der Stunde für eigene Geschäfte zu nutzen. Heino trennte sich von ihm. Das Lied »Pepe« wurde mit der Filmkomödie »Pepe – Was kann die Welt schon kosten« sogar ein Erfolg für Heinos ehemaligen Assistenten, wenn auch sein einziger.

Beim zweiten Mal hielt sich der Tycoon David O. Selznick, seit »Vom Winde verweht« wohl der mächtigste Mann Hollywoods, während der Filmfestspiele 1961 in Berlin auf, erkrankte an einer Grippe und vertrieb sich die Zeit mit Schallplatten. Unter ihnen befand sich eine Aufnahme von Heinos Kassenschlager »Kalkutta liegt am Ganges«, und so kam es, daß Selznick uns im Grunewald besuchte. Er ließ sich einiges vorspielen, war sofort sehr angetan und beauftragte Heino, für die Verfilmung eines Buches von Scott Fitzgerald das Leitmotiv zu komponieren.

Selznick war von der Melodie, die ihm Heino kurz vor seiner Rückkehr in die Vereinigten Staaten präsentierte, begeistert, und der Handel schien perfekt, der Sprung für Heinos Kompositionen nach Amerika, meine alte Heimat, geebnet. Doch einige Tage später rief Heinos amerikanischer Public-Relations-Beauftragter an und meinte, daß die Melodie nicht neu sei, sondern aus den Zwanziger Jahren stamme. Er hatte recht, die Noten des alten Schlagers belegten es. So etwas passiert manchmal: Ein Lied wird vergessen und taucht als vermeintlich neues wieder auf. Leider fiel Heino auf die Schnelle kein weiteres Motiv ein, und so mußte er Selznick zu seinem Bedauern ein abschlägiges Telegramm schicken. Eine große Chance war vertan.

Der verhexte Haus

Nicht nur Heino machte seinen Lebenstraum wahr und komponierte. Auch meine Sehnsüchte erfüllten sich. Seit ich an der Seite von Fritz in die freie Natur gefahren war, wünschte ich mir ein Auto.

Ich hatte die beiden Rolls Royce von Isadora immer bewundert, aber auch nur einen dieser Luxuswagen zu erstehen, war natürlich undenkbar. Selbst einfache Automobile waren nach dem Krieg ausgesprochen selten und unerschwinglich. Die Produktion wurde gerade wieder aufgenommen, und die Massenmotorisierung setzte erst einige Jahre später ein. Wer ein Gefährt brauchte, fuhr Moped und Motorrad. Wir konnten uns dank der überraschenden Einkünfte immerhin einen gebrauchten Mercedes leisten, der bequem und geräumig genug war für Heino mit seinen Rückenschmerzen.

Vorher mußte ich mich mit dem Führerschein herumplagen, weil Heino es ablehnte, sich mit solch profanen Dingen wie Gangwahl, Zwischengas und Kuppeln zu beschäftigen. Ich überwand auch diese Hürden, der Wagen ruckelte aber anfangs so sehr, daß Heino mich zuweilen inmitten von Berlin vor starkem Seegang warnte. Neidisch blickte ich auf die riesigen amerikanischen Schlitten, die völlig geräuschlos und mit großen Heckflossen die weitgehend leeren Straßen hinabsegelten.

Mein zweiter Wagen war eines dieser amerikanischen Schlachtschiffe, das ich einem in die Heimat zurückkehrenden Amerikaner abkaufte. Der Buick Electra in Blaumetallic war ein wahres Wunderwerk der Technik. Hatte ich den Motor angelassen, ging es mühelos wie im Traum voran. Auf Knopfdruck öffneten sich die Fenster oder glitten die Sitze für meine langen Beine nach hinten, die Lenkung war spielend leicht zu betätigen, die Federung wiegte uns wie eine Sänfte.

Die Automatik nahm mir zwar das lästige Kuppeln ab, aber anfangs konnte ich mich nicht recht mit ihr anfreunden. Wir segelten nicht etwa dahin, sondern es ging stoßweise voran, weil schon ein leichtes Antippen des Gaspedals uns vorwärtsschießen ließ. »Sonja, kannst du deinen Fuß nicht ruhig halten?« fragte Heino dann. »Ich mache doch gar nichts«, lautete meine Antwort. Zum Glück beherrschte ich das Auto bald.

In diesem Wagen fuhren wir bald durch ganz Deutschland. Das hereinströmende Geld hatte Heino zunächst in Aktien angelegt. Jeden Mittag schlug er beim Frühstück zuerst die Börsennotierungen auf und ereiferte sich, wenn die Kurse mal wieder gefallen waren. Mir behagte das nicht, und nach einer Weile wußte ich, wie ich ihn von einer anderen Geldanlage überzeugen konnte: Ich begann von den Vorteilen eines eigenen Hauses zu schwärmen, in dem er ohne Rücksicht auf die Nachbarn zu jeder Tages- und Nachtzeit Klavier spielen könnte.

Heino mußte nicht überredet werden, sein Geld auf diese Weise solide anzulegen. Begeistert griff er den Gedanken auf, lobte die Vorzüge des Landlebens mit viel frischer Luft und Ruhe, einem großen Garten und einem kleinen See, in dem er jeden Morgen schwimmen wollte. Dabei leuchteten seine blauen Augen, denn Heino war eine unverbesserliche Wasserratte.

An ein Landhaus hatte ich zwar nicht gedacht. Meiner Meinung nach sollte Heino um der Kontakte und der vielfältigen Anregungen willen in der Großstadt wohnen. Ich schwieg jedoch und gab mich damit zufrieden, daß weitere Aktienkäufe erst einmal vom Tisch waren. Makler schickten uns Angebote ins Haus, und wir fuhren in dem amerikanischen Wagen über Land, um in ganz Deutschland Häuser zu besichtigen. Zum Glück gefiel Heino kein einziges, so daß ich schließlich in Berlin nach Villen zu suchen begann.

Fast alle Anwesen, die in Frage kamen, waren von den Engländern oder Amerikanern requiriert worden. Standen die Häuser dennoch zum Verkauf, war vollkommen ungewiß, wann die alliierten Bewohner auszogen. Die wenigen nicht requirierten Villen wiesen andere und zuweilen, wie wir zu unserem Leidwesen erfahren mußten, sogar lebensgefährliche Mängel auf.

Das Haus in der Zehlendorfer Waltraudstraße, das wir schließlich kauften, war in einem beklagenswerten Zustand. Als ich das erste Mal mit meiner Freundin Victoria von Schack durch die Räume ging, schlug sie die Hände zusammen und konnte nicht glauben, wie man ein solches Kleinod derart verlottern lassen konnte. Die Räume waren großzügig geschnitten, im weitläufigen Garten lockten ein offener Kamin und ein großer, wie eine Malerpalette geformter Swimmingpool mit einem einst reetgedeckten Pavillon. Alles war heruntergekommen und muffig, der Pavillon drohte gar einzufallen. Es sah traurig aus, aber Vicky und ich waren uns einig: Wir würden ein Schmuckstück daraus machen.

Vicky verströmte bei aller damenhaften Eleganz Tatkraft und Energie. Sie arbeitete als Bühnenbildnerin für

Jürgen Fehling, meinen ehemaligen Geliebten, den zu treffen ich leider keine Zeit mehr fand, porträtierte Künstler und gestaltete Hausbars sowie ganze Kneipen. Dennoch habe ich sie kein einziges Mal über Arbeitsdruck klagen hören. Sie schien aus dem, was für andere eine Belastung war, Kraft zu schöpfen. In den Jahren des Wiederaufbaus gab es viele solcher Menschen, auch Heino gehörte dazu, und sie hatten Erfolg.

Wir richteten das Haus in freundlichen, lichten Farben ein. Heino erhielt ein großzügiges Arbeitszimmer. Von seinem Platz vor dem Blüthner sah er in den Garten und auf den geliebten Swimmingpool. Ich kaufte schöne alte Möbel und Teppiche, die damals zu Spottpreisen zu bekommen waren, weil sich alle Welt die neuesten Nierentischchen und runden Polstersessel wünschte. Mehr als ein gutes Stück habe ich auf dem Sperrmüll gefunden, achtlos weggestellte Kostbarkeiten, die nur einen neuen Bezug, eine Polsterung oder eine Reinigung benötigten, um wieder in alter Pracht aufzuerstehen.

Später, als ich mich von unseren Chauffeuren fahren ließ, war ihnen mein waches Auge auf den Sperrmüll immer unangenehm, und wenn ich sie bat, dieses oder jenes Stück in den geräumigen Kofferraum des Wagens zu packen, wollten sie meist nur gequält wissen, ob das wirklich nötig sei. Selbst die Bilder der Expressionisten waren damals nicht gefragt und überaus erschwinglich, so daß ich in der Waltraudstraße begann, eine kleine Sammlung mit Werken von Rudolf Levy, Karl Hofer und Walter Lemke aufzubauen.

Doch eine gewisse düstere Atmosphäre blieb auch nach der Renovierung und Umgestaltung im Haus spürbar, besonders nachdem Nachbarn uns zögernd seine furchtbare Geschichte erzählt hatten. Ein Ärzteehepaar hatte die Villa bewohnt, und nach der Befreiung war jeden Abend ein russischer Soldat vorbeigekommen, um die Frau vor den Augen des Mannes und des kleinen Kindes zu vergewaltigen. Die Familie beging schließlich Selbstmord. In den nächsten Jahren hatten die Bewohner rasch gewechselt. Niemand hatte es lange an dem Ort ausgehalten, bis das Haus zuletzt leer stand.

Heino und ich waren nicht abergläubisch. Aber die düstere Geschichte ging uns nicht mehr aus dem Sinn. Dann wurden kurz nach dem Einzug zwei unserer Tiere, eine Katze und ein Hund, so aggressiv, daß wir sie einschläfern lassen mußten. Zudem war der Blüthner ständig verstimmt, jeden Monat mußte der Klavierstimmer bei uns erscheinen. Und schließlich suchte uns eine Serie von Krankheiten heim. Es schien, als ob ein Fluch auf dem Haus lag. Auf diesen Gedanken kamen wir natürlich erst, als es fast zu spät war.

Die erste Leidtragende war Hanna. Sie hatte zu uns gefunden, nachdem Heinos Mutter nur ein knappes halbes Jahr nach ihrem Mann gestorben war. Als die traurige Nachricht eintraf, war Heino verzweifelt. Nicht einmal für einen Tag konnte er sich vom Klavier losreißen und zur Beerdigung reisen. Er war bereits mit den Kompositionen für einen Film in Verzug geraten, und die Produktionsgesellschaft hatte mit hohen Konventionalstrafen gedroht.

Also fuhr ich allein und fand Hannchen, die entfernte schlesische Verwandte der Gazes, in tiefer Verzweiflung vor. Mit dem Tod von Heinos Mutter hatte die aus Schlesien Geflohene ihre zweite Heimat verloren. Nun wußte sie nicht, wohin sie gehen sollte. Meinen Vorschlag, bei uns in Berlin zu leben und den Haushalt zu führen, hielt sie zunächst für einen Scherz, doch als sie merkte, daß ich es ernst meinte, schlug sie mit Freuden ein. Nach dem Trauerakt bereiteten wir Hannchens Übersiedlung nach Berlin vor. Dazu mußten wir ihre Habe unter Heinos Erbe mischen. Denn während ihre Ausreise als Republikflucht galt, war Verwandten der Transfer von Hinterlassenschaften aus der DDR nach Berlin erlaubt.

Heino war glücklich, die kostbaren Erstausgaben und einige Möbel aus Halle um sich zu haben. Auch daß Hannchen bei uns wohnen sollte, fand seine Billigung, und so verwöhnte sie uns fortan mit guter schlesischer Küche. Doch bald nach ihrer Ankunft wurde sie schwer krank und lag wochenlang im Hospital. Es war der erste von drei Schicksalsschlägen.

Für den Hauskauf war Heino leicht einzunehmen gewesen. Der Idee, etwas von der Welt zu sehen, konnte er dagegen gar nichts abgewinnen. Er brauche sein Klavier, sagte er mir jedesmal, wenn ich von meiner Sehnsucht nach dem Mittelmeer sprach. Er schweife doch jeden Tag in die Ferne, meinte Heino immer, mit dem Bossa Nova nach Lateinamerika, mit dem Swing in die USA.

Irgendwann gab er dann doch nach. Vielleicht dachte Heino daran, daß er vor lauter Arbeit nicht einmal an der Beerdigung seiner Mutter hatte teilnehmen können. Wir fuhren zunächst nach Ascona an den Lago Maggiore. In der einst berühmten Künstlerkolonie hatte auch mein Onkel Moissi ein kleines Haus besessen, dessen Adresse ich leider nicht wußte. Wir wohnten in einem Hotel, das von der Heydts Mäzen im Bauhausstil erbaut hatte und mit prächtigen Kunstwerken aufwartete, darunter Bilder von Camille Corot, Marc Chagall und einigen Impressionisten.

Die ersten Tage klagte Heino jeden Mittag nach dem Aufwachen: »Wo ist mein Klavier?« Bald aber fand er Gefallen am Schwimmen und entdeckte die zahllosen italienischen Weinsorten der Umgebung, die mit seinem geliebten Mosel verglichen werden wollten. Nach einem Besuch in Venedig begann unsere Mittelmeerrundreise. Wir bestiegen nicht etwa ein teures Kreuzfahrtschiff, sondern gemeinsam mit etwa zehn anderen Menschen einen Frachter.

Der Tourismus steckte noch in den Kinderschuhen, weshalb wir die Akropolis in erhabener Einsamkeit genießen konnten. In Kairo und bei den Pyramiden von Gizeh und der Sphinx waren wir die einzigen Gäste in einem heruntergekommenen kleinen Kolonialhotel. Ausgerechnet dort bekam ich einen schweren Blasenkatarrh. Heino sah mich nur kopfschüttelnd an und sagte dann amüsiert: »Typisch Sonja, bei so großer Hitze Blasenkatarrh!«

Auf Kamelen ritten wir unter tiefblauem Himmel um die majestätischen Bauten herum. Es gibt ein Foto, das ein Ägypter mit einer altertümlichen dreibeinigen Kamera schoß und uns vor den Pyramiden wie Entdeckungsreisende aus einer fernen Zeit in einem unbekannten Landstrich zeigt. Es ist mein liebstes und beinahe einziges Erinnerungsstück an diese große Reise. Denn unsere Reisekasse war knapp bemessen und erlaubte nicht, Andenken zu kaufen. Also sammelte ich schöne Steine, die ich nach dem Landgang in Beirut, Smyrna und Istanbul, auf Zypern, Rhodos und Kreta in der kleinen Kajüte unter mein Bett legte. Heino blickte hin und wieder skeptisch auf den schnell wachsenden Hügel, sprach vom beklagenswerten Los des Sisyphos und meinte schließlich kurz vor der Ankunft in Venedig, der Grieche habe es entschieden leichter gehabt als wir – mit nur einem Stein, der zudem rund war. Mit meinem gewaltigen Steinhaufen aber gelangten wir nicht an Land, geschweige denn nach Berlin.

Schweren Herzens warf ich alle Steine bis auf einen, den ich vor den riesigen Tatzen der Sphinx gefunden hatte, aus dem Kajütfenster über Bord. Die Erinnerungen blieben mir ja – und das Foto von zwei Kamelreitern.

Heino strebte, als wir in der Waltraudstraße angekommen waren, sofort zu seinem Blüthner und schlug voller Behagen einige Töne an. An diesem Abend teilte er mir mit, daß er fest entschlossen sei, keine weitere große Reise zu unternehmen. An sein Versprechen, mit mir in die USA zu reisen, sobald eines seiner Lieder dort den Platz 1 der Charts eroberte, wollte er sich nicht mehr erinnern, als ihm dieser Coup mit »Calcutta« gelang. So mußte ich in den nächsten Jahren allein für jeweils einige Wochen nach Frankreich, Italien oder in die Sowjetunion fahren.

Unmittelbar nach der Rückkehr von der Mittelmeercise streckte mich ein hohes Fieber nieder. Unser Arzt stellte einen unbekannten, typhusähnlichen Virus fest und wies mich in das Krankenhaus ein, wo ich wochenlang isoliert wurde, ohne daß das Fieber nachließ. Ich magerte bis auf das Skelett ab, und der Arzt gab jede Hoffnung auf. Als Heino es bemerkte, geriet er außer sich vor Angst um mich. Er zog Spezialisten von außerhalb hinzu, und der Chefarzt des Westend Krankenhauses, Freiherr von Kreß, rettete mich mit einer damals in Deutschland noch recht ungebräuchlichen Spritzenkombination, wahrscheinlich Penicillin. Danach kam ich mit Hilfe von kräftigen schlesischen Speisen langsam wieder auf die Beine. Das war nach Hannchens schwerer Krankheit der zweite Schicksalsschlag in der Waltraudstraße.

Der dritte war noch dramatischer: Heino erlitt eines Nachts einen Herzinfarkt mit furchtbaren Schmerzen. Bis endlich der Arzt eintraf, schienen mir Stunden zu vergehen, in denen ich hilflos auf Heino einredete und seine Hand hielt. Heino wurde mit Blaulicht in ein Privatkrankenhaus gefahren. Die ersten Tage mußte er bewegungslos im Bett liegen. Ob er bei seinen Rückenschmerzen ein Leben ohne Zigaretten führen wollte, wie es die Ärzte dringend nahelegten? Als Heino aufstehen und auf die Terrasse treten konnte, kamen ihm die Tränen. Ich weinte mit ihm.

Heino lag wochenlang im Krankenhaus, und in mir reifte die Überzeugung, daß die Serie der lebensgefährlichen Krankheiten von Mensch und Tier kein Zufall sein konnte. Vicky bestärkte mich in meinem Verdacht und empfahl mir, einen Wünschelrutengänger kommen zu lassen. Wie ein Somnambuler schritt der etwas linkisch wirkende Mann durchs Haus, während sein gegabelter Weidenzweig beständig heftig ausschlug. Nach dem Rundgang wischte er sich über die Stirn und warnte mich eindringlich: Unter dem Haus träfen sich zwei Wasseradern und gefährdeten Mensch wie Tier. Wenn ich meines Lebens froh werden wolle, solle ich das Haus sobald wie möglich verlassen. Als ich ihm von der Serie lebensbedrohlicher Krankheiten erzählte, wunderte er sich nicht im geringsten und nickte nur ernst mit dem Kopf.

Seiner Meinung nach war lediglich eine Ecke im Eßzimmer ungefährlich, und dort stellte ich Heinos Bett
auf, als er aus dem Krankenhaus entlassen wurde. Doch
nach einigen Tagen bekam Heino einen zweiten Herzinfarkt, wiederum mit schrecklichen Schmerzen. Diesmal traf der Arzt recht schnell ein, versorgte Heino und
schritt zum Telefon, um einen Krankenwagen zu bestel-
len. Ich widersetzte mich mit Händen und Füßen. Nach
dem ersten Herzinfarkt hatte ich mich umgehört und
wußte, daß ein Transport lebensgefährlich sein konnte.
Widerstrebend organisierte der Arzt schließlich eine am-
bulante Versorgung im Haus.

Sobald Heino sich wieder bewegen durfte und meiner
Gegenwart nicht mehr ständig bedurfte, sah ich mich
nach einem anderen Haus um. So schön und aufwendig
unsere Villa hergerichtet war, ins Grab sollte sie uns
nicht bringen. Ich suchte ausschließlich im Grunewald
nach einem neuen Domizil, in der traditionsreichen Villenkolonie mit den großen parkartigen Gärten, alten
Bäumen und mehreren Seen am westlichen Ende des
Kurfürstendamms.

Leider hatte sich die Lage auf dem Immobilienmarkt
in den letzten Jahren nicht grundlegend geändert. Noch
immer waren die meisten Villen von den Engländern requiriert. Sie ließen die einst exklusive Gegend herunter-
kommen: Auf den Straßen wuchs das Unkraut, die Gärten verwilderten, an den Häusern bröckelte der Putz.

Aber wir konnten nicht auf bessere Zeiten warten –
womöglich hätten wir sie in der Waltraudstraße nicht
mehr erlebt. Also erwarb ich zwei ehemals ansehnliche
Villen in der Hoffnung, daß die englischen Bewohner
bald ausziehen würden. Wahrscheinlich war das jedoch

nicht, weshalb ich außerdem ein Haus in der Griegstraße erstand. Es war wunderschön und besaß den unschätzbaren Vorteil, leer zu stehen – was freilich kein Wunder war: Das halbe Dach fehlte, das erste Geschoß war nur unter Lebensgefahr zu betreten, eine Terrasse mit brüchigen Marmorplatten thronte über einem verwilderten Ensemble alter märkischer Kiefern. Allein die Garage war ohne Einschränkungen sofort nutzbar. Wie überall in Deutschland würden wir den Wiederaufbau in die Hand nehmen müssen, aber das war mir immer noch lieber, als einen Augenblick länger über lebensgefährlichen Wasseradern zu verbringen.

Heino war schon wieder auf den Beinen, als uns ein Makler ein Angebot für eine Villa am Hundekehlesee zusandte, die von einem hohen englischen Offizier geräumt wurde. Wir rollten noch die Gustav-Freytag-Straße entlang und ließen die prunkvollen, wenn auch vernachlässigten Villen an dem kleinen See mit dem grünen Waldrand gegenüber langsam an uns vorüberziehen, da war Heino schon fest entschlossen. »Du kannst alle anderen Häuser verkaufen, hier und nur hier möchte ich wohnen.«

Wir fuhren gleich weiter zum Makler, und bevor wir auch nur einen Blick in die 14-Zimmer-Villa getan hatten, war sie mitsamt dem 4000 Quadratmeter großen Park unser. Als wir endlich am Möbelwagen des englischen Offiziers vorbei das Grundstück und die Villa betraten, hatten wir keinen Anlaß, den überstürzten Kauf zu bereuen. Es war ein Glücksgriff.

Begeistert standen wir in der großen, mit hellem Holz verzierten Halle, die eine rotgoldene Kassetten-Stuck-Decke schmückte. Von dort aus führte eine breite Holztreppe hinauf in den ersten und zweiten Stock. Im Parterre öffneten sich zwei große, aufwendig stuckierte Säle mit langen französischen, oben abgerundeten Fenstern zum Park und See hin. Von der großzügig bemessenen Terrasse sah man in den zunächst steil, dann gemächlich abfallenden Garten. Zwischen märkischen Kiefern lagen ein türkisfarbener Swimmingpool, ein Pavillon und vor ihm ein Steg in den See hinaus. Tarrytown erschien vor meinem inneren Auge, und nichts hätte mich glücklicher machen können.

Im Uferschilf brüteten Wildenten, Bachstelzen und ein Schwanenpaar, am gegenüberliegenden Ufer wiegten sich alte Bäume im Wind. Unter ihnen waren auf dem kleinen Waldweg hin und wieder bewegliche Punkte zu sehen, Spaziergänger. Wir hatten ein grünes Paradies inmitten der Stadt erworben.

Auch dieses Haus besaß eine tragische Geschichte, die uns vom Makler nicht vorenthalten worden war. Die Britische Militärverwaltung hatte die Villa dem jüdischen Bankier Scheuer zurückerstattet. Er hatte sie in den Zwanziger Jahren erbaut und sich 1941 nach England retten können. In sein »arisiertes« Anwesen zog Friedrich Flick ein. Der Himmler-Freund und Rüstungsfabrikant ließ unter der Villa einen großen Bunker bauen, dessen Eingang ich voller Grauen mit Findlingen versiegelte. Nach dem Einzug kam Scheuer auf unsere Einladung hin nach Berlin und nahm Abschied von seinem Haus.

Vicky beglückwünschte uns zu dem Kauf und meiner Idee, im Erdgeschoß einen der großen Säle zu teilen, um ein Eßzimmer zu gewinnen; in dem kleineren der beiden Zimmer stellte Heino einen zweiten Flügel auf. Auch die Farben Blaugrün und Cognac, die ich auf einer meiner Italienreisen in Neapel bewundert hatte, gefielen ihr bestens. Sie hoben den Stuck hervor und versahen die licht-durchfluteten Räume mit Wärme.

Vicky fuhr durch Westdeutschland und richtete Steigenberger Hotels sowie das Spielkasino in Baden Baden ein. Wann immer sie in Berlin war, feierte sie rauschende Parties, auf denen sich die Prominenz der Stadt drängte. Privat hatte die erfolgreiche und schöne Frau leider weniger Glück: Sie ließ sich von dem gutaussehenden Schauspieler Wolfgang Lukschy scheiden und heiratete Peter Boehnisch, den sie bei dem Verleger Axel C. Springer einführte. Die Ehe mit dem Mann, der später Chefredakteur der Bild-Zeitung und dann Regierungssprecher von Helmut Kohl werden sollte, war ebenfalls unglücklich, und Vicky ließ sich erneut scheiden.

Bei der Wahl ihrer Männer hatte sie auch in den folgenden Jahren kein Glück, und als 1965 ihr Sohn schwer krank wurde, sah sie in ihrer Verzweiflung wohl keinen anderen Ausweg als den Selbstmord. Er traf mich schwer, denn Vicky war neben der energiegeladenen Gisela Trowe meine einzige Freundin gewesen. Nach ihrem Tod wurde die allseits Beliebte rasch vergessen. Nie sah ich jemanden an ihrem Urnengrab, und wenn ich es wegen längerer Aufenthalte im Ausland nicht regelmäßig pflegen konnte, war es völlig verwildert.

Idylle im Wirtschaftswunder

In der Gustav-Freytag-Straße fiel die Angst von uns ab. Unsere Parties begannen nachmittags in den Hollywoodschaukeln am Swimmingpool und endeten nachts im Salon. Geschwommen wurde meist, gesungen und Klavier gespielt immer, zumindest abends, und geredet haben wir pausenlos. Heino machte alles Spaß, schwimmen, Klavier spielen und scherzen. Wenn er mit seinem umfänglichen Verleger Peter Schaeffers kopfüber in den Swimmingpool sprang, mußten wir uns in Sicherheit bringen, um von der kleinen Flutwelle nicht weggespült zu werden. Nur Peters zarte Freundin Maria Zach blieb fasziniert sitzen und kreischte allerliebst.

Damals war für jeden von uns spürbar, wie das Gefühl des Aufbruchs nach der Befreiung in Resignation überging. Was anfangs möglich schien, fuhr sich fest, was Neugier erweckt hatte, erregte Abwehr. Die Politik der Bundesregierung trug dazu ein gewaltiges Scherflein bei. Der Separatist Adenauer schlug Stalins Angebot zur Wiedervereinigung Deutschlands aus, ohne es überhaupt zu prüfen. Statt den Rheinstaat Mitte zu gründen, sich auf eine Barkasse in der Strommitte zurückzuziehen und den Schatz der Nibelungen zu bewachen, wie Heino einmal erzürnt vorschlug, amputierte Adenauer Deutschland und nahm ihm die östlichen Gebiete. Sein arrogantes »Was kümmert mich mein Geschwätz von gestern« zeigte eine ungeheure Kälte, aber diese Haltung pflegten ja viele – vor allem gegenüber dem Dritten Reich.

Als Franz Josef Strauß dann Mitte der Fünfziger Jahre erneut eine deutsche Armee aufstellte und auch noch die Hand nach Atomwaffen ausstreckte, hatten wir fast schon resigniert. Nur daß all die Nazis in Adenauers Regierung oder auf hohen Posten in der Verwaltung saßen – Globke, Oberländer, Schröder, Lübke, Kiesinger und wie sie alle hießen –, war unerträglich für mich.

Friedrich Lambart ging es ebenso. Der Leiter des Kunstamtes Tiergarten setzte sich mit bescheidenen Mitteln und einem unbeugsamen Willen für die im Hitlerreich verfemten Künstler ein. Von dem Haus am Lützowplatz aus, das lange Zeit zwischen Trümmern stand, organisierte er Ausstellungen der Expressionisten und Impressionisten, Vernissagen und Matinees. Lambart ließ aus den Werken Kurt Tucholskys lesen, als der Schriftsteller und begnadete Polemiker den meisten noch als »Kommunistenknecht« galt. Die Wiederentdeckung des unerschrockenen Kämpfers für die Weimarer Republik ist sein Verdienst.

Lambart selbst hatte im »Dritten Reich« unter dramatischen Umständen eine Jüdin gerettet und bis Kriegsende in einer Dachkammer verborgen. Sie war seine Frau geworden, jedoch bei der Geburt des fünften Kindes gestorben. Mit seiner zweiten Ehefrau Bärbel wohnte Lambart in Zehlendorf. Daher sahen wir uns oft.

Wie Lambart versteckte auch Joachim Prinz seinen Abscheu über die Nazis in der Regierung nicht. Ich sah ihn 1959 endlich wieder, als er aus den USA in die Bundesrepublik kam. Prinz fürchtete sich auch nicht, seine Meinung einigen Journalisten mitzuteilen. Das trug dem Präsidenten des Jüdischen Weltkongresses scharfe Angriffe ein, die ihn ebensowenig störten wie damals die Gestapoleute vor seinem Redepult. Prinz war der neue Philosemitismus in Deutschland ebenso unangenehm wie der Antisemitismus zuvor: das eine war für ihn die Kehrseite des anderen, und weder dem einen noch dem anderen mochte er trauen.

Bei aller Kritik an Adenauer wußten wir, daß wir Glück gehabt hatten. Ebensogut hätten wir in Leipzig, Dresden oder Heinos Geburtsstadt Halle leben können. Die Ostdeutschen zahlten die Reparationen für uns, während der Marshall-Plan der westdeutschen Wirtschaft auf die Füße half. Nur daß das beginnende Wirtschaftswunder tranige Behäbigkeit verbreitete, störte uns. Niemand rührte sich mehr, alles sank satt in die Polster.

Kultur wurde wieder zur Angelegenheit einer Minderheit. Manche renommierten mit ihr. Für uns war es ein Lebenselixier, ein Gegenmittel zur lähmenden Politik. Mit Gisela Trowe und Thomas Engel, Walter und Inge Gross, Peter Schaeffers, Maria Zach und anderen besuchten wir weiterhin die wichtigen Theateraufführungen in Ost und West, Fritz Kortners aufrührenden »Don Carlos« im Hebbeltheater, Brechts »Kaukasischen Kreidekreis« oder Walter Felsensteins poetische Inszenierung von Janáčeks »Schlauem Füchslein«. Wann immer wir in den Osten Berlins hinübergingen, kleideten wir uns jedoch zurückhaltend. Wir wollten nicht prahlen.

Natürlich unterhielten wir uns auch über die wichtigen Bücher dieser Jahre, über Ernst von Salomons ausgesprochen ärgerliche Autobiographie »Fragebogen«, Michail Scholochows »Der stille Don«, Boris Pasternaks

»Dr. Schiwago«, Günter Grass' »Blechtrommel« oder Vladimir Nabokovs »Lolita«. Davor, danach und währenddessen wurde Musik gemacht. Oft genug spielte Heino mit dem Schauspieler Peter van Eyck oder dem Jazzer Paul Kuhn vierhändig Flügel. Einmal fielen auch Peter Frankenfeld und seine Ehefrau Lonny Kellner ein und sangen, was ihnen in den Sinn kam.

Die anderen hörten zu oder sprachen weiter. Mehr als zehn Gäste hatten wir selten, so daß sich immer ein Gespräch entwickeln konnte. Die Musik gehörte einfach dazu, ebenso wie die Kunst. Ich hatte inzwischen einige Bilder gesammelt, und Karl Hofer, Heinrich Heuser oder Werner Held verfolgten interessiert, in welcher Nachbarschaft ich ihre Werke platzierte.

Unter unseren Gästen waren immer auch attraktive Frauen. Schönheit ist eine große Verführerin, und auch Heino ist ihr erlegen. Ich konnte ihm deswegen nicht böse sein. In seinem Beruf war es unvermeidlich, daß er jeden Tag mit attraktiven Frauen verkehrte, und zuweilen fand man eben Gefallen aneinander. Heino beteuerte mir jedoch, wie eng unsere Bindung sei, und da er nie eine Nacht außer Haus blieb, hatte ich keinen Grund, daran zu zweifeln.

Außerdem traf ich weiterhin Peter Suhrkamp. 1946 oder 1947 war ich auf einem U-Bahnhof fast in Peter hineingelaufen. Wir waren uns in die Arme gefallen und hatten uns inmitten der vorbeiströmenden Menschen in aller Kürze die Erlebnisse der letzten Monate erzählt. Peter war im April 1944 von der Gestapo verhaftet worden. Der Verlag wurde geschlossen, was den Nationalsozialisten zuvor wegen Peters Wachsamkeit und Geschick nicht gelungen war. Im KZ Sachsenhausen war er an einer Lungen- und Rippenfellentzündung erkrankt und todkrank im Februar 1945 entlassen worden. Peter sah noch immer geschunden aus, seine Gesundheit war geschwächt, und ein verschlossener Zug prägte seinen Mund.

Von da an traf ich Peter regelmäßig, wenn auch in größeren Abständen als früher, bis er mit dem Verlag nach Frankfurt am Main ging. Seine alte Wohnung war ausgebombt worden, und nun wohnte er um die Ecke in Zehlendorf. Peter sah regelmäßig Bertolt Brecht, der ihm an einem Tisch im weitgehend zerstörten Hotel Adlon von zahlreichen Angeboten zur Übersiedlung in den Westen Deutschlands erzählte. »Aber das gönne ich den Bourgeois nicht«, schüttelte Brecht den Kopf. Als die Autoren 1950 zwischen S. Fischer und dem neu zu gründenden Suhrkamp Verlag wählen durften, hatte er sich ebenso wie Hermann Hesse für Peter entschieden.

Einige Tage, nachdem Peter mich gefragt hatte, welche lebenden Autoren ich am meisten schätze, trug der Postmann schwer an allen lieferbaren Büchern von Thomas Mann und Bertolt Brecht. Heino sah den Bücherstapel auf dem Tisch und fragte merkwürdigerweise nicht, woher sie stammten.

Ich hätte es ihm nicht verschwiegen. Vielleicht wußte er von Peter und schwieg großzügig. Wir liebten uns und wollten uns nicht im Weg stehen.

»Mach du nur«

Heinos berufliche und gesellschaftliche Verpflichtungen in Berlin waren umfassend und ließen ihn praktisch nie zur Ruhe kommen. Daher schlug ich ihm vor, ein Ausweichdomizil zu kaufen, in das wir uns von Zeit zu Zeit zurückziehen könnten. Heino, der ja vor Jahren selbst an ein Haus auf dem Land gedacht hatte, war gleich angetan von der Idee. Seit seiner Studienzeit in Genf sehnte er sich an den See und die ihn umgebenden Berge zurück. Dort verbrächte er zu gern einige Wochen im Jahr.

Also fuhr ich nach Lausanne, um mich vor Ort umzusehen, und fand nach vierzehn Tagen ein kleines, noch im Bau befindliches Haus in einer Villenkolonie oberhalb von Montreux. Damals waren solche Häuser nicht allzu teuer. Das einst mondäne Montreux besaß einen eher morbiden Charme, einige der vornehmen Hotels standen leer. Ich kaufte den Rohbau, ohne Heino davon zu unterrichten, und ließ den Grundriß ändern, so daß wir von einem großen Kaminraum aus einen wunderbaren Blick über den See haben würden.

Als Heino kurz darauf in Montreux eintraf, um die Baustelle zu besichtigen, tat er zehn Schritte in die Straße hinein, sah, daß die Nachbarhäuser recht nah beieinander standen und drehte sich auf dem Absatz um: »Hier halte ich es nicht aus, das kannst du wieder verkaufen.«

Nun mußte ich ihm beichten, daß ich das Haus schon erworben hatte. Heino erschrak und wollte es nicht einmal betreten. Ich richtete es dennoch mit viel Liebe ein und überredete ihn dann mit Engelszungen und schließlich dem Versprechen, von Montreux aus ein neues Domizil zu suchen, zu einem zweiten Besuch. Obwohl ich alles tat, damit er sich wohl fühlte, legte sich Heinos Abneigung nicht, und so begannen wir nach einer anderen Unterkunft zu suchen. Diesmal wollten wir aber nichts überstürzen.

Erst bei einem weiteren Aufenthalt in Montreux wurden wir fündig. In der Nähe der Kolonie stand ein prächtiges Grundstück zum Verkauf, nach Süden gelegen und, da der Hügel nach zwanzig Metern steil abfiel, mit einem Blick auf den blaugrünen See und die Berge, der niemals verbaut werden konnte. Der alte Bauer wollte die 8000 Quadratmeter jedoch nicht aufteilen, so daß wir das gesamte Grundstück erwarben.

In den nächsten Jahren besuchte ich auf den zahlreichen Fahrten von und nach Montreux meine Mutter in Konstanz. Ich hatte meinen Frieden mit ihr gemacht, und als sie eines Tages im Sterben lag, eilte ich von Berlin aus an den Bodensee und saß mit einem meiner Brüder an ihrem Krankenhausbett, bis sie den letzten Atemzug getan hatte.

Unser Haus oberhalb von Montreux entwarf ich selbst. Ich hatte mich mein ganzes Leben für Architektur interessiert und wollte jedes Detail eigenhändig gestalten. Im Mittelpunkt von Le Balcon liegt ein großer Musikraum mit Kamin, über dem sich wie in einem Zelt das Dach in die Höhe schwingt. Der Blick geht aus großen, ebenerdigen Fenstern auf See und Berge. Unmittelbar vor dem Schlafzimmertrakt ließ ich einen Swimmingpool bauen.

Heino fühlte sich sofort wohl, als er zum ersten Mal am

Flügel Platz genommen hatte und den grandiosen Blick genoß. Mehrere Monate im Jahr verbrachten wir in Montreux, das ein reiches gesellschaftliches und kulturelles Leben sowie zahlreiche Naturschönheiten bot.

Weil Günther Schwenn und seine Frau unweit eine Zweizimmerwohnung besaßen, verlagerte sich die Kompositions- und Textarbeit manchmal für Wochen in die Schweiz. Abends besuchten uns zuweilen Günter Neumann und Tatjana Sais, die ebenfalls in der Nähe ein Haus besaßen.

Eines Abends meinte Heino en passant, in Norddeutschland, am Meer, würde es ihm eigentlich auch ganz gut gefallen. Ich war sofort bereit loszufahren und nach einem Haus zu suchen. In Nordfriesland und auf der Insel Föhr verliebte ich mich in einen Hof nach dem anderen, auch wenn es unter den schön anzusehenden Reetdächern an buchstäblich allem fehlte, selbst an fließendem Wasser. Die Bauern hatten unter unbeschreiblich einfachen Verhältnissen gehaust.

Manche Zimmerwände waren jedoch vollständig mit Delfter Kacheln gefliest. Ich konnte mich von den prächtigen Interieurs gar nicht trennen und mußte Heino alle paar Tage am Telefon gestehen, schon wieder ein Bauernhaus erworben zu haben. Er verlor die Ruhe nicht und sagte nur: »Mach du nur.« Schließlich verkaufte ich alle Höfe wieder ohne Gewinn – bis auf einen in Utersum auf Föhr. In den Stall ließ ich Wohnräume und Bäder einbauen, die schönen alten Türen und die Deckenbalken wurden in friesischen Farben bemalt, und nach Entfernung einer Wand bot das Musikzimmer einem Flügel Platz.

Die Friesen schlichen wochenlang neugierig um die

Baustelle herum und tippten sich wahrscheinlich an die Stirn. Als der Umbau beendet war, luden wir sie zur Besichtigung bei einem Glas Grog ein. Sie kamen alle, gingen mit großen Augen durch die Räume und sagten pausenlos »Junge, Junge« oder »Oha!«. Heino verstand sich prächtig mit dem eher schweigsamen Menschenschlag, der einen ungemein trockenen Humor besaß. Mancher Abend in unserem Salon mit den Delfter Kachelwänden verging bei Köm und Grog in stiller Vergnügtheit und alten friesischen Liedern.

Utersum war abgeschiedener als Montreux. Hier waren wir wirklich nur zu zweit, allein mit dem Rauschen der Bäume, dem Kreischen der Möwen, dem immer kräftig wehenden Wind und dem Meer.

Nach turbulenten Tagen in Berlin gab es nichts Schöneres. Unsere Prachtvilla war ja inzwischen kein Privathaus mehr, sondern ein kleiner Unternehmenssitz: erst ein, dann zwei Musikverlage Heinos residierten hier, im Keller wurde ein Tonstudio betrieben, Heino saß jeden Tag zwischen 13 und 17 Uhr im Salon an seinem Flügel, während Garten und Haus gepflegt und in der Küche die Snacks für unerwartet eingetroffene Gäste oder die Speisen für eine kleine abendliche Gesellschaft vorbereitet wurden.

Unsere Angestellten erledigten ganz unterschiedliche Aufgaben. Sie unterstützten Heino bei seiner Arbeit oder halfen bei der Führung des Haushalts. Im Haus war zu Ilse und Hannchen ein Mann gestoßen. Sokal, ein Pole, der als Zwangsarbeiter nach Deutschland gekommen war und sich in eine Deutsche verliebt hatte, brachte den völlig verwilderten Park auf Vordermann. Er half auch auf größeren Fahrten als Chauffeur aus.

Mit Sokal ist bis heute ein Geheimnis des Hundekehlesees verknüpft. Wir wurden zu Recht mißtrauisch, als ein befreundeter Komponist und Produzent wochenlang von einem besonderen, sehr originellen Geschenk sprach, mit dem er Heinos Verdienste würdigen wolle. Als schließlich Heinos Geburtstag vor der Tür stand, hielt ich es nicht länger aus, suchte den Gönner in seinem Hotelzimmer auf und erfuhr, daß er eine überlebensgroße Statue von Heino mit Lorbeerkranz und Lyra hatte anfertigen lassen. Zur feierlichen Enthüllung war die Presse in unseren Park eingeladen worden, eine Jazzband würde Ständchen spielen.

Ich verabschiedete mich etwas überstürzt. Heino schockte diese Neuigkeit geradezu, und noch am selben Abend fuhren wir nach Bad Kissingen, das Personal erhielt einen freien Tag. Mit Statue, Jazzband und Journalisten stand der Verehrer vor verschlossener Tür und fuhr den überlebensgroßen Heino in seiner Wut den Kurfürstendamm auf und ab. Vicky saß dort in einem Café und traute ihren Augen nicht. Schließlich wurde das Heino-Denkmal im Garten von Heinos Verleger Peter Schaeffers aufgestellt. Schaeffers war fassungslos und bat mich auf Knien, es zu entfernen. Sokal holte die Statue schließlich mit einigen Männern in unseren Park und stellte sie am Seeufer auf, aber Heino ertrug den Anblick seines Abbildes nicht. In einer Nacht-und-Nebel-Aktion versenkte es Sokal in der Mitte des Sees, wo es noch immer ruht.

Als Sokal uns verließ, um mit seiner Frau einen Blumenladen zu eröffnen, fanden wir durch ein Inserat Josef, einen etwa dreißigjährigen großen und sympathischen Mann. Ich fragte nicht nach seinem Lebenslauf oder Empfeh-

lungen, sondern verließ mich wie immer auf mein Gefühl. Der neue Angestellte zog noch am selben Tag bei uns
ein, am nächsten Morgen sollte er mich und die Tiere nach
Montreux chauffieren. Heino mußte am Tag darauf zur
Uraufführung eines Films, dessen Musik er komponiert
hatte, nach München fliegen und wollte dann nachkommen.

Josef und ich fuhren zeitig los, mußten am Übergang
Drei Linden zwei Stunden an der Grenzkontrolle warten
und verpaßten aus irgendeinem Grund die Abfahrt Richtung Braunschweig. Wir bemerkten es erst kurz vor Hof,
so daß ich spontan beschloß, meine Mutter in Konstanz
zu besuchen, die sich damals noch bester Gesundheit erfreute. Daher trafen Josef und ich zwei Tage später als ge-
plant in Montreux ein.

Einen Tag nach uns klingelte Heino an der Tür. Er war
völlig erschöpft und sah mich wie ein Gespenst an. Erst
allmählich faßte er sich und umarmte mich. Er hatte
furchtbare Tage hinter sich. Auf dem Münchener Flughafen hatte ihn die Polizei einem Mann gegenüberge-
stellt, der mit Josef in einem Berliner Gefängnis gesessen
hatte. Josef sei ein gerade entlassener Schwerverbrecher,
sagte dieser, und mich, seine Frau, werde Heino wohl nie
wiedersehen. »Wenn die da in Monntrö ankommt, heiß
ick Meier.«

Voller Entsetzen hatte Heino die Autobahnpolizei West-
deutschlands und der DDR alarmiert und Himmel und
Hölle in Bewegung gesetzt, um mich zu finden. Doch
Josef schien mit mir und dem auffälligen amerikanischen
Straßenkreuzer wie vom Erdboden verschluckt. Heino
rief stündlich bei der Polizei an, verbrachte schlaflose
Nächte und sah mich schon aufgedunsen einen namen-

losen Fluß hinuntertreiben. Unmittelbar nach der Uraufführung seines Filmes war er in der vagen Hoffnung nach Montreux aufgebrochen, ich könnte doch noch dort eintreffen und fand zu seinem Erstaunen alle Fenster hell erleuchtet.

Es stellte sich heraus, daß Josefs Bekannter, der ihn in München denunziert hatte, offenbar ein enttäuschter Gefängnisliebhaber war. Er ließ nicht locker und verleumdete Josef weiterhin brieflich und telefonisch. Weil sich unser Angestellter nichts zuschulden kommen ließ, hielten wir zu ihm, bis er nach einem halben Jahr plötzlich spurlos verschwand und alle seine Habseligkeiten zurückließ.

Von Ilse mußten wir uns leider selbst trennen. Trotz unserer Ermahnungen empfing sie zahlreiche wechselnde Männerbesuche auf ihrem Zimmer. Das wollten wir in unserem Haus nicht länger dulden. Nach so langen Jahren fiel uns die Trennung ebenso schwer wie ihr. Die ältere Frau Busch und bald darauf deren Tochter Rosi folgten ihr nach. Die Vierzehnjährige blühte bei uns auf und war Hannchen eine große Hilfe. Weil Rosi gern die Blumen im Garten malte, kaufte ich ihr Leinwand und Ölfarben. Leider verließ sie uns nach drei Jahren wieder.

Etwa ebenso viele Angestellte wie im Haus arbeiteten für Heino. Der Komponist und zeitweilige Texter war längst auch Verleger und Promotor. Heino wußte, daß die schönste Melodie nichts nutzte, wenn sie nicht auch verkauft wurde. Während er sich weiterhin von 13 bis 17 Uhr an den geliebten Blüthner setzte und komponierte, brauchte er für all die anderen Dinge Unterstützung.

Hans Wittstatt und später Ulrich Röfer halfen Heino in musikalischen Belangen. Christel Lemberg leitete, assistiert von Marlies Röfer, Ulrichs Frau, umsichtig und zuverlässig die Verlage »Edition Takt und Ton« und »Song-Edition«, in denen Heino ausgewählte Lieder druckte. Die gestandene Berlinerin entschärfte mit ihrem Witz manche hektische Situation. Sie war die Finanzministerin im Haus und ist mir noch heute in allen geschäftlichen Angelegenheiten eine unentbehrliche Hilfe.

Schließlich gab es noch eine aufgedrehte junge PR-Frau, die stets in kaum sichtbaren Miniröcken herumlief. Sie war zum Glück nur selten im Haus.

Irgendwann bildete Heino auch junge Leute aus, unter ihnen Jörg Schmeier. Nach der Lehrzeit verließ er uns als Verlagskaufmann und kam Jahre später wieder, um Tonmeister zu werden und das Studio im Keller zu leiten. Die Schallplattenbranche hatte eine rasante Entwicklung durchgemacht, die Beziehungen wurden auch hier immer unpersönlicher. Zwar kamen die Produzenten nach wie vor in unser Haus, doch das war nur der erste Schritt zum Erfolg einer Komposition. Es genügte nicht mehr, Noten, Textvorstufen und Besetzungsideen einzureichen. Das Lied mußte weitgehend fertig sein und als Aufnahme vorliegen, die Jörg Schmeier zuvor im Studio abgemischt hatte.

Er zog außerdem in der Musikszene Berlins umher und suchte Talente, mit denen er im Tonstudio in unserem Keller die neuen Lieder von Heino aufnahm. Manche dieser jungen Leute wohnten zeitweise im Haus. In den letzten drei Jahren vor Heinos Tod half Peter Wagner, ein heute erfolgreicher Produzent, Jörg Schmeier im Studio. Er hatte sich als Musiker beworben, und Heino hatte ihm nach einem Vorspiel schonend nahegebracht, daß seine Stärken woanders lagen.

Der Komponist Heino Gaze war also zum Produzenten geworden, der den Nachwuchs förderte. Mangel an jungen Talenten herrschte nicht, Berlin war in diesen Jahren so etwas wie die Hauptstadt der leichten Muse. Musik wurde überall live und in hoher Qualität gespielt. Das junge Mädchen aus Reinickendorf, das später als Katja Ebstein berühmt wurde, hörte Heino um 1962 in der SFB-Sendung »Jamboree« einen Flamenco singen. Sie ging noch zur Schule und verdiente sich mit ihrer Freundin etwas Taschengeld durch Backgroundgesang im Studio. Sie wolle keine Schlager singen, sagte sie damals zu mir. Katja schwebten politische Lieder in der Art von Dusty Springfield, den Beatles, Bob Dylan oder auch Joan Boaez vor.

Heino schrieb für Katja Ebstein »Nur der Wind kennt meine Träume«, und Christian Bruhn, ein befreundeter Komponist und Produzent, der oft im Haus verkehrte, nahm das Lied mit ihr auf und verliebte sich in die junge Frau. Es findet sich auf der ersten Langspielplatte seiner späteren Ehefrau.

Christian Bruhn produzierte auch »Shake Hands«, einen der letzten Erfolge von Heino, mit Drafi Deutscher und prophezeite richtig, daß Heino ihm damit zum Durchbruch verhelfe.

Während Katja Ebstein, Christian Bruhn, Drafi Deutscher und viele andere für die Aufnahmen in das Haus kamen, lebte eines der jungen Talente für einige Monate sogar bei uns. Wir hatten Birger Heymann 1963 bei Gisela Trowe kennengelernt, in deren Wohnung der damals Zwanzigjährige mit seiner Gruppe »Die Kreuzberger« ein kleines Konzert gab. Heymann spielte Gitarre, studierte und gefiel Heino so gut, daß er ihn fragte, ob er nicht für ihn arbeiten und zu uns in den Grunewald ziehen wolle. Heymann verließ die Wohnung seiner Eltern nur zu gern, und ich ließ ihn mit dem Buick abholen. Er begleitete im Tonstudio Aufnahmen von Heinos Kompositionen. Nach einigen Monaten zog der junge Mann wieder aus. Er hatte sich verliebt. Von ihm stammt die Musik des Stückes »Linie 1«, mit dem das Grips-Theater seit Jahren Erfolge feiert.

Christian Bruhn zählte zu einem kleinen Kreis von Heinos Freunden, mit denen die Nacht regelmäßig zum Tag wurde. Manchmal ging Bruhn nur rechts am Haus vorbei in den Park, zog sich im Pavillon um, schwamm eine Runde im Hundekehlesee und winkte auf dem Rückweg zu uns hinüber. Aber in der Regel kam er zu den Herrenabenden, die noch lange nicht endeten, wenn ich mich zu später Stunde, nach der ausgiebig gerühmten Jägersuppe, die Hannchen immer mit viel Sahne zubereitete, verabschiedete.

Dann gingen die Herren, neben Christian Bruhn meist Fred Ignor und Werner Müller, der Leiter des RIAS Tanzorchesters, in das kleinere Zimmer mit dem Flügel hinüber, um zu trinken, zu rauchen und vor allem, um zu musizieren. Einmal spielte Heino ein Stück aus drei Noten, und Bruhn versprach, beim nächsten Mal eines aus nur zwei zu präsentieren. Heino spielte es mir vor, und es klang sogar recht einfallsreich.

Mit dem jungen talentierten Komponisten gab es schon einmal Meinungsverschiedenheiten. Heino stritt sich mit ihm über »Tanze mit mir in den Morgen« von Karl Götz, einen Schlager, den er nazistisch fand. Fred Ignor sei ganz seiner Meinung gewesen, erzählte mir Heino am nächsten Tag, aber Bruhn habe das Lied gelungen gefunden, wenn auch nicht so fein gebaut und mit so noblen Melodiebögen wie etwa Heinos »Sei lieb zu mir«. Das sei ein Generationenproblem, die Jungen wüßten nicht mehr, was Nazimusik ausmache: süße Flächigkeit, getürmter Schaum.

Die langen Nächte zehrten an Heinos ohnehin angegriffener Gesundheit. Mir waren sie ein Dorn im Auge, aber Heino hörte nicht auf meine Mahnungen. Schon einmal hatte er sich regelmäßig überanstrengt. In den ersten Jahren nach unserem Einzug in der Gustav-Freytag-Straße traf er sich jeden Abend mit unserem Nachbarn Jim, einem englischen Diplomaten. Jim hatte gleich fünf kleine Hunde Gassi zu führen, Heino nur einen. Beim Abendspaziergang von zwei Herrchen blieb es nicht. Jim hatte, als wir ihn und seine Frau das erste Mal auf einen Cocktail besucht hatten, lauthals »In der Bar von Johnny Miller« gesungen, und nun tranken die beiden Männer beinahe jeden Abend noch Whisky und rauchten unzählige Zigaretten.

Wäre es bei einem Glas geblieben und Heino ein gesunder Mann gewesen, hätte ich mir keine Sorgen gemacht. Aber um seine Konstitution stand es nicht zum Besten, und sein Arbeitspensum war weiterhin immens. Nach drei Jahren löste sich das Problem zum Glück von selbst: Jim wurde versetzt und verließ Berlin.

Im Herbst 1967 hatten wir einige Tage in der Abgeschiedenheit von Utersum verbracht. Während Heino zurückflog, machte ich das Haus winterfest und kehrte zwei Tage später als er nach Berlin zurück. In meiner Abwesenheit war es hoch hergegangen. Heino konnte überhaupt nicht mehr schlafen, sein Rücken schmerzte und das Herz auch. Die ganze Nacht ging er ruhelos im Salon

282

auf und ab. Am nächsten Abend kamen die so genannten Freunde wieder. Um vier Uhr morgens holte ich einen von ihnen aus dem Salon und flehte ihn vor der Tür an: »Geht doch endlich nach Hause, wollt ihr ihn denn töten?«

Beschämt trotteten sie aus dem Haus. Wegen der Herzschmerzen ließ ich einen Arzt kommen, der den widerstrebenden Heino für vierzehn Tage in das Auguste-Victoria-Krankenhaus einwies. Das Einzelzimmer und die Abteilung waren trostlos, die Schwestern und Assistenten unfreundlich. Aber es sollte nur für zwei Wochen sein, und Heino brauchte nichts nötiger als Ruhe.

Ich besuchte ihn vormittags und nachmittags und schärfte den Schwestern ein, mich bei ungewöhnlichen Ereignissen sofort telefonisch zu benachrichtigen. Einige Tage später ging ich wegen einer starken Erkältung erst nachmittags in das Krankenhaus und fand zu meinem Entsetzen Heino halbseitig gelähmt vor. Er versuchte zu sprechen, brachte aber keinen Ton heraus. Die herbeigerufene Schwester teilte mir mit, er habe in der Nacht einen Schlaganfall erlitten, und als ich sie fassungslos fragte, warum sie mich nicht angerufen habe, drückte sie sich wortlos aus dem Zimmer.

Ich ließ den Chefarzt kommen, beschwerte mich und verlangte, weitere Ärzte hinzuzuziehen. Das lehnte er beleidigt ab. Heino würde unter seiner Obhut wieder genesen.

Ich blieb die ganze Nacht bei Heino und nickte nur für Stunden auf meinem Stuhl ein. Tatsächlich gingen die Lähmungserscheinungen zurück. Heino konnte den rechten Arm wieder bewegen und, wenn auch anfangs unverständlich, sprechen: »Meine Wunderblume.« Er würde vollständig genesen, tröstete man mich, wenn er diese Woche keinen zweiten Herzschlag erlitte.

Ohne Wissen des Chefarztes bat ich einen befreundeten Mediziner, als Besucher und in Zivil in das Krankenhaus zu kommen. Als er wieder aus dem Zimmer trat, nahm er mir jede Zuversicht. Heino hatte ihn nicht erkannt, und sein Aussehen hatte unseren Freund, der schon viel zu Gesicht bekommen hatte, erschreckt.

Dennoch besserte sich Heinos Zustand, und ich gab die Hoffnung nicht auf. Aber exakt sieben Tage nach dem ersten Schlaganfall bekam Heino einen schrecklichen zweiten. Ich blieb bei ihm bis zum letzten Atemzug.

Am 29. Oktober 1967 endete eine Liebe voller Respekt, Wärme und Verbundenheit, wie ich sie nie zuvor erlebt hatte. In der Gustav-Freytag-Straße ging ich durch die weiten, leer wirkenden Räume, legte meine Hand auf den schwarz spiegelnden Blüthner, den er nie mehr erklingen lassen würde. Auf dem Notenpult die letzte Komposition »Faces Places«, im Aschenbecher daneben die Reste von Zigaretten.

Ich befand mich allein in einem fremd gewordenen Haus. Ruhelos streckte ich mich auf der Couch neben dem kalten Kamin aus. Das Mädchen mit der Amaryllis auf dem Gemälde von Carl Hofer blickte ungerührt über mich hinweg. Stunden lag ich erstarrt da, nur das Ticken der Standuhr in der Halle war zu hören. Kein Klavierspiel erklang, kein Scherzen, kein Lachen. Nur Stille.

Im Licht der grüngelben Sonne ging ich zum See hinunter, der glatt wie Glas den stahlblauen Himmel spiegelte. Auf halbem Weg lag eine tote Wildente auf den Stufen. Ich hob sie liebevoll hoch, schritt auf den Steg und legte den zarten Körper vorsichtig auf ein Seerosenblatt.

Es neigte sich lautlos in das schwarze Wasser, und die Ente sank in die Tiefe. So fiel auch ich zurück in die Einsamkeit meiner Kindheit.

Drei Jahre zog ich um den Erdball und mied jeden Menschen. Dann kehrte ich zurück, um einige Jahre später für immer nach Montreux überzusiedeln.